KB025938

이 책에 쏟아진 찬사

이 책에는 우리가 가장 긴급한 순간에 어떻게 대응하는지에 대한 진실이 담겨 있다. **_굿리즈** Goodreads

영감을 불러일으키는 특별한 여성의 회고록. 이 책이 영국 소방 구조대에 한 공헌은 애덤 케이의 『하마터면 의사로 살 뻔했네』가 영국 국민의료보험공단NHS에 한 공헌과 비견할 만하다. 겸손한 마음으로 자신을 돌아보게 하면서도 입이 딱 벌어지며, 삶에서 무엇이 가능한지를 재정의하는 책이다.
_비브 그로스콥 Viv Groskop(영국의 저널리스트, 코미디언, 작가)

눈을 뗄 수 없고 심장이 멎는 듯한 이야기이지만, 동시에 깊은 믿음을 갖게 만들어주는 책. 그녀의 특별한 용기에 감사한다.
_수 블랙 Sue Black(『남겨진 것들*All That Remains*』의 저자)

사브리나 코헨-해턴은 소방관들이 날마다 맞닥뜨려야 하는 참상을 생생하게 알려주는 동시에 사회 전체가 그들에게 얼마나 고마워해야 하는지를 일깨워준다…. 소방관이 어떤 사람들인지, 여성이 어떤 일을 해낼 수 있는지에 대한 고정관념에 도전하는 책이다. **_가디언** The Guardian

영국 긴급 구조대의 원더우먼. **_글래머 UK** Glamour UK

긴급 구조 부문의 결정 제어 프로세스에 관한 연구로 수상 경력이 있는 저자의 책. 보통 사람들은 감당해내지 못할 직업의 현장과 그곳에서 일어나는 일들을 생생하게 보여준다. 저자의 연구는 전 세계 각국의 정책에 혁신적인 변화를 가져왔다. **_스타일리스트** Stylist

영감을 주는 여성. **_굿 하우스키핑** Good Housekeeping

사브리나 코헨-해턴은 지난 18년간 화재, 자동차 충돌 사고, 테러 공격에 이르기까지 각종 재난 현장에서 구조 활동을 펼쳐왔다. 생사를 가르는 상황에 관한 책을 그녀보다 더 잘 쓸 수 있는 사람이 어디 있겠는가?
_가디언 The Guardian

저자가 용기와 책임감, 신념을 동원해서 경험하고, 견뎌내고, 극복해온 사건들을 묘사하는 동안 독자는 책을 내려놓지 못할 것이다. 이 책은 저자의 삶과 일, 야망 모두를 동시에 담고 있다. 독자는 이 강렬한 책을 통해 소방 구조 작업의 인간적인 면, 재능 있고 직업 정신이 투철한 여성 소방관의 의사 결정 과정을 놀랍도록 실감나게 들여다볼 수 있다. **_사이먼 필링** Simon Pilling(영국의 전직 소방대장)

놀랍다! 이 책은 의사 결정에 관한 모든 것을 재기 넘치고 감성적인 지성으로 설명한다. 화염, 열정, 과학, 목숨이 걸린 결단으로 가득하다. 그녀의 연구는 소방관의 안전 향상에 거대한 기여를 했다.
_조너선 크레고 Jonathan Crego(하이드라 재단Hydra Foundation 창립자)

영감을 주는 최강의 책이다. 이 책은 당신이 생각하는 방식을 영원히 바꿀 것이다. **_코스모폴리탄** Cosmopolitan

이 책이 진정으로 빛나는 지점은 세 가지 요소를 이음매 없이 매끄럽게 결합하는 저자의 능력이다. 저자의 삶, 소방관의 삶, 그리고 의사 결정에 관한 그녀의 놀라운 연구…. 대단히 흥미롭다.
_클리포드 톰슨 Clifford Thompson(영국의 전직 소방관, 『불속에 남겨지다*Falling Through Fire*』의 저자)

이 책은 소방관의 세계에 대한 독특한 개인적 통찰을 제공한다. 저자의 경험은 솔직하고 공개적인 방식으로 제시되며, 심리학에 대한 폭넓은 이해로부터 얻은 통찰력과 결합된다. 그 결과, 영감과 교훈을 주는 놀라운 책이 되었다.
_롭 허니 Rob Honey(카디프 대학교 교수)

처음부터 끝까지 눈을 뗄 수 없는 책이다. 코헨-해턴은 소방관으로서의 경험을 이용해서 그녀의 결정과 감정 뒤에 숨겨진 심리학을 드러낸다. 대단한 책이며, 모든 사람이 배울 수 있다. **_필 버틀러** Phil Butler(카디프 대학교 연구원)

설득력 있고 흥미진진한 책. 소방 활동의 최전선에서 벌어지는 의사 결정에 대한 대단한 통찰력이 담겼다. 몰입하게 되는 이야기, 긴장감, 꼭 필요한 굉장한 교훈까지. 훌륭한 독서였다!
_맨디 힉슨 Mandy Hickson(영국의 전직 공군 대위, 여성 전투기 조종사)

이 책은 독자를 생사가 갈리는 재난의 현장 한가운데에 떨어뜨린다. 그리고 대부분의 사람들이 평생 절대 맞닥뜨리고 싶어 하지 않을 종류의 결정을 내릴 때 적용해야 할 원칙들을 보여준다. 독자는 누구를 먼저 구해야 할지를 결정해야 하는 상황에서, 또는 본능과 원칙이 위배되는 상황에서 어떤 결정을 내릴 것인가? **_가디언** The Guardian

영국에서 직위가 가장 높은 소방관 중 한 명이, 긴급 구조 대원으로서 18년 동안 겪은 가슴 졸이는 이야기를 공유하며 우리를 전장의 열기 속으로 데려간다. 파괴와 위기의 재난 현장에서부터, 겸손한 영웅들이 그들 자신과 그들이 내릴 수밖에 없었던 결정에 의문을 품는 조용한 순간까지…. 긴급 상황에서의 의사 결정에 관한, 수상 경력에 빛나는 저자의 연구는 전 세계적인 차원에서 정책을 변화시켰다. **_북셀러** The Bookseller

와우! 책을 손에서 놓을 수가 없었다! 이 책을 읽은 사람들은 소방관의 인간적인 면모, 압박감 속에서 결정을 내려야 하는 일의 어려움, 그리고 리더의 의사 결정과 이를 개선하기 위한 연구들을 이해하게 될 것이다. 다양한 곳에서 리더의 위치를 맡고 있는 사람들은 이 책에서 논의된 원칙들을 적용할 수 있을 것이다.
_카렌 홀포드 Karen Holford (카디프 대학교 부총장)

최일선에서 분투하는 소방관들의 이야기는 재난 앞에 선 인간이란 무엇인지 보여준다. **_선데이포스트** The Sunday Post

"내 삶은 날마다 다른 사람들의 절망으로 누덕누덕 이어진다." 이 문장은 소방관으로서 참혹한 현장을 마주하는 동안 몇 번이고 무너졌던 내 마음과 정확히 일치한다. 또한 전 세계의 모든 소방관들이 같은 마음으로 매일을 맞이하고 있음을 새삼 느낄 수 있었다. 이 책을 읽는 동안 거대한 화염 속에 진입하고 고통에 몸부림치는 환자를 앞에 두고 있는 극한 상황을 간접 체험하며, 나의 결정이 누군가의 생명과 직결되는 긴박한 상황에서 '어떻게 최선의 결과를 이끌어낼 수 있는가'에 대해 깊게 고민해보는 기회가 되었다. 소방 현장뿐 아니라 삶의 많은 순간에 적용될 수 있을 만큼 심층적인 연구가 뒷받침되어 있기에 더욱 신뢰할 수 있었다. 일상 속에서 중요한 결정을 신속히 내려야 하는 상황을 맞이하는 이들에게, 그리고 이 순간에도 현장으로 달려가고 있을 모든 소방관에게 이 책을 추천해주고 싶다.
_오영환 (전 중앙119구조본부 수도권특수구조대원, 현 국회의원)

모든 소방관들은 옳은 선택을 하기 위해 항상 최선을 다한다. 하지만 매번 옳은 선택을 하는 것은 불가능하다. 구급차 사이렌이 울리고, 화마가 건물을 삼키고, 자동차들이 엉키는 재난 현장은 급박하고 변수가 많으며 많은 사람의 목숨이 오고가지만, 필요한 정보는 제한되어 있다. 게다가 재난에 대응하는 모든 행동은 상황이 종료된 이후에 평가와 책임의 근거가 되기 때문에 결정을 내리는 순간의 압박감은 이루 말할 수 없다. 때문에 한국의 소방 구조 기관들은 재난 상황에서 판단 능력을 키우기 위해 여러 훈련 프로그램들을 운영하고 있다. 그럼에도 소방관이 내리는 모든 결정의 끝에는 항상 후회와 아쉬움, 죄책감과 치유하기 힘든 트라우마가 공존한다. 사브리나 코헨-해턴 박사는 긴박한 순간에 당황하거나 도망치지 않고, 무거운 책임에 압도당하지 않으면서 최선의 선택을 할 수 있는 방법을 연구했다. 이 책은 최선의 의사 결정을 위해 여태껏 보지 못한 가장 직접적이고 강력한 방법을 제시하고 있다. 한국의 소방 구조 기관도 이 시스템을 검토하여 우리 현실에 맞는 방법으로 속히 도입했으면 하는 바람이 있다.
_정은애 (군산소방서 금동119안전센터장)

소방관의 선택

THE HEAT OF THE MOMENT
Copyright © 2019 by Sabrina Cohen-Hatton
All rights reserved

Korean translation copyright © 2020 by BOOKHOUSE PUBLISHERS CO., LTD
Korean translation rights arranged with DAVID GODWIN ASSOCIATES through EYA(Eric Yang Agency).

이 책의 한국어판 저작권은 EYA(Eric Yang Agency)를 통한 DAVID GODWIN ASSOCIATES 사와의 독점계약으로 '(주)북하우스 퍼블리셔스'가 소유합니다.
저작권법에 의하여 한국 내에서 보호를 받는 저작물이므로 무단전재 및 복제를 금합니다.

소방관의 선택

THE HEAT OF THE MOMENT

생사의 순간, 최선의 결정을 내리는 법

사브리나 코헨-해턴 지음 | 김희정 옮김

북하우스

가브리엘라에게

작은 몸집에 치열함이 가득한 너를
불을 뿜는 존재처럼 기를게.
절대, 아무것도 포기하지 마.

마이크에게

당신의 끝없는 참을성과
내 손에 쥐여준
수없이 많은 따뜻한 찻잔들을
잊지 않을게요.

두 사람 모두 사랑해
영원히

차례

들어가는 말

길 건너 건물의 지붕에 덮인 기왓장 사이로 시커먼 연기가 밀려 나오는 것이 보인다. 노랗고 빨간 불길이 혀를 날름거리며 건물 옆쪽을 핥고 있다. 그 반대편에 열린 창으로 한 남자가 몸을 내밀고 팔을 휘저으며 소리를 지르고 있다.

우리는 그 순간 무엇을 해야 하는지, 누구에게 도움을 요청해야 하는지 안다. 그러면 곧장 도움의 손길이 오리라는 것도 안다. 우리는 내 친구, 가족, 심지어 나 자신에게도 절박한 순간이 오면 누군가가 와서 구해줄 것이라는 믿음을 가지고 있다.

아버지는 건물 밖으로 모든 사람이 뛰쳐나갈 때 건물 안으로 뛰어들어가는 사람은 특별한 사람이라고 늘 말씀하셨다. 일선 소방관으로, 그리고 소방 지휘관으로 일한 지 거의 20년이 되어가는 지금, 나는 아버지의 말씀이 얼마나 옳았는지 절감한다. 내 동료들은 불길과 맞닥뜨리는 것을 마다하지 않고, 검고 짙은 연기를 참아내며, 발길을 돌리라고 외쳐대는 본능에 저항한다. 그리고 임무를 완수한 후 출구를 찾을 수 있을 것이라는 믿음을 포기하지 않는다. 우리의 심장은 연민과 인정이 넘친다. 우리는 타인의 고통을 참지 못하고, 누군가 때 이른 죽음을 맞아야 한다는 불공평함에 괴로워한다. 그래서 그런 불행이 일어나는 것을 막기 위해, 그리고 낯선 사람의 생명을 구하기 위해 불 속으로 뛰어들어간다. 또한 우리는 헌신적이다. 모두들 가끔 그만 두고 싶은 마음이 들지만, 그래도 계속한다. 불길과 싸우는 것은 우리의 정체성에서 너무도 큰 부분을 차지하고 있어서, 인간으로서의 자신과 소방관으로서의 자신을 분리하는 것이 가끔 불가능하다고 느껴지기도 한다.

모든 구조 작업 뒤에는 구조 대원이 있고, 모든 구조 대원 뒤에는 누군가의 생명이 달린 결정을 내리면서 타인의 목숨을 구하기 위해 최선을 다하는 팀이 있다. 나를 비롯한 지휘관들은 영광스럽게도 팀원들로부터 신뢰를 받는 위치에 있다. 그들은 지휘관이 적절한 인원을 적절한 시기에 적절한 장소에 보내 생명을 구할 수 있는 계획을 짤 것이라고 믿는다.

우리는 우리의 일을 사랑한다. 그 일은 우리에게 영감을 주고, 한계에 도전하도록 하며, 우리가 더 나은 사람, 더 준비된 사람, 더 열심히 싸우는 사람이 되도록 격려한다. 사람들의 터전을 통째로 파괴하고 그들의 운명을 바꾸는 재난의 현장이 우리의 일상이다. 인생의 가장 어두운 시간을 지나는 사람들의 신뢰를 받는다는 것은 엄청난 특권이다. 우리는 날마다 그날이 최고의 능력을 발휘한 날이기를 바란다. 사실 날마다 최고의 능력을 발휘해야만 한다.

소방관에 대한 인식은 항상 변화한다. 어떨 때는 영웅시되고, 어떨 때는 실패자로 낙인 찍히기도 한다. 그러나 내가 소방관으로 일하는 대부분의 시간 동안 소방관은 매우 좋은 평판을 누려왔다. 전화번호 세 자리만 누르면 슈퍼히어로처럼 필요한 곳에 나타나 주는 사람들 말이다.

내 생각에 슈퍼히어로 신화는 우리가 떠올리는 전형적인 소방관의 이미지에 많은 영향을 주는 듯하다. 소방관 하면 큰 키와 햇볕에 그을린 건강한 피부에 어딘지 모르게 음울한 눈빛을 띤 미남을 연상하는 사람들이 많을 것이다. 그런 이미지와 달리 소방서는 속옷 모델 같은 사람들이 우글거리는 곳이 아니다. 하지만 나는 독자들이 어떤 모습의 소방관을 상상한다 해도 나 같은 모습은 아닐 것이라고 확신한다.

나는 키 155센티미터에 몸무게 48킬로그램의 작은 몸집을 가졌다. 짙은 갈색의 긴 머리에 손톱은 매니큐어를 바르고 다닌다. 신경과학 박사학위 소지자에 아이 엄마이기도 하다. 게다가 나는 괴짜다. 사람들 대부분의 머릿속에 있는 전통적인 소방관 이미지와는 거리가 먼 사람이다. 그러나 나는 18세에 소방 구조대에 들어온 후 열심히 일해서 꾸준히 승진했고 현재 세계에서 가장 큰 소방 구조 기관 중 하나인 런던 소방청에서 경무관Deputy Assistant Commissioner으로 일하고 있다.

소방 구조대에서 일하는 여성이 더 많으면 좋겠다. 아직까지 나 같은 사람은 예외에 속하기 때문이다.* 직장 생활을 하는 내내 나는 고정관념과 싸워야만 했다. 내가 하는 일을 밝히면 악의는 없지만 고정관념에 사로잡힌 사람들은 믿을 수 없다는 멍한 표정으로 나를 바라보았다. 예전에는 그런 장벽에 화가 나고 좌절하곤 했다. 그러나 한편으로는 다를 수 있는, 진정으로 다를 수 있는 그 자유로움이 큰 힘이 되기도 한다. 나 자신의 한계를 스스로 결정할 수 있는 기회로 삼을 수 있기 때문이다.

초년 소방관 시절 어느 날 현장 출동을 하게 됐다. 후에 깨달았지만 이 사건은 내 인생의 전환점이 되었다. 소방차를 타고 현장으로 가는 동안 나는 내가 사랑하는 사람이 이 화재로 심하게 다쳤을 것이라는 두려움에 시달렸다. 내 인생에서 그보다 더 비참하고 두려운 4분 37초는 없었을 것이다. 그 경험 덕분에 나는 실제 사람들에게 일어나는 진짜 비극에서 우리가 어떤 역할을 수행하

* 영국에는 소방대장Chief Fire Officer 직급의 소방관 중 크리스Chris라는 이름을 가진 남성의 수가 이 직급을 가진 여성의 수보다 많다. 현재 영국 소방관 중 여성의 비율은 5퍼센트에 불과하지만 점점 비율이 높아지고 있다. 내가 소방관이 되었을 당시에는 여성의 비율이 1퍼센트에 지나지 않았다.

는지에 대해 이해하고 공감할 수 있게 되었다. 출동하기 전 우리는 소방관이 부상당했다는 소식을 들었다. 현장에 도착한 후 나는 부상당한 사람이 내 약혼자가 아니라는 사실을 알고 안도했지만, 그와 동시에 말 못할 죄책감이 나를 덮쳤다.

그날은 상황 파악에 오해가 있었고, 그 작은 실수는 동료가 큰 부상을 입는 사고로 이어졌다. 나중에 알게 되었지만, 임무 수행 중에 부상을 입는 소방관은 그 혼자만이 아니었다. 사실 그렇게 일을 하다 부상을 당하는 소방관은 일 년에도 수천 명에 달한다. 그리고 이런 사고의 대부분은 사람이 저지른 실수로 인해 벌어진다. 이들 중 몇몇은 나의 가장 친한 친구들이다. 하지만 그들은 스스로가 저지르지 않은 실수에 대한 대가로 목숨을 잃을 수도 있는 것이다. 나는 동료들, 소방 당국, 나 자신을 상대로 질문하기 시작했다. 소방관들이 자신을 지키면서 다른 사람의 생명을 구할 확률을 높이는 방법이 무엇인지 알아내야만 했다.

나는 의미 있는 변화를 가져오겠다고 결심했고, 인적 오류를 줄이는 가장 좋은 방법은 긴급한 상황 속에서 우리가 어떻게 반응하는지 밝히는 것이라는 사실을 알게 되었다. 그래서 나는 소방관 일을 시작하고 몇 년 후부터 심리학 공부를 병행했다. 이어서 우리의 본능, 타고난 편향, 스트레스 상황에서 우리 뇌가 작동하는 방식 등을 연구했다. 행동 신경과학 분야에서 심리학 박사학위를 받은 후, 나는 소방 구조대 및 카디프 대학교의 동료들과 힘을 합쳐 내 연구 결과를 실제 상황에 적용할 수 있는 방법을 강구했다. 나는 더 능력 있는 소방관이 되고 싶었다. 더 현명한 의사 결정자, 더 나은 리더, 현장에서 더 큰 신뢰감을 줄 수 있는 사람 말이다. 그리고 내 동료들도 그렇게 되기를 바랐다.

내 연구로 인해 지난 몇 년에 걸쳐 영국의 소방관들이 일하는 방식, 특히 훈련하는 방식이 달라졌다. 나는 세계 각국의 소방관들과 협력해서 그동안의 결과를 공유했고, 이제 이 책을 통해 독자들과도 이를 공유할 수 있는 기회를 갖게 됐다. 이 연구 결과와 그동안의 성과는 소방 구조대의 활동에 도움이 되었지만, 생사가 걸린 상황이 아닌 일상생활에도 적용할 수 있는 원리들을 담고 있다. 자신의 직감을 믿는가? 예상되는 결과들 중 어느 것도 내키지 않을 때는 어떤 결정을 내려야 할까? 집단 전체가 가장 좋은 결정을 하려면 집단 구성원들과 어떻게 협동해야 할까?

『소방관의 선택』은 열 개의 장으로 구성되어 있다. 각 장은 의사 결정 과정의 다양한 요소들을 다루며, 그 과정에서 독자들이 내가 사는 세계에 대한 통찰을 얻을 수 있기를 바란다. 그곳은 파괴와 위기의 재난 현장이며, 용감함이 승리를 거두는 곳인 동시에 영웅이라 추앙받는 사람들이 스스로에 대해 의문을 제기하는 침묵의 순간이 공존하는 곳이다.

이 책에는 수많은 실제 사건들이 실려 있다. 그중 일부는 이미 대중들이 잘 아는 사례들이지만, 내게는 개인적으로 중요하나 널리 알려지지 않은 사건들도 포함시켰다. 일부 사례에서는 모든 인물들(소방관들에서부터 타 긴급 구조 기관의 대원들과 희생자들까지)의 이름뿐 아니라 그들의 신체적 특징과 사건이 일어난 장소도 바꿨다. 그리고 경우에 따라 매우 특징적인 내용(예를 들어 특정 자동차 모델 혹은 평범하지 않은 반응 등) 또한 수정하거나 언급을 피했다. 그리고 다수의 사례를 섞어서 하나로 제시한 경우도 여럿 있다.

이렇게 한 것은 관계된 사람들의 익명성을 보장하기 위한 것으로, 특히 사망자가 있는 경우에는 꼭 필요한 결정이었다. 그러나 다른 한편으로는 특정 사건을 다루는 것이 이 책의 목적이 아니기 때문이기도 하다. 이 책은 재난을 마주하고 선 인간을 다루고 있다. 그럴 때 우리의 뇌가 어떻게 작동하는지, 우리가 어떤 방식으로 생각하는지, 그리고 정신적 외상은 어떤 영향을 끼치는지를 살펴보는 책이다. 책에 등장하는 사건들은 사람들의 이야기를 통해 이를 생생하게 전달하는 역할을 할 뿐이다.

나는 이 책을 통해 독자들이 소방관의 영웅적인 면뿐 아니라 인간적인 면을 볼 수 있기를 바란다. 그리고 소방관이 어떤 외모를 가져야 하는지에 대한 고정관념이 사라지고 그 자리에 소방관이 되는 데 꼭 필요한 기술과 마음가짐이 어떤 것인지에 대한 이해가 자리 잡았으면 한다. 그리고 독자들이 자신을 그 상황에 대입해볼 수 있기를 희망한다. '모든 것이 뜨겁게 달아오른 그 순간the heat of the moment'에 결정을 내려야 한다면, 나는 무엇을 선택할까?

THE HEAT OF THE MOMENT

1장
입장을 바꿔보기

"공감이란 자기 안에서 타인의 메아리를 찾는 일이다."

-모신 하미드 Mohsin Hamid

소방관으로 일한 사람은 모두 다른 사람을 치열하게 보호하다가 자기가 해를 입기 직전까지 가게 된 사건을 하나쯤은 기억한다. 무사히 빠져나갈 것을 약속할 수는 없지만, 그 가능성이 존재하기만 한다면 우리는 출구를 찾아 기꺼이 위험 속으로 뛰어들 것이다. 우리는 구조를 천직으로 선택한 사람들 아닌가. 한 사람이 마지막 숨을 몰아쉬는 대신, 다시 떠오르는 태양을 맞이하도록 할 수 있는 것은 오직 자신뿐이라는 사실을 절감하는 순간이 있다.

내게도 그런 순간이 찾아왔다. 15년 전 카디프 근교에서 난 화재 현장에서였다. 소방관으로 일한 지 3년째 되는 해였다. 너무도 생생한 그때의 기억을 떠올리다 보면 공기 중에 떠돌던 그을음을 다시 맛보는 듯한 느낌이 들곤 한다.

*

소방서의 비상종이 비명을 지르듯 울려대고, 숙직실의 불이 켜지자 나는 깜짝 놀라 잠에서 깬다. 벌떡 일어나 벽시계를 보니 새벽 1시 52분. 이불을 젖히고 바지를 입는데 소름이 돋아 팔이 거칠거칠한 느낌이다. 더운 여름밤이지만, 대용량 냉방 시설 때문에 방안은 북극처럼 춥다. 숙직실은 남녀 공용이고, 각 침대는 간이 칸막이로 분리되어 있다. 네 명을 제외한 당직팀 인원 대부분이 다른 신고를 받고 출동했다. 남은 우리는 모두 아래층으로 내려가는 봉 앞으로 몰려가서 재빨리 각자의 위치를 찾는다. 일종의 기대감이 감도는 흥분된 분위기다. 키가 작은 나는 맨 앞으로 뛰어가 봉을 타고 내려간다.

"모두들 너무 느려, 늙은이들!" 내가 외친다.

함께 일하는 동료는 모두 12명으로 내게는 형제와 같은 이들이다. 쿵 소리와 함께 착지한 나는 텔레프린터에서 찍혀 나온 종이를 찢어서 읽는다.

"가정집 화재야." 내가 외친다. "건물 안에 사람이 있고!"

분위기가 긴박해진다. 우리의 도움이 필요한 사람이 있다는 의미다. 메시지가 적힌 종이를 당직팀 지휘관인 버트에게 넘긴다.

그는 경험이 많은 베테랑 소방관으로 내게 가장 큰 영감을 주는 선배 중의 한 명이다. 지금도 치솟는 불길을 보면서 '버트 선배라면 어떻게 할까?' 하고 생각할 때가 종종 있다.

그는 자세한 사항을 재빨리 훑은 다음 외쳤다. "모두 차에 타!"

몇 초 사이에 우리는 모두 각자의 위치를 찾아간다. 차의 엔진이 윙윙거리면서 차고를 매캐한 매연으로 채운다. 소방차 문이 차례로 빠르게 닫히고 우리는 소방서를 출발한다. 소방차는 사이렌을 울리면서 옆으로 비켜주는 자동차들을 뚫고 빠르게 길을 달리고, 교차로를 통과해간다.

나는 동료 소방관인 잭과 함께 공기호흡기 팀에 배치되었다. 잭과 나는 맨 먼저 현장에 들어가 인명 수색 작업을 할 것이다. 우리는 안전띠를 풀고 공기호흡기*를 착용하기 시작한다. 엄격히 따지자면 현장에 도착한 후에 장비 착용을 시작하는 것이 원칙이지만 우리는 그 소중한 몇 초를 희생할 생각이 없다. 생사를 가를 수 있는 몇 초 아닌가. 나는 등 뒤로 손을 뻗어 장치를 켠다. 쉬익 하면서 공기가 호스로 들어가는 소리가 난다. 만반의 준비가 되었다는 뜻이다. 내 생명선이다.

잭을 쳐다본다.

"준비됐어?" 나는 조끼의 끈을 단단히 당기며 묻는다.

* 조끼처럼 입는 이 장치는 공기통과 면체(얼굴 전체를 덮는 마스크)가 달려 있어 불길 속에서 숨을 쉴 수 있게 신선한 공기를 공급한다. 부록에 더 자세한 설명을 했다.

“그럼.” 그가 대답한다. “준비 완료.”

“숨 너무 크게 쉬지 마, 덩치! 내 공기통은 4분의 3이나 남았는데 네 통 교체해야 한다고 발목 잡으면 곤란해.”

“나한테 일을 다 떠넘기지만 마.” 그가 활짝 웃으며 윙크한다.

“그럴 일은 없을 테니 걱정은 붙들어 매셔.”

당직팀의 숙련된 소방관인 피트가 운전하고 있다. 아주 빠른 속도로. 나는 창문을 조금 내린다. 어떨 때는 화재 현장이 보이기도 전에 냄새를 먼저 맡기도 한다. 나는 불길로 붉어진 부분이 보이는지 창문 너머 밤하늘을 훑어본다. 원하는 것보다 심장이 조금 빨리 뛰는 것이 느껴진다. 우리 모두 겉으로 보기에는 태평해 보여도 속으로는 초조해하고 있다. 얼른 도움이 필요한 사람에게 손길을 내밀고 싶어 조바심치는 이 마음은 흥분감이라 할 수도 있을 것이다. 모든 가정집 화재가 그렇듯 이번에도 육체적으로 힘들 것이 확실하지만, 우리는 모두 이 흥분감 때문에 온 몸에 힘이 넘치고 있다.

버트가 뒤를 돌아보며 말한다.

“자, 집 안에 사람이 있을지도 모르니까 차가 서자마자 바로 들어가도록. 후발대가 오고 있기는 하지만 시간이 걸릴지도 몰라. 피트가 펌프를 작동하면서 진입을 통제할 테니 무전기 채널을 같은 데 맞추는 것 잊지 말고. 그리고 조심해.” 버트가 계속 말을 이었다. “이 동네에 전에도 출동한 적이 있는데 마약이 널려 있는 곳이야. 주삿바늘 조심하고. 마체테(날이 넓고 무거운 칼—옮긴이) 같은 이상한 물건 발견해도 이번에는 그냥 그 자리에 놔둬. 제발, 사브리나."

"알겠습니다." 내가 대답한다. "하지만 그때 그 마체테는 정말 큰 거였어요."

"사브리나 말이 맞아요, 버트. 진짜 컸어요." 잭이 거든다.

"저기." 내가 말한다. "오른쪽에 연기가 보입니다."

지붕들 너머로 시커먼 구름이 파도처럼 일렁이고 있다. 까만 밤하늘을 배경으로 탁한 회색 연기가 아래쪽에서 활활 타오르는 불길 때문에 흐리게 빛나고 있다. 줄줄이 늘어선 테라스 하우스terraced houses(주택들 사이에 공간을 두지 않고 여러 채를 모두 붙여서 일렬로 지은 집들—옮긴이)들이 불길을 반사하면서 부싯깃통 장식처럼 반짝인다. 나는 그 안에 몇 사람이나 아무것도 모른 채 잠들어 있을까 생각한다. 테라스 하우스들은 지붕이 이어져 있기 때문에 다락 부분이 모두 통해 있어서 불길이 그 열린 공간을 통해 매우 빠르고 쉽게 퍼질 수 있다. 자리에 앉은 채였지만 조바심에 몸을 가만히 두기가 힘들다.

소방차가 모퉁이를 돌자마자 끼익 소리를 내며 급정차한다. 우리 모두 이 지역에 와본 적이 있다. 구석구석까지 가난하고 사회 문제가 팽배한 곳이다. 범죄율은 하늘을 찌르고 희망은 땅에 내팽개쳐진 곳. 명품 가게와 젊고 부유한 전문직 종사자들로 가득한,

최근에 새로 개발된 시내와는 크게 대조되는 곳이다. 1마일도 채 떨어져 있지 않지만 두 지역의 차이는 그보다 더 클 수가 없다.

우리는 불길에 휩싸인 집에서 몇 집 떨어진 곳에 차를 세웠다. 너무 가까이 대면 소방차가 백드래프트backdraft(화재시 갑자기 산소가 공급되면서 불길이 폭발적으로 역류하는 현상—옮긴이)의 피해를 입을 수도 있기 때문이다. 소방차와 거기 탑재된 장비들은 화재 현장 안에 있는 대원들에게는 생명줄과 같다. 그것들이 없으면 우리도 속수무책이다.

많지는 않지만 구경꾼들이 모여들어 있다. 아직 경찰이 도착하지 않았으니 화재 진압뿐 아니라 구경꾼의 안전까지 우리가 담당해야 한다.

소방차가 멈추자마자 모두들 뛰어내린다. 나는 재빨리 차 뒤쪽으로 뛰어가 보관함 문을 연다. 간이호스를 잡고 몸을 돌려 몇 미터 뛰어가면서 통에 감긴 호스가 풀려나와 땅에 지그재그 모양으로 놓이도록 한다. 그렇게 해야 화재가 난 집의 문 안쪽으로 호스를 당길 때 어디 걸리지 않는다.

잭과 나는 면체와 헬멧을 쓰고 상대방의 장비에 틈이 난 곳이 없는지 점검한다. 틈이 조금이라도 나 있으면 불길에 화상을 입을 수 있기 때문이다. 나는 잭의 손목이 드러난 것을 보고 장갑 위로 소매를 당겨 피부를 덮어준다. 그런 다음 우리는 만국 공용어인 엄지를 들어 올리는 시늉을 상대방에게 하고 행동을 개시한다. 잭이 관창을 잡고* 나는 그 뒤에서 호스를 당기며 함께 뛴다.

우리는 이미 열려 있는 현관문을 지나 안으로 들어간다. 사방이 칠흑처럼 어둡다. 짙고 검은 연기 때문에 앞뒤를 분간하기도 힘들다. 나는 왼손을 벽에 댄 채로 앞으로 나아간다. 벽이 상당히 뜨겁지만 불은 위쪽에서 타고 있다는 생각이 든다. 잭은 천장에 대고 방수를 해서 뜨거운 공기를 식히는 작업을 하고, 나는 무거운 호스를 가능한 한 많이 끌어들여 집 안에서 가장 먼 곳까지 가고도 남을 정도의 호스 길이를 확보한다. 테라스 하우스치고 큰 집이다. 가로 5미터 세로 15미터 정도의 크기라고 짐작한 나는 호스의 연결부위로 길이를 추정해서 호스를 30미터 정도 끌어들인다.

우리는 복도를 따라 걸어 들어간다. 어둡고 뜨겁다. 벽에 댄 손바닥에 오래된 솜털 무늬 벽지의 감촉이 느껴진다. 이 집에는 누가 살까 궁금하다. 어쩌면 노인일지도 모른다. 그렇다면 거동이 불편할 수도 있다. 더듬거리며 앞으로 나아가던 내 발에 뭔가가 걸린다. 계단 근처다. 신발일까. 오른손으로 앞을 더듬어보니 원통 모양의 뭔가가 잡힌다. 딱딱하고 가느다란 원통이다. 지팡이? 아니다. 손잡이다. 유모차. 제기랄, 유모차다.

집 안에 아기가 있을지도 모른다는 생각이 들자 마음이 급해진다. 길 줄도 모르고, 심지어 도움을 구하는 비명도 지를 줄 모르는

* 호스 끝에는 물의 분사량을 조절하는 노즐이 달려 있다.

아기가 있을 수 있다니. 나는 잭에게 그 사실을 소리쳐 알린다. 잭이 무전기를 가지고 있다. 바깥세상과 우리 둘을 잇는 유일한 연결선. 그는 버트에게 유모차를 발견했고, 아이가 한 명 이상 있을 수 있다는 사실을 알린다.

"위층!" 잭에게 외친다. "애들이 있다면 위층에 있을 거야."

우리는 계단 하나하나마다 무게를 완전히 싣기 전에 먼저 발을 세게 굴러보며 올라간다. 발을 굴러도 괜찮으면 계단이 아직 무너질 정도로 타지 않았다는 증거다. 한 계단 한 계단 올라갈 때마다 온도가 급격히 올라간다. 뜨거운 공기가 위로 올라가기 때문이기도 하고 불길에 다가가고 있기 때문이기도 하다. 계단을 오를수록 공기는 더 뜨거워진다. 계단을 다 올랐을 때는 열기 때문에 숨이 제대로 쉬어지지 않아 가슴이 답답하다. 마치 사우나에 막 들어섰을 때 너무 뜨거워서 숨을 못 쉬는 느낌과 비슷하다. 그러나 사우나는 적응이 되면 숨을 쉴 수 있게 되지만 화재 현장은 그렇지 않다. 오히려 점점 더 뜨거워진다.

피부에 닿는 공기호흡기의 금속 버클이 뜨겁게 느껴진다. 한 곳에 너무 오래 닿아 있으면 델 것이다. 또 화상을 입기는 싫다. 그러는 동안 내 왼손은 계속 벽에 닿아 있다. 손가락으로 훑으면 회벽이 우수수 부서진다. 문틀이 있다. 안으로 들어선다.

연기로 가득 차 있어서 들어선 곳이 어떤 곳인지 짐작이 되지 않는다. 침실? 목욕탕? 중요하지 않다. 불이 난 집 어디에서 사람을 발견할지 모르는 일이다. 우리는 사방을 더듬거리며 손에 닿는 감촉으로 상황을 짐작하려 애쓴다. 뭔가 딱딱하고 둥그런 것이 만져진다. 세면대다. 잘못해서 수도꼭지를 틀자 물이 쏟아져 나오면서 내 장갑을 적신다.

"수도꼭지. 여기 목욕탕이야." 내가 외친다.

"조심해." 잭이 소리친다. 이렇게 온도가 높은 곳에서는 물이 바로 증기로 변할 수 있기 때문이다. 물이 끓는 주전자 위에 손을 대는 것이나 마찬가지란 뜻이다. 그렇게 데면 다 나을 때까지 몇 주가 걸린다. 화재 진압을 하다가 화상을 당하면 아무리 경상이라도 상황이 복잡해진다. 현장을 떠나는 것이 원칙이지만 아무도 그렇게 하지 않는다. 모두들 하던 일을 마무리하기 위해서라면 무슨 짓이든 하곤 한다. 어쩔 때는 현장을 빠져나와서 아드레날린이 가라앉을 때까지 부상 입은 사실을 모르기도 한다.

"주삿바늘은 없었으면 좋겠어." 잭이 말한다. "버트가 그런 말을 할 때마다 오싹해."

"나도 그래. 그래도 손 조심해." 내가 대답한다.

목욕탕에는 아무도 없다. 우리는 수색을 계속한다. 불은 맞은편 방에서 타고 있다. 잭과 나는 거기가 침실이라고 추측한다. 문을 모두 태운 불길이 문틀까지 번지고 있다. 불길이 거세다. 불길이 너무 거세서 그 소리와 진동이 공기호흡기에서 나는 큰 소리를 덮을 정도다. 나는 방안을 들여다본다. 붉은색과 주황색이 섞인 불길이 커튼과 커튼레일을 감싸고 있다. 채 타지 않은 천조각이 바닥으로 떨어진다. 이 방에 생존자가 있을 가능성은 없다. 잭이 무전으로 버트에게 후발대가 도착할 때까지 얼마나 걸릴지 묻는다. 도시 반대편에서 오고 있다는 대답이 돌아온다. 아직 멀었다는 뜻이다.

"나는 불이 더 번지지 않도록 할 테니 넌 다른 방을 수색해." 잭이 외친다.

불길이 복도 너머까지 번지지는 않았으니 그쪽 방안에 아직 생존자가 있을지도 모른다.

나는 잠시 망설인다. 원칙대로 하자면 두 사람이 항상 함께 행동해야 한다. 그러나 화재가 더 커지지 않도록 막아야 하기 때문에 적어도 한 사람은 불길에 물을 계속 쏟아 부어서 불길이 번지지 않도록 해야 한다. 우리 둘이 함께 그 일을 하면 우리의 손길을 기다리고 있을 요구조자要救助者들, 어쩌면 어린이 요구조자들을 수색할 사람이 없다.

잭은 쭈그린 자세로 천장을 향해 물을 분사해서 공기를 식히고 있다. 혼자 감당할 수 있어 보인다. 나는 인명 수색에 나선다.

다음 방으로 향한다. 내딛는 발자국 하나하나를 되새기며 내 동선을 기억에 저장한다. 잭이 나를 필요로 하면 거기로 돌아갈 수 있어야 하기 때문이다. 몸을 낮춰 방안으로 기어들어 간다. 일어서보려고 하지만 너무 뜨겁다. 시간이 얼마 없다는 것을 알기 때문에, 나는 벽을 따라 재빨리 기어가다가 옷장을 만난다. 옷장에 아이들이 숨어 있는 것을 발견한 적도 있지만 오늘은 아니다. 옷장 안은 비어 있다. 계속 전진한다. 얼굴에서 땀이 흘러내리면서 면체 안쪽의 고무를 흠뻑 적신다. 잭은 훨씬 더 많은 땀을 흘리고 있을 것이다. 불에 더 가까이 있지 않은가.

잭에게 괜찮냐고 소리쳐본다. 괜찮다. 나도 하던 작업으로 돌아간다.

왼손을 벽이나 가구에서 떼지 않고 훑어가며 방 수색을 계속한다. 머릿속으로 내가 어디에 있는지, 지금까지 어디를 수색했는지 그리는 것을 잊지 않는다. 오감 중 의지할 수 있는 것은 촉감뿐이다. 너무 어두워서 아무것도 볼 수가 없다. 들리는 것은 포효하는 불길과 공기호흡기로 공기가 들어오며 내는 쉭쉭 소리뿐이고, 코로 느껴지는 것은 면체에서 나는 고무 냄새뿐이다.

손이 뭔가에 부딪힌다. 내 버클과 금속이 만나며 쨍 소리가 난다. 침대일까? 다리가 있다. 하지만 침대이기에는 다리 간격이 너무 좁다. 손을 위로 뻗으면서 만져지는 형태를 머릿속에서 그려본다. 좁은 간격으로 수직으로 뻗은 막대기. 매트리스.

침대가 아니라 아기 요람이다. 어린이가 아니라 아기를 찾아야 한다. 요람 밑을 더듬어본다. 아무것도 없다. 일어서보려 했지만 머리 높이의 공기가 너무 뜨겁다. 열기가 보호 덮개를 뚫고 귀를 따끔따끔 쑤시는 것이 느껴진다. 마치 뜨거운 돌을 피부에 대는 듯하다. 나는 몸을 움찔거리면서도 수색을 계속한다. 모든 보호 장구를 갖춘 상태로도 이렇게 견디기가 힘든데 아기는 얼마나 괴로울지 상상도 할 수 없다. 얼른 일어서서 요람 안을 더듬는다. 간신히 몇 초 섰다가 열기 때문에 다시 몸을 낮춘다. 요람 안에서는 아무것도 만져지지 않는다. 그러나 아직 확신이 없다. 아기가 있을 게 틀림없다. 다시 벌떡 일어서서 요람 전체를 샅샅이 더듬는다.

이 집 어딘가에 아이가 있는 것이 확실하다. 유모차, 요람, 장난감. 분명히 아이가 있을 것이다. 하지만 없지 않은가. 이런 순간에는 자신의 이성을 의심하게 된다. 열쇠를 잃어버린 다음, 꼭 거기 있을 것이라고 생각하는 자리를 계속 확인하는 것과 비슷하다. 이미 그곳을 수십 번 들여다봤음에도 불구하고 말이다.

이제는 더이상 수색할 곳이 없다. 아장거리는 아이라면 요람에서 빠져나왔을 수도 있다.

아니면 부모 침대에 함께 있을 수도 있다.

나는 다른 방으로 향한다.

딱 꼬집어 말할 수는 없지만 뭔가 들어맞지 않는다. 직감이다. 사실 직감이 논리에 뿌리를 두고 있는 경우도 많다. 다만 그 순간에는 그것을 모를 뿐이다. 이 편치 않은 느낌이 무엇 때문일까. 단서를 찾기 위해 감각이 더 날카로워지면서 피부가 따끔거리고 눈이 더 크게 떠진다. 어디선가 자갈 굴리는 듯한 소리가 들린다. 뭔가에 막힌 듯한 그르렁대는 소리. 방을 더듬던 나는 키 큰 장 앞에 도달한다. 문을 확 잡아채듯 열고 옷 사이를 뒤지기 시작한다. 옷이 높이 쌓아올려져 있어서 그 사이로 사람의 흔적을 찾는 것은 쉽지가 않다. 아무도 없다. 그래도 계속한다. 아직도 그 소리가 들린다.

"사브리나, 서둘러." 잭이 외친다. "너무 뜨거워지고 있어."

"아직 안 끝났어." 내가 대답한다.

"시간이 얼마 없어." 그가 말한다.

나는 수색 작업을 계속한다. 소리도 계속 들려온다. 침대를 찾은 나는 발을 한껏 뻗어 침대 밑에 숨어 있을지도 모르는 요구조자를 찾으려 한다. 아무것도 없다. 침대 위로 손을 뻗어 커버와 베개를 당긴다. 여전히 아무것도 없다. 하지만 소리는 계속 들린다. 내 온 정신은 그 소리에 집중되어 있다.

"사브리나, 그만. 이제 나가야 해."

"잠깐만, 잭. 뭔가 이상해." 침대 위로 손을 뻗으니 벽이 만져진다. 발을 넣어 침대 밑을 살필 때는 벽이 있는 줄 몰랐다. 내 다리가 너무 짧았던 것이다. 내가 살피지 못한 공간이 있을 것이다. 소리가 더 커지고 있다. 나는 침대를 당겨 벽에서 떨어지도록 한다. 가뜩이나 무거운 침대가 카펫 때문에 잘 움직이지 않는다. 나는 침대 위로 기어 올라가 침대 반대편을 손으로 더듬는다.

뭔가가 있다. 뭔가가 아니라 누군가다. 성인. 아마 침대 틀과 벽

사이에 끼어 있었던 듯하다.

“잭, 사람을 찾았어.” 내가 외친다. 나는 그 사람을 당겨 침대 뒤에서 끌어낸다. 아직 여자인지 남자인지조차 알 수 없지만 몸집이 크고 무겁다. 시체처럼 축 처져 있어서다. 이미 공기호흡기 15킬로그램, 방화 장비 8킬로그램을 몸에 지고 있으니 기술을 써야 한다. 나는 그의 겨드랑이로 팔을 끼워 넣고 가슴 위쪽에서 두 손을 깍지 끼운다.*

“이제 괜찮아요. 구조되신 겁니다. 아이는 어디 있어요?”

돌아오는 반응은 목에서 그르렁거리는 예의 그 소리뿐이다. 거의 동물이 내는 소리 같다. 질식의 위험이 있어 보인다. 시간이 없다. 나는 침대 뒤 벽 쪽으로 가서 서둘러 아이를 찾는다. 방금 찾아낸 사람이 아이를 안고 자기 품에서 보호하고 있었을 수도 있다. 그러나 거기에는 아무도 없다.

잭이 돕기 위해 방으로 들어온다.

“아이를 못 찾겠어.” 내가 말했다. “하지만 이 사람은 밖으로 데리고 나가야 해. 공기는 얼마나 남았어?”

계속 수색을 하고 싶지만, 더 시간을 끌면 이 사람이 죽을 수도 있을 것 같다. 목에서 나는 그르렁 소리가 임종 전에 내는 소리일

* 영화에 나오는 것처럼 사람을 어깨에 들쳐 메는 것은 완전히 신화에 불과하다. 공기통을 등에 멘 상태에서 그렇게 하는 것은 불가능하다(어깨에 멘 사람이 공기통에 부딪혀 정신을 잃을 것이다).

수도 있다. 목에 침이 많이 고이면 소리가 나는데, 이는 종종 임종에 가까워졌다는 신호로 받아들여진다. 내가 실제 그런 소리를 들어본 것은 몇 번 밖에 되지 않는다.

"70바bar로 떨어졌어." 잭이 대답한다. "넌?"

"120바." 70바면 그다지 많이 남지 않았다. 공기통의 3분의 2를 이미 사용한 것이다. 내 공기통에 공기가 더 많이 남은 것은 내 폐가 더 작기 때문이다. 나는 같은 용량의 공기통으로도 훨씬 더 오래 버틸 수 있지만, 내 동료이자 친구인 잭의 공기가 떨어질 때까지 기다릴 수는 없다. 소방관들은 동료와 짐을 나눠진다.

"내가 무거운 쪽을 들게. 넌 다리를 들어." 내가 말한다.

우리는 구조자를 데리고 재빨리 계단을 내려가 집 밖에서 기다리고 있는 구급 대원들에게 넘긴다.

집밖으로 나서니 가로등 불빛에 눈이 부셔서 몸이 움찔한다. 시선을 아래쪽으로 향한다. 구조자는 숱이 많은 헝클어진 갈색 머리를 한 남자다. 젊다. 30세쯤 되었으려나. 그 그르렁거리는 소리, 아기를 찾아 절박한 수색 작업을 벌이던 나를 멈추게 했던 그 소리가 이 남자의 코 고는 소리였다는 것을 깨달은 것은 바로 그때다. 나는 면체를 벗는다.

"선생님!" 나는 큰소리로 묻는다. "아이는요? 아이는 어디 있습니까?"

아무 반응도 없다. 화가 머리끝까지 치민다.

"선생님!"

구급 대원이 나를 바라본다. "별 반응 없을 거예요." 그녀가 말한다. "주머니에서 메타돈(마약성 진통제의 일종이며 헤로인 치료약으로도 쓰인다—옮긴이) 빈 병이 나왔어요. 소용없어요."

우리는 수색을 마치지 못했다. 생존자를 찾은 방 절반과 세 번째 침실, 그리고 아래층 전체를 수색하지 못하지 않았는가. 아직 아기가 거기 있을지도 모른다.

*

이것이 나에게는 바로 그 순간이다. 그 아기를 구하기 위해 내 모든 것, 내 생명까지도 희생할 수 있는 순간 말이다.

다시 나올 수 있다고 장담할 수 없다. 그것은 나도 잘 알고 있다. 그러나 나올 길이 있다면 무슨 수를 써서라도 그 길을 찾을 것이다. 불길 속으로 걸어 들어가면서 내가 하는 약속이다. 그리고 그날 나는 약속을 지키지 못했다. 밝은 가로등 아래 서서 더운 여름밤 공기를 마시며, 나는 내가 의무를 다하지 못했다고 느꼈다.

나는 자기 자식을 죽였을 수도 있는 불길에도 깨어나지 못할 정도로 제정신이 아닌 그 남자에게 화가 났다. 화가 났지만, 동시에 그 남자의 삶에 슬픔을 느꼈다. 우리가 자기는 구했지만 아이는 구하지 못했다는 것을 알고 나면 그 남자는 어떤 생각을 할까?

잠에서 깨어나서 그 조그만 몸을 다시는 안을 수 없다는 것을 깨달을 때 어떤 느낌이 들까? 자신의 딸 혹은 아들에게 다시는 책을 읽어줄 수도, 이야기를 할 수도, 노래를 들려줄 수도 없고, 아이의 웃음소리도 들을 수 없다는 것을 알고 나면? 그는 아이가 자라나는 것을 지켜보지 못할 것이다. 처음 학교에 등교하는 날을 볼 수도 없을 것이고, 아이의 결혼식에 참석할 수도 없을 것이다. 아무것도 할 수 없을 것이다. 그가 현재 무엇에 얼마나 취해 있고 그의 상태가 이 상황에 어떤 영향을 끼쳤는지와 상관없이, 내가 실패했다는 느낌이 들었다. 그것은 이성적인 반응이 아닌 감정적인 반응이었다.

대부분의 부모는 자식을 살리기 위해 자신을 희생할 것이다. 그 순간 나는 그의 자식을 살리기 위해 나 자신을 희생할 용의가 있었다.

*

"새 공기통을 착용해!" 내가 잭에게 외친다. "다시 들어가야 해. 할 일이 남았어."

버트가 서둘러 다가온다. "후발대가 도착했어. 물러나. 후발대를 들여보낼 거야."

"하지만 괜찮아요, 버트." 나는 어디로 갈지, 무엇을 해야 할지 정확히 알고 있다. 방 구조가 머릿속에 훤히 보인다. “우리가 가야 해요.”

“절대 안 돼.” 버트는 단호하다. “알고 있는 걸 모두 다른 대원들한테 말해준 다음 이 물 마셔. 공기통도 교환하고 장비들을 다시 점검해. 그런 다음 몇 분 쉬어. 일이 어떻게 돌아가는지에 따라서 다시 들어가야 할 수도 있어. 준비된 상태로 대기해.”

버트가 옳다. 나는 내 공기호흡기를 잭의 장비 옆에 내려놓는다.

“그만 둬.” 잭이 말한다.

“뭘 그만 둬?” 내가 얼굴을 찌푸리며 묻는다.

“지금 하는 걸 그만 두라는 거야. 자기 자신에게 벌을 주는 것. 우린 이미 생존자 한 명을 찾았잖아. 우린 우리 몫을 다했어.”

“잭, 유모차가 있었잖아. 요람이랑 장난감도. 아이가 사는 집이야. 저 안에 아이가 있어. 저 사람은 정신을 못 차리는 상태야. 사실 저게 저 사람 집인지 아닌지도 모르지. 하지만 확실한 건 지금이 한밤중이고, 사람들이 침대에서 잠들어 있을 시간이고, 요람에서 자고 있었어야 할 아이를 우리가 아직 못 찾았다는 사실이야.”

“나도 알아, 사브리나, 나도 알아.”

물 한 모금을 마신 다음 나는 다시 들어갈 준비를 한다. 우리 둘은 현장 출입을 제어하는 곳에 가서 집 안에서 무슨 소식이 있기를 애타게 기다린다.

버트가 다가온다. "집 안에는 이제 더이상 사람이 없는 것이 확인됐어." 그가 말한다.

나는 몸이 얼어붙는다.

"아이는요?" 내가 묻는다.

"엄마와 아기는 집 안에 없었어. 남편과 싸우고 아기를 데리고 친정 부모한테 가 있었다는군. 이제 인명 수색에서 화재 진압으로 작전이 바뀌었어."

나는 하늘을 한 번 올려다보고 숨을 크게 내쉰다. 움츠렸던 어깨를 펴고 몸에서 힘을 뺀다. 눈을 깜빡거려 쏟아지려는 눈물을 겨우 참으면서 침을 삼킨다. 그 안도감은 말로 설명할 수가 없다. 그토록 절박하게 찾아 헤맸던 그 아기가 집 안에 없었던 것이다.

불이 난 집 안은 지옥 같았다. 모든 보호 장비를 갖춘 내게도 힘든 상황이었다. 아기가 있었다면 생존할 수 없었을 것이다.

*

한 번도 만나본 적이 없는 완벽한 타인의 고통이 마치 나의 고통인 양 내 몸속을 관통하는 경험은 셀 수도 없이 많다. 교통사고로 남편을 잃은 아내, 화재로 부모를 잃은 어린이, 사고로 형제자매를 잃어 다시는 함께할 수 없게 된 사람들. 내가 목격한 것만으로도 리스트는 길고도 길다. 일상적이고 평범한 날이 반복될 것이라고 생각하며 아침에 눈을 떴다가, 세상이 돌이킬 수 없이 영원히 변하고 만 사람들로 이루어진 리스트.

그 고통, 내가 경험한 그 고통은 공감에서 나온 것이다. 공감이야말로 나를 조금 더 앞으로 나아가게 하고, 조금 더 노력하게 만드는 동력이다. 나는 우리에게 의지하는 사람들과 공감할 뿐 아니라 나와 함께 일하고, 이제는 내가 지휘해야 하는 사람들과도 공감한다. 내가 동료들에게 무엇을 요구할 때 그것이 어떤 결과를 초래할지를 이해하는 것도 중요하지만, 그들이 거기에 대해 어떻게 느낄지를 이해하는 것 또한 극도로 중요하다.

그 공감은 물리적인 감각일 수도 있다. 나는 화재 현장의 상황이 어떤지 알고, 불타오르는 건물에 23킬로그램이나 나가는 장비를 지고 들어가서 치열하게 임무를 수행하는 것이 어떤 느낌인지 안다. 나는 면체 안에서 흐르는 땀이 어떤 맛인지 안다. 쓰고 있는 헬멧이 머리 위에서 녹아내릴 것 같은 느낌이 무엇인지도 안다. 그러나 나는 소방관으로 일하는 것이 어떤 정서적 영향을 주는지 또한 이해한다. 나는 낮은 포복으로 기어서 가까스로 방 반대편에 있는 사람에게 가서 손을 뻗었는데 손이 그의 갈비뼈를 그대로 통과해버리고, 그것이 완전히 타버린 유해라는 것을 깨닫는 순간이 어떤 느낌인지 안다. 나는 빈손으로 나왔을 때 사랑하는 사람을 기다리던 이들의 얼굴에 떠오르는 절망의 표정을 목격하는 것이 어떤 느낌인지 안다. 나는 사람의 얼굴에 떠올랐던 희망의 표정이 사라지는 것을 목격하는 것이 어떤 느낌인지 안다. 그저 모든 것이 끝나버렸으면 좋겠다는 생각이 들 때 계속 중단하지 않고 나아가는 것이 어떤 느낌인지, 나는 안다.

수없이 많은 재난 현장 중에서도 공감이 얼마나 중요한지를 깨닫게 해준 화재 현장이 있었다. 그 화재는 영국 소방 구조대 역사상 가장 중요한 심리학 연구 중의 하나를 추진하는 계기가 되었고, 재난 현장 지휘의 심리학에 관한 향후 연구에도 큰 영향을 끼쳤다.

나는 소방관 한 명이 중화상을 입은 현장으로 호출되었다. 이미 출동해 있는 소방차는 한 대뿐이었고, 나는 후에 내 남편이 될 마이크가 출동 대원 중의 한 명이라는 것을 알고 있었다. 부상을 입은 대원이 마이크일 확률은 4분의 1이었다.

종이 울리는 소리를 듣고 출동 준비 구역으로 뛰어갔던 기억이 난다. 벌써 대원 몇이 텔레프린터 앞에 모여서 종잇조각을 들여다보고 있었다.

"무슨 일이야?" 내가 물었다.

아무도 대답하지 않았다. 나는 빌을 쳐다봤다.

"소방관 부상이야." 망설이던 그가 결국 말했다. "누군가 화상을 입었어. 상당히 심각한 것 같아."

나는 방화부츠를 신고 멜빵을 어깨 위로 걸쳤다. 방화복 상의를 가져다 팔을 소매에 넣는데 빌이 말을 이었다.

"241조야, 사브리나." 그가 말했다. "마이크 팀."

나는 상의를 반쯤 입다 얼어붙고 말았다. 빌이 하는 말을 듣기는 했지만 그 상황에서 완전히 분리된 느낌이 들었다. 나는 영화 속에 들어가 있었다. 주인공이 방 중앙에 있고, 카메라가 방 전체를 한 번 훑는다. 숨이 턱 막혔다. 배에 강타를 맞은 듯 폐의 공기가 몸에서 완전히 빠져나가버린 것 같았다.

나도 아침에 일어나 여느 때처럼 시리얼을 먹고 일상을 시작했다가 하루가 채 끝나기 전에 자신의 온 우주가 찢어발겨지고 완전히 변해버리는, 그런 경험을 하는 사람 중의 하나가 된 것일까?

"그렇군." 내가 조용히 말했다. "그럼 가보죠." 그렇게 말하고 몸을 돌린 나는 장비를 잡아채고 다른 이들과 함께 재빨리 문을 나섰다.

심장이 너무 빨리 뛰었다. 겉으로는 침착한 무표정을 유지하기 위해 애썼지만 가슴은 타들어갔다. 게다가 최악의 화재 유형이었다. 모든 것을 재로 태우고 나서야 끝나는 그런 불.

그날은 다섯 명이 출동을 했다. 나는 소방차 뒷자리 가운데 앉아 있었다. 내 머리는 온통 마이크 생각뿐이었다. 화상을 당한 게 마이크일까? 살아는 있을까? 많이 아플까? 두려워하고 있을까? 하지만 동시에 나는 우리가 무슨 일을 해야 할지에 정신을 집중하기 위해 애썼다. 내가 제정신을 차린 상태라면 화재 현장에 대해 질문을 던지고 있어야 할 시점이었다. 우리가 가지고 있는 외상 처치용 키트, 그리고 그 외에 무엇이 필요할지를 생각해야 할 상황이었던 것이다.

사고 현장까지 가는 길은 내 인생에서 가장 긴 4분 37초였다. 그 시간 내내 나는 구토 직전과 마취 상태 사이를 오갔다.

차가 멈추자 나는 목을 빼고 옆자리에 앉은 빌 너머 창문 밖을 보려고 애썼다. 내 최악의 악몽이 현실인지 아닌지를 확인해야만 했기 때문이다. 그러나 빌은 창문을 가로막고 앉아서 창밖을 보지도 차에서 내리지도 말라고 말했다. 나는 고개를 끄덕였지만 빌이 차에서 내리자마자 바로 따라 내렸다. 나는 외상 처치용 키트를 낚아채듯 들고 스스로에게 정신을 똑바로 차리라고 타일렀다.

나는 소방관들이 부상자를 둘러싸고 모여 있는 쪽으로 걸음을 옮겼다. 다리가 보였다. 잘 길든 푸른색 방화복 바지에 그을음이 묻어 있었다. 사람들 사이로 부츠를 신은 발이 삐죽 튀어나온 것이 보였다. 화상을 입고 누워 있는 사람의 발이었다. 신음소리가 들렸다.

"화상용 구급 키트를 가져와!" 누군가가 외쳤다. 갑자기 초점이 생겼다. 내가 할 일이 있고, 누군가에게 내 도움이 필요했다. 딴 데 정신이 팔려 동료들에게 방해가 될 수는 없었다. 나는 내 앞에 놓인 임무에 정신을 집중하기 위해 젖먹던 힘까지 동원했다.

"여기 있어." 내가 외쳤다.

마이크가 일어서는 것을 본 건 내가 발걸음을 막 떼려던 순간이었다. 그는 무사했다. 온 세상이 갑자기 빙빙 돌았다. 현기증이 나면서 걸음을 떼는 다리에 감각이 없어졌다. 눈물이 나려는 것을 참기 위해 입술을 꽉 깨물었다.

마이크는 내가 얼마나 안도하는지를 바로 알아차렸고, 눈빛으로 알았다는 신호를 보냈다. 그리고 우리는 바로 행동에 들어갔다. 아직 충격에서 벗어나지 못했지만 나는 외상 처치용 키트를 열고 덜덜 떨리는 손을 진정시키기 위해 애를 쓰면서 화상 마스크를 꺼냈다.

"멸균수!" 내가 말했다. "더 필요해."

나는 마이크가 건넨 멸균수로 마스크를 적셨다. 그리고 내 앞에 누운 사람을 바라봤다. 스티브였다. 얼굴 전체가 화상으로 빨개져 있었고, 상처가 목과 팔까지 이어져 있었다. 불규칙한 모양의 상처 주변으로 검은 그을음이 묻어 있었다. 출혈은 없었지만 피부가 타서 벗겨진 곳에 혈장이 고여 번득거렸다.

마이크의 팀은 '인도가 폭발한다'는 신고를 듣고 출동했다. 허위신고처럼 들렸다. 별일이 없을 것이라 생각하며 대원들이 도착한 현장에는 평범해 보이는 인도와 평범해 보이는 맨홀 뚜껑이 있었다. 뚜껑을 들어내고 나니 이번에도 맨홀 속에 평범해 보이는 지하 전기 접속 배선함이 있었다.

마이크와 또다른 대원 스티브는 땅에 엎드려 맨홀 속으로 머리를 들이밀고 이것이 '폭발하는 인도'와 무슨 관련이 있을까 이해하려고 애쓰고 있었다. 허위신고였다는 게 확실해 보였다. 콘크리트는 보통 폭발하지 않기 때문이다. 마이크와 스티브는 전기 회사에서 사람을 보내기를 기다리며 맨홀 옆에 서 있었다. 그때 배선함이 폭발하면서 불기둥이 솟구쳐올랐다. 마이크는 뒤로 펄쩍 물러나서 가까스로 불길을 피했지만 스티브는 마이크만큼 운이 좋지 않았다. 전기적 결함이 있는 상황이었는데 출동팀은 그것을 허위신고로 오판한 것이었다. 눈에 띄는 위험이 없어 보였기 때문에 조심스러운 태도로 접근하지 않았다. 몇 분만 더 일찍 폭발이 일어났으면 마이크와 스티브 두 사람 모두 맨홀에 머리를 넣은 채 엎드려 있었을 것이다. 그랬다면 두 사람 모두 현장에서 즉사했을 확률이 높다.

"자, 자, 스티브. 고개를 좀 젖혀봐." 내가 말했다. "처음에는 아프겠지만 금방 후끈거리는 느낌이 사라질 거야." 나는 마스크를 그의 얼굴에 살살 붙였다. "미끄러지지 않게 잡고 있어."

그리고 다음 순간 엄청난 죄책감이 나를 덮쳤다. 다른 사람, 내가 동료이자 친구라고 생각하는 사람이 심한 화상을 입었는데도 안도감이 들었기 때문이었다. 다친 사람이 마이크가 아니기를 바랐다는 것은 그 부상을 다른 사람이 입기를 바랐다는 것과 마찬가지였다. 그 극도의 고통이 내 동료의 것이기를 바랐고, 그 결과 스티브가 고통을 받고 있는 것이다.

사고 통보 전화를 받을 사람들은 스티브의 가족이었다. 비통한 마음으로 병원으로 발걸음을 재촉할 사람들도 그들이었다. 몇 개월에 걸친 회복과 눈물, 분노에 찬 고함들, 그리고 다시 쌓아올려야 할 삶 모두 그들의 몫이었다. 마이크와 나는 피했지만 스티브와 그를 사랑하는 사람들은 피하지 못한 운명이었다.

그 죄책감은 한동안 나를 떠나지 않았다. 이성적으로 생각해보려는 시도도 했다. 내가 죄책감을 가질 이유가 없다는 건 나도 알고 있었다. 하지만 내가 너무 이기적인 사람이라는 느낌을 지울 수가 없었다. 소방관이라면 누구나 동료 혹은 우리를 믿고 구조를 기다리는 사람을 보호하기 위해서 화상도 기꺼이 감당할 것이다. 그러나 이번에 나는 구조 대원이 아니었다. 일이 벌어지기 전까지는 현장에 있지도 않았다. 나는 부상당한 사람을 구해야 하는 구조 대원의 입장과 그를 사랑하는 사람의 입장 사이에서 갈등을 겪고 있었던 것이다.

죄책감은 '만일 이랬다면'이라는 가정과 뒤얽혔다. 만약 그 불기둥이 몇 분이라도 일찍 솟구쳐 올랐다면? 만약 마이크가 여전히 맨홀 속에 머리를 들이밀고 있었다면? 만약 최악의 상황이 발생했다면? 나는 마이크를 잃었을지도 모르는 만약의 상황을 계속 내 머릿속에서 재생했다. 나는 전혀 다른 현장에 도착하는 상황을 상상했다. 그 순간을 생각할 때마다 공포가 밀려왔고, 뒤이어 안도감과 함께 엄청난 죄책감을 느꼈다.

나는 그 일을 마이크에게 바로 이야기하지 않았다. 내가 느꼈던 죄책감을 고백한 것은 몇 년이 흐른 뒤였다. 돌이켜보면 더 일찍 말했으면 좋았을 것이라는 생각이 든다. 그러나 나는 그것이 내가 지고가야 할 짐이라 생각했다. 밤에 침대에 누워 잠을 못 이룬 채 그 생각을 하면서 나 자신이 정말 나쁜 사람이라고 질책하곤 했다. 겉으로는 행복한 얼굴로 친구들과 술을 마시며 이야기하다가도 뜻하지 않은 순간 갑자기 그 죄책감이 고개를 들곤 했다.

이제 나는 내가 처음에 죄책감을 가진 것은 정상적인 반응이었다는 것을 안다. 그러나 그렇게 오래도록 그 죄책감에서 벗어나지 못한 것은 정상 범위에서 벗어나는 일이었다. 그에 관해 다른 사람과 이야기하는 것도 꺼렸다. 내가 약하다고 생각하거나 압박감을 이겨내지 못한다는 인상을 줄까 두려웠기 때문이었다. 내가 여자라 원래 약한 마음을 가지고 태어났다고 빈정거리는 사람이 있을까 봐 두려웠고, 그렇게 낙인이 찍히는 것도 두려웠다.

물론 그것은 잘못된 생각이었지만, 나는 그 죄책감에 대한 대책을 세워야만 했다. 그 생각이 머릿속에서 계속 맴돌지 못하도록 제동을 걸어야만 했다. 내가 주도권을 장악할 필요가 있었다. 그래서 나는 내가 할 수 있는 유일한 방법으로 그 경험을 이용하기로 결심했다. 그 느낌을 뭔가 좋은 일을 하는 원동력으로 삼기로 한 것이다. 나는 소방관들의 부상을 예방하고 싶었다. 마이크도 스티브도 (그리고 어느 누구도) 일을 하다가 부상을 당하지 않는 세상을 만들고 싶었다. 현실적으로 그것은 실현 불가능한 염원이다.

애초에 근무 환경이 극단적인 직업을 가진 사람들이 부상당할 확률을 완전히 없애는 것은 정말 힘든 일이다. 그러나 부상 한 건을 예방할 때마다 작은 승리를 거둘 수는 있다.

나는 산업 재해의 80퍼센트가 사람이 저지른 실수, 즉 인재라는 사실을 알아냈다. 이 패턴은 소방관의 부상에도 그대로 반복된다. 비통하기 짝이 없는 통계다. 그 숫자 하나하나가 사람 한 명 한 명을 의미한다. 마이크와 스티브처럼 누군가에게 중요하고, 누군가의 사랑을 받는 사람이다. 장비 고장, 절차 미흡, 정책의 결함이 아니라 사람의 실수로 벌어지는 사고들인 것이다. 그 많은 부상들이 판단 착오로 인한 잘못된 의사 결정이나 정보 처리 실수, 즉 잘못된 시점과 장소에서 잘못 선택한 결정 때문에 발생하다니. 소방관들의 부상을 줄이려면 인적 오류의 빈도를 줄여야만 했다.

내가 깨달은 또다른 사실은 차를 타고 가던 4분 37초 동안 아무것에도 집중할 수 없었던 것이 스트레스 때문이었다는 점이다. 스트레스는 내 뇌의 정보 처리 용량을 감소시켰고, 결정을 내리는 능력을 방해했다. 그것은 실존주의적 경험이 아니라 단순한 생물학적 반응이었다. 그 상황에서 내가 실수를 할 확률이 훨씬 높아졌다는 것은 부인할 수 없는 사실이었다. 뭔가를 잘못 이해하거나, 중요한 정보를 놓치거나, 최선이 아닌 대응을 했을 확률이 높았다는 의미다.

그 사건은 내가 긴급 구조 부문의 '위험을 고려한 의사 결정 과정risk-critical decision making'에 대해 관심을 갖게 된 계기가 되었다. 나는 궁극적으로 사람의 생사를 좌우하는 의사 결정 과정에 순간의 상황이 어떻게 영향을 주는지를 더 자세히 연구하고 싶었다.

그후 나는 카디프 대학교와 함께 선례가 없는 연구팀을 만들고, 영국 전역에 걸쳐 실제 재난 현장에서 사건 총지휘관들이 실행한 결정 사례들, 즉 인명을 좌우하는 결정 사례들을 연구했다. 우리는 그 연구 결과를 토대로 지휘관들이 더 효과적인 의사 결정을 할 수 있도록 돕는 기법을 개발했다. 이 기법은 이제 영국 전역은 물론 국제적으로도 표준 지침으로 사용되고 있다. 내 동료이자 친구인 스티브 같은 이들을 돕는 기법 말이다. 이 모든 것이 내 경험에서 시작됐다. 내 죄책감에서.

내 연구는 우리(소방 구조 서비스)가 어떻게 준비시켜야 소방관이 현장에서 필연적으로 처하게 되는 극도로 불리한 환경에서 적절한 의사 결정을 내릴 수 있는지에 관한 것이다. 또한 인적 오류가 생길 수 있는 확률을 줄이기 위해 인간이 어떻게 반응하고 행동해야 하는지에 관한 것이기도 하다.

지난 10여 년 동안 나는 소방 및 구조 작전을 펼치는 환경에서 나와 같은 현장 지휘관들이 어떻게 결정을 내리는지를 면밀히 조사하는 연구를 진행했다. 우리의 결정을 촉발하는 신호는 무엇인지, 거기에 영향을 주는 상황은 어떤 것인지에 대해 알고 싶었다. 무엇보다도 소방관들의 안전을 향상하고 싶었다. 스티브가 겪어야만 했던 사고를 어느 누구도 반복하지 않고, 그 누구도 소방차 뒷좌석에 앉아서 출동하는 동안 자기의 배우자나 친구의 안위를 애타게 걱정하는 상황에 빠지지 않도록 최선을 다했다.

내 경험(내 공감)은 내가 연구를 포기하지 않고 연구 결과를 소방관들의 작업 환경에 적용하기까지 나를 계속 앞으로 나아가게 만든 원동력이다. 그들은 내 동료들이고, 그중 일부는 영광스럽게도 친구라고까지 부를 수 있는 사람들이기 때문이다.

THE HEAT OF THE MOMENT

2장
난제

"그는 과도한 분석으로 인한 마비 증상을 앓고 있다."

-해럴드 제닌Harold Geneen

나는 혼잡한 도심을 엉금엉금 기어가는 차 안에 앉아 있다. 고막을 찢을 듯 사이렌이 울려대지만 꽉 막힌 길을 뚫고 현장에 도착하는 것은 거의 불가능해 보인다. 화재는 불이 날 수 있는 장소 중 최악으로 꼽히는 터널로, 사방이 두꺼운 콘크리트 벽으로 둘러싸여 있다. 내가 탄 차를 포함한 모든 구조 차량들은 운전자와 승객들이 위험을 피해 안전지대로 대피하느라 버리고 간 수십 대의 차량 때문에 현장으로 가는 데 큰 어려움을 겪고 있다. 부아가 치민 나는 차를 1차 진입 저지선 근처에 주차하고 빠른 걸음으로 현장으로 걸어간다.

새까맣고 짙은 연기가 터널에서 쏟아져 나오고, 터널 입구에서 불타고 있는 자동차들이 매캐하고 쓰디 쓴 가스를 내뿜고 있다. 플라스틱이 타면서 나는 자극적이고 시큼한 냄새와 함께 달큰한 냄새가 느껴진다. 어디서 맡았는지 뭐라 딱 꼬집어 말할 수 없지만 본파이어 나이트Bonfire Night(11월 5일, 영국 의사당을 폭파하려던 가이 포크스의 계획을 무산시킨 기념으로 큰 모닥불을 피우고 불꽃놀이 축제를 여는 영국의 전통—옮긴이)를 연상시키는 냄새다. 터널 주변은 콘크리트 먼지가 가득하다. 검댕이와 피로 범벅이 된 부상자들이 의료진에게 안내되고 있다.

저지선 바깥쪽에서 느껴지던 척박한 고요함과 비교하면 이곳은 전장이다. 부상당한 여성 한 명이 구조 대원의 부축을 받으며 비틀비틀 내 옆을 지나간다. 터널 쪽을 계속 돌아보는 것을 보니 터널에 들어갈 때는 다른 사람들과 함께였지만 겨우 혼자 빠져나온 듯하다. 이 여성과 같은 경우를 이전에도 수없이 목격했지만, 볼 때마다 애간장이 타는 것 같다.

현재 소방 구조대 측 사건 총지휘관이 내게 다가온다. 나와 긴밀한 협조를 하면서 일해 온 지 벌써 몇 년째인 로이드는 내가 가장 신뢰하는 소방관 중 한 명이다. 굉장히 키가 크고 깡말라서 나와 나란히 서면 어른과 아이 같지만 항상 실용적이고 매우 신사적인 사람이다. 초동 대응을 로이드처럼 집중력 높고 능력 있는 사람이 맡아서 다행이다. 그런 로이드이지만 지금은 초조한 빛이 역력하고 심각한 스트레스에 시달리는 것이 얼굴에 그대로 드러나 있다. 그러나 공황 상태의 징후는 보이지 않는다. 나는 그를 믿는다. 로이드는 신속하고 정확하게 상황을 요약해서 설명한다. 화재는 진압되었지만 터널 속 연기가 빠지지 않은 상황이다. 구조적 손상이 상당하지만 당장 무너질 위험은 없는 것으로 판단된다. 터널 안에는 30명 이상의 부상자가 아직 남아 있으나 수색 및 구조 작업은 원활하게 진행되고 있다. 이미 115명이 대피한 상태다. 경찰은 사제폭발물이 원인이라고 확인했다. 폭탄이었다. 그 말을 듣고 보니 아까 맡은 이상한 냄새의 정체를 알 것 같다. 화약이었다.

주변을 둘러보니 열두어 대의 버려진 차량이 터널 입구를 막고 있다. 모두 먼지와 흙을 흠뻑 뒤집어쓴 채다. 터널 안쪽의 입구에서 가까운 곳에 있는 미니버스에서 어린이 일곱 명이 구조돼서 안전한 곳으로 안내되고 있다. 얼굴을 알아볼 수 없을 정도로 그을음 범벅이어서 눈 흰자위만 하얗게 보인다. 모두들 어리둥절해 하면서 울고 있다. 사태가 얼마나 심각한지 아직 잘 모를 것이다.

터널 벽에서 회색 콘크리트가 부서져 떨어지는 것이 보인다. 아마도 폭발로 인한 손상 때문일 것이다. 터널의 구조적 안정성에 대해 더 자세히 알고 싶다. 위험 구조물 전문가의 철저한 조사와 진단 결과가 나오는 것이 가장 좋다. 이에 더해 안에 갇혀 있는 사람들에 대한 정보도 더 필요하다. 몇 명이 어디에 갇혀 있는지, 그리고 부상 정도는 어떤지. 그러나 로이드는 그에 대한 정보를 가지고 있지 않다. 파악하려면 시간이 걸리는데, 우리는 지금 시간이 없다. 초조감으로 위가 꼬이는 낯익은 느낌이 나를 찾아온다.

나는 로이드에게서 그의 계획에 대한 설명을 듣고, 현장에서 가장 지위가 높은 대원으로서 지휘권을 넘겨받는다. 최신 상황을 파악하기 위해 현장에 나온 경찰 측 지휘관에게 무전을 치니 금방 그녀가 나에게 걸어온다. 그녀는 나만큼이나 몸집이 작고, 표정을 읽을 수 없는 얼굴을 가지고 있다. 은발에 가까운 금발을 머리카락 한 올도 흐트러지지 않은 단정한 단발로 잘라 각진 인상이 더 날카롭게 보인다. 그런 그녀가 걱정스러운 얼굴을 하고 있다.

"상황이 바뀌었어요." 그녀가 외친다. "터널 안에 첫 번째 터진 것보다 더 큰 폭발물이 하나 더 있다는 믿을 만한 정보가 들어왔습니다. 당신 대원들이 지금 핫 존*에 있어요."

심장이 더 빨리 뛴다. "그 폭발물이 터널 어디에 있습니까?" 내가 묻는다.

"우리도 모릅니다." 그녀가 대답한다. "하지만 구조대가 부상자를 돕는 것을 방지하거나…" 그녀는 잠시 주저하다가 말을 잇는다. "가능한 한 많은 구조 대원을 살상하는 것이 목표인 것으로 추측하고 있어요. "

"남은 시간이 얼마나 되지요?"

"정보에 따르면 15분에서 20분 내에 두 번째 폭발이 있을 것 같습니다."

* '핫 존hot zone'은 또다른 공격의 위협을 배제할 수 없는 위험한 지역을 가리킨다.

"폭발을 방지할 수 있습니까?" 내가 물었다.

"보장할 수 없어요. 우선 폭발물을 찾아야 하니까요."

"정보원은 얼마나 믿을 만한가요?"

그녀는 무표정한 얼굴로 나를 쳐다본다.

"그러니까," 나는 말을 잇는다. "터널 안에 우리 대원 20명이 들어가 있고, 민간인 부상자가 적어도 30명 정도 있습니다. 어쩌면 더 많을 수도 있고요. 지금 대원들을 철수시키면 사람들이 죽어요. 철수 지시를 내리기 전에 그 정보가 얼마나 믿을 만한지를 알아야겠어요."

그녀가 확실한 대답을 할 수 없다는 것을 알지만 얼마간의 확답이라도 절실히 원한다.

"매우 신뢰할 수 있는 정보예요." 그녀가 어깨를 으쓱하면서 말한다. "정보원에 대해서는 아시다시피 더이상 말할 수 없지만, 내기를 한다면 이 정보가 맞다는 쪽에 돈을 걸겠습니다."

*

"그러니까 사브리나," 조너선이 큰 소리로 묻는다. "당신의 결정은 무엇이죠?"

나는 앞에 놓인 적포도주 잔으로 손을 가져간다.

조너선과 나는 오래된 바의 조용한 구석에 앉아 있다. 짙은 색

목재로 둘러진 벽에는 담배 냄새가 깊이 배어들어 있다. 의자는 칙칙한 붉은색 가죽에 헤진 천으로 감싼 단추가 박혀 있다. 조명이 어두워서 어쩐지 빅토리아 시대 분위기가 느껴진다.

조너선은 몸집이 크지는 않지만 물리적 크기를 훨씬 능가하는 존재감이 있는 사람이다. 짙은 색 머리카락과 짧은 턱수염, 굉장히 친절해 보이는 얼굴에는 늘 미소가 어려 있다. 그는 언제 말을 걸어도 기쁘게 대화를 나눌 준비가 되어 있는 사람이다. 까만 눈을 반짝이며 내 앞에 앉아 있는 그는 믿을 수 있는 친구이자, 비밀을 털어놓을 수 있는 상대, 그리고 훌륭한 멘토다. 그런 그가 나를 훈련시키고 있다. 운동선수를 단련하는 코치처럼 그는 나를 더 나은 소방관, 더 나은 사람으로 향상시키기 위해 내 의사 결정 능력을 시험하고 있는 것이다.

조너선 크레고 교수는 경력 대부분을 '의사 결정 마비 현상decision inertia'을 연구하고 그 영향을 줄이는 데 바쳤다. 의사 결정 마비 현상이라는 것은 잘못될 수 있는 모든 요인들에 대한 걱정으로 인해 결정을 내리는 능력이 마비되어 버리는 현상을 말한다. 이는 촌각을 다투는 상황에서 상당히 심각한 문제를 야기할 수 있다. 마비 현상으로 인해 결정을 아예 내리지 않는 결정 누락decision omission 상황, 결정을 내리는 시간을 미루거나 다른 사람에게 떠넘기는 선택 전가choice deferral 상황으로 이어질 수 있다.

조너선은 이 분야에서 타의 추종을 불허하는 권위자다. 우리는 저녁때 바에서 종종 만나 의사 결정에 대한 이론적 접근법을 토론하고 학문과 현실을 연결할 방법을 찾기 위해 애썼다. 오늘은 종일 스코틀랜드 소방 구조 지휘관 총회에 참석하고, '작은 커리 하우스'라는 재미있는 이름의 식당에서 저녁 식사를 했다. 그런 다음 찾아온 바를 마지막까지 지키며 이야기를 나누고 있는 중이다. 의사 결정 마비 현상을 유도하는 방법을 고안하는 것이 주된 화제였고, 조너선은 자신이 개발한 시나리오를 내게 설명하고 있었다.

"당신의 의견이 궁금하네요." 그가 말했다. "이런 종류의 사고 현장을 지휘할 가능성이 있는 사람이니. 어때요?"

"들어볼게요." 내가 대답했다.

조너선이 얼굴을 찌푸렸다. "들어봐달라는 게 아니라 해달라는 거예요. 그렇게 해주시겠어요?"

나는 조너선을 바라봤다. "그러기에는 포도주를 너무 많이 마시지 않았어요?"

나는 조너선이 뚜렷한 해답이 없는 난제를 낼 것이라는 사실을 알고 있었다. 그가 제시하는 상황은 계속 변화한다. 상반된 조건들을 충족해야 할 때가 대부분이고, 시나리오는 고정적이지 않아서 목적과 임무가 계속 바뀐다. 결정을 내리기가 어렵다고 말할 수 있을 때는 그나마 다행이고, 불가능할 때가 더 많다. 조너선은 이런 난제로 가득 찬 상황을 가정해서 소방관 및 긴급 구조 대원들을 밀어붙이고, 끔찍한 상황에 끔찍한 선택을 할 수 있는 능력을 시험한다. 그런 그가 내게 실험 대상이 되어달라고 요청한 것이었다.

생각만 해도 뇌에 쥐가 나는 느낌이었다. 난제는 해결이 불가능할지언정 어느 정도 상황을 완화할 수는 있다. 내가 최상의 상태일 때 말이다. 하지만 포도주를 몇 잔 마신 지금은 그럴 능력을 발휘하지 못할 것이라는 걸 나는 알고 있었다.

"그러지 말고 해봐요. 점수를 매기겠다는 것도 아니고. 그냥 솔직한 의견을 알고 싶어서 그래요. 겁나서 도망가겠다는 건 아니죠?" 조너선이 껄껄 웃었다.

그는 진지했다. 나는 친구들의 압박에 못 이겨 나중에 후회할 줄 알면서도 일을 저지르는 십대로 돌아갔다. '겁나서 도망가겠다는 건 아니죠?'는 내가 절대 피하지 못하게 하는 주문이나 마찬가지다.

나는 잔에 포도주를 더 채웠다. 그러고는 의자에 편히 기대앉아 눈을 감았다. 시작한 것이다.

"11월 23일 오전 9시 23분. 버컨헤드 터널 폭발 사고 현장의 사건 총지휘관으로 소집됐어요."

"버컨헤드라고요? 난 런던에 있는 거 알죠? 사이렌 울리면서 가기엔 엄청나게 먼 거리네(버컨헤드는 런던에서 차로 4시간가량 떨어진 잉글랜드 서북쪽에 있다—옮긴이)."

"상상력을 동원해요. 그게 신경 쓰이면 블랙월 터널이라고 해두죠. 말 끊지 말고 집중해주세요."

나는 내가 잘 아는 런던의 블랙월 터널을 향해 차를 몰고 가는 장면을 상상하면서 조너선의 말에 따라 주변 상황에 대한 그림도 그렸다. 이 길은 수백 번(주로 혼잡한 런던의 교통 때문에 엉금엉금) 다녀본 길이다. 머릿속에 훤히 떠오른다.

*

조너선은 내가 무엇을 보고, 무슨 소리를 듣고, 무슨 냄새를 맡는지 자세히 묘사하도록 질문을 계속 던진다. 고단한 일과 끝에 포도주를 마셔서만은 아니다. 조너선이 묘사하는 시나리오에 완전히 몰두한 나는 다시 한번 초보 소방관이 되고 만다. 정답이라는 것이 없는 상황에서 결정을 내려야 하는 정신적 갈등 때문에 숨이 막혀온다. 완전히 긴장을 풀고 편히 앉아 있지만 동시에 극도의 공황 상태에 빠져 있다. 안전하고 나른하고 따뜻하지만 동시에 조바심이 나고 신경이 곤두서고 식은땀이 난다.

"터널에 있는 구조 대원들을 후퇴시킬 건가요?" 그가 묻는다.

두 번째 폭발물이 폭파할 가능성이 있지만 확실치는 않다.

그렇다고 그 위험을 무시할 수는 없다. 따라서 모종의 조치를 취해야 한다.

구조 대원들에게 퇴거 명령을 내릴 수도 있다. 대원 모두가 빠져나오는 데 약 15분 정도 걸릴 것이다. 그러면 모두가 도망쳐 나오는 재난 현장으로 용감하게 걸어 들어가는 훌륭한 사람들의 생명은 구할 희망이 있다. 그러나 갇혀 있는 사람들에게는 내 손으로 사형 선고를 내리는 것이나 다름없다.

부상자를 포함해 모든 사람이 터널에서 빠져나오도록 하는 데는 90분 정도가 필요하다. 적어도 90분. 사람들이 자동차 내부, 무너진 잔해 속에 갇혀 있다. 접근이 어렵고 특수 장비는 아직도 오는 중이다.

완벽한 선택지는 없다. 정말로 난제다.

내가 묻는다. "수색 및 구조 작업을 완전히 마치는 데 얼마나 걸리죠? 갇힌 사람들을 구조하는 것까지 포함해서요. 작전 지휘관에게 무전기로 묻는다면 뭐라고 대답할까요?"

"무전기로 작전 지휘관을 찾아보지만 연락이 안 돼요. 그쪽은 실패. 자, 지금 가지고 있는 정보만으로 결정을 내려야 해요. 14분 남았네요."

내가 공황 상태에 빠지는 것이 느껴진다. 말이 되지 않는다는 것은 나도 알고 있고, 스스로에게 이것이 실제 상황이 아니라고 상기시켜보지만 심장이 미친 듯이 뛴다. "자, 들어보죠." 조너선이 말한다.

"터널을 얼마만큼 수색했는지 몰라요. 그리고 몇 명이나 갇혀 있는지도 모르고. 그 사람들을 모두 피신시키는 데 얼마나 걸릴지도. 15분 후에 두 번째 폭발물이 터져서 터널에 있는 사람은 모두 죽거나 중상을 입을 것이라는 믿을 만한 정보가 있어요. 소방관 스무 명, 구급 대원 여섯 명, 그리고 적어도 서른 명의 민간인이 그 안에 있으니 쉰여섯 명의 목숨이 달려 있군요."

"어떻게 할 거죠?"

"현장에 있는 대원을 모두 터널에 투입하는 방법이 있죠. 그러면 모두 구출해낼 수도 있지만, 폭발물이 예상보다 일찍 터지면…."

스티브가 부상당했던 사건을 떠올린다. 마이크가 부상당했을까 두려워했던 기억도 함께.

"어찌됐든," 나는 말을 잇는다. "대원들에게 상황 설명을 하고 지시를 내리는 데 15분이 거의 다 흘러버리겠죠. 게다가 터널에 들어가면 칠흑같이 어두워요. 터널 길이가 1370미터나 되는데 대원들이 각자 진 장비는 모두 30킬로그램 이상이에요. 부하들을 터널에 보내고 싶지도 않고, 보내도 소용이 없어요."

"그래서 내린 결론은요, 사브리나?" 조너선이 반복해서 묻는다.

"대원들에게 퇴거 명령을 내리는 방법이 있어요. 그러면 제 판단에 자신의 목숨을 맡기고 위험한 터널 속으로 기꺼이 들어간 사람들은 모두 빠져나올 수 있을 거예요. 그들과 맺은 무언의 약속은 지키는 것이고. 하지만 대원들이 원하는 것은 인명 구조죠. 다른 사람을 구하기 위해 자기 목숨을 거는 것도 마다하지 않을 사람들이잖아요. 대원들을 후퇴시키면 시민을 보호할 의무를 저버리는 것이겠죠. 그리고 인명 구조를 위해 이곳에 온 구조 대원 모두에게 그 실패를 강요하는 것도 되고요."

내가 어떤 결정을 내리든 죽는 사람이 생긴다. 사망자의 숫자를 최소화하는 것이 가장 덜 나쁜 선택지를 고르는 결정일 터다.*

"자, 다시 물을게요." 조너선이 말한다. "어떤 결정을 내릴 건가요? 폭발 12분 전이에요."

"모든 대원에게 터널에서 철수하라는 명령을 내리겠어요. 신속하게 구조할 수 있는 부상자만 데리고 나오라는 지시 사항도 덧붙여서요. 그런 명령을 내리기가 어렵긴 하지만 구조가 어려운 부상자들은 현장에 두고 나와야 한다는 것을 명확히 하겠어요. 폭발물이 존재하지 않거나, 무력화되었다는 것을 확인하기 전까지는 대원을 현장에 투입하지 않을 겁니다."

*

"눈을 떠요." 조너선이 말한다.

나는 시키는 대로 한다.

* '가장 덜 나쁜' 선택지를 고른다는 것은, 어떤 결정을 해도 원치 않는 결과가 나올 수밖에 없는 선택지만 있을 때 그중 가장 나은 것을 선택하는 것이다. 나쁜 결과가 나올 것이 자명하기 때문에 유일한 방법은 가장 덜 나쁜 선택지를 고르는 길뿐이다.

"방금 내린 결정에 얼마나 자신이 있죠?" 그가 묻는다.

'자신이 있다'는 말. 이런 상황에서 쓰기에는 너무 어울리지 않는 표현이다. 사람의 목숨을 앗아갈 수 있는 결정을 내리고 자신 있어 할 사람이 누가 있을까?

"가장 덜 나쁜 선택지를 골랐다는 자신은 있어요." 내가 대답한다. "모든 게 괜찮을 것이라는 자신감? 물론 아니죠. 내 결정으로 사상자가 최소화될 것이라는 자신감? 그 자신은 있어요."

이런 상황은 '만일 이랬다면?'류의 문제로 가득하다. 만일 폭탄이 15분이 아니라 5분 후에 터져버리면? 그랬다면 대원들을 즉시 철수시키지 않은 것을, 당장 데리고 나올 수 있는 부상자를 제외하고는 모두 그냥 두고 뛰어나오라고 지시하지 않은 것을 후회할 것이다. 만일 폭탄이 15분이 아니라 30분 후에 터진다면? 그래서 모두 터널 밖에 서서 안에 갇힌 민간인들이 죽기를 기다려야 하는 상황이 벌어진다면? 그랬다면 대원을 추가로 터널에 들여보내지 않은 것을 후회할 것이다. 만일 부상당한 민간인들 중 한 명이 남편이 죽고 혼자서 아이 셋을 키우는 임산부여서, 이제 그 어린 아이들이 의지할 데가 없는 고아가 되어버렸다면? 이 사건과 내 결정의 여파로 현장에 있지도 않았던 세 사람의 삶까지도 파괴되는 것이다. 그런 사실을 미리 알았다면 그녀를 살리기 위해 다른 결정을 내렸을까?

이 질문들은 오랫동안 내 동료와 상관, 정치인, 그리고 유족에 의해 반복될 것이다. 그들 역시 내가 여러 선택지를 놓고 고심하는 순간에, 실현될 수도 실현되지 않을 수도 있는 수백만 가지의 다른 가능성과 수백만 가지의 다른 여파가 공존하고 있었다는 것을 알고 있다. 그러다가 내가 내린 결정을 입 밖에 꺼내는 순간, 좋은 쪽으로든 나쁜 쪽으로든 모든 것이 고정된다.

그러고 나면 채워지지 않는 호기심과 남의 탓을 하는 문화에 힘입어 모든 신문의 표제, 모든 뉴스 앵커의 입, 모든 전문가들이 끊임없이 '만일 이랬다면?'이라는 질문을 던지며 그 순간 내가 내린 결정을 해부하고 또 해부할 것이다. 만일 긴급 구조대가 자원이 더 많았다면? 더 나은 훈련을 받았다면? 영국 국민 의료 보험 공단National Health Service, NHS이 압박을 덜 받고, 공공 서비스 분야에 더 많은 재원이 주어졌다면 어땠을까?

그런 다음에는 사고 후 조사가 벌어지면서 당시 상황의 매 순간에 대한 분석이 이루어진다. 선택되지 않은 수많은 '만일 이랬다면?' 시나리오들이 법적으로 면밀히 조사되는 것이다. 이 조사는 미래에 벌어질 수 있는 재난에 대한 대처 능력을 향상시키기 위해서이기도 하지만 당장의 비극으로 인해 영향을 받은 모든 사람들을 위한 것이기도 하다.

동료와 상사, 언론, 재판관, 유족은 내가 누리지 못한 조건들, 즉 시간적 여유와 사후 정보를 가진 유리한 고지에 서 있다. 나는 일이 벌어지는 와중에 순간적으로 판단해서 결정을 내려야 한다.

제한된 시간, 불확실한 정보에 기초해서 결정을 내려야 하는 압박감과 스멀스멀 일어나는 자기 의혹, 수많은 가정의 시나리오들을 속삭이는 내면의 목소리 등은 최고의 경험을 가진 의사 결정자마저도 궤도에서 이탈하게 만들어버릴 수 있다. 결정을 하는 나는 인간이다. 인간의 약점과 감정을 모두 가진.

다 알면서도 무엇인가를 선택하는 이유는 아무것도 하지 않는 것, 즉 의사 결정 마비 현상에 굴복하는 것이야말로 단연 최악의 선택이기 때문이다. 내가 선택하기를 거부하면서 아무것도 하지 않았는데 경고 받은 대로 15분 후에 폭탄이 터지면, 나는 56명의 인간에게 사형 선고를 내리고 아무도 구하지 못한 사람이 되는 것이다.

조너선은 미소를 짓지 않으려고 애를 쓰지만 눈 주변이 찡긋거리는 것까지는 참지 못한다. 내가 불편해하는 것이 그의 눈에는 다 보이는 것이다. 자신이 만든 시나리오가 매우 효과적이라는 증거다.

"눈을 감아 봐요." 그가 말한다. "다시 시작해보죠."

나는 숨을 크게 들이쉬고 의자에 다시 편히 기대앉은 다음 터널을 머리에 떠올린다.

*

"무슨 소리가 들리죠?" 조너선이 묻는다.

손에 쥔 무전기에서 목소리들이 치직거리며 들려온다. 터널 안에 들어갔다가 급히 철수하는 사람들. 터널 바깥에 서 있기보다는 터널 안 현장에 투입되기를 절박하게 원하면서 동료들의 안전을 확인할 때까지 초조하고 불안하게 서성이는 사람들. 바로 그들의 목소리다.

구조대와 구조된 사람들이 비틀거리며 터널에서 꾸준히 빠져나오는 것이 보인다. 극도의 피로감과 안도감이 얼굴에 새겨져 있다. 나는 내 결정에 점점 자신감을 가지면서 다음 상황과 터널 안에 아직 있는 사람들에 대해 생각하기 시작한다. 두 번째 폭발물에 대한 결론이 어떤 방식으로든 나고 나면 상황이 어떻게 돌아갈까? 폭발이 일어나거나, 내 절박한 기도가 현실이 되어 폭발물이 없다고 판명되거나 무력화된 것이 확인되면?

"작전 지휘관이 다가오네요." 조너선이 내 생각의 흐름을 끊고 말한다. "문제가 있다는군요. 아주 큰 문제. 굉장히 초조한 것이 역력해 보이네요. 입고 있는 방화복을 만지작거리면서 식은땀을 흘리고 몸을 움찔거리고 있어요. 철수를 거부하는 소방관이 있다고 전하네요."

나는 숨을 크게 들이쉰다. 이런 일은 정말 일어나지 않기를 바랐다.

"그 소방관이 누구죠? 어디에 있죠? 왜 철수를 안 한다는 거죠?" 나는 그렇게 물으면서 평정심을 잃지 않으려 애쓴다.

"이름은 맷 카네기. 두 사람이 한 조로 투입돼서 처음 폭발물이 터진 곳 근처 자동차에서 작업을 하고 있었어요. 지난 30분 동안 발목이 차에 깔린 아홉 살짜리 아이를 구출하는 작업을 하고 있었죠. 어려운 구출 작업이에요. 팀원은 이미 철수했지만 맷은 철수를 거부하고 있어요. 자, 이제 7분 남았어요."

마음을 너무 많이 쏟아 부어서 아이를 그냥 두고 떠날 수 없는 그런 상황을 나는 너무도 잘 안다. 희생자를 돌보고 싶은 본능과 의무감이 너무 커서 어떤 명령으로도 말릴 수 없는 경우가 있다. 그 아이를 두고 떠날 수 없는 맷의 행동을 나는 완전히 이해할 수 있다. 그러나 지금은 나 자신의 감정에 휩쓸릴 때가 아니다.

나는 명령 체계를 무시하고 맷에게 직접 무전을 친다. 내가 내릴 명령의 무게를 누구에게도 전가할 수 없다.

"맷, 사건 총지휘관이다. 들리나, 오버."

무전기가 치직거리는 동안 나는 초를 세며 기다린다. 매초가 영원처럼 느껴진다.

"네, 대장님. 잘 들립니다."

"맷, 즉각 퇴거 명령이 내려진 사실을 알고 있나? 이유도?" 나는 구조 중인 어린 소녀가 들을까 봐 '폭탄'이나 '폭발'이라는 단어를 쓰는 걸 조심한다.

"잘 알고 있습니다." 아이가 흐느껴 우는 소리가 무전기를 통해 들려온다. 같은 주파수에 무전기가 맞춰진 사람은 모두 그 흐느낌소리를 들을 수 있다. "하지만 이 아이 두고 혼자 나가진 않겠습니다. 페달 절단기만 있으면 돼요." 무전기가 칙칙거리면서 그의 목소리가 흔들린다. "대장님, 죄송하지만," 그가 말을 이었다. "시간 낭비하는 대신 절단기나 보내주세요. 이 아이가 죽으면 저도 같이 죽습니다. 누군가의 딸이에요. 제게도 같은 나이의…."

그가 말을 잇지 못한다. 그 순간 무전기 대화를 듣고 있던 모든 사람은 잃는다는 것은 상상조차 할 수 없는 사랑하는 누군가의 이름을 그 자리에 대입하고 있을 것이다.

*

조너선의 목소리가 다시 끼어든다. "자, 결정해요." 그가 묻는다. "어떻게 할 거죠?"

나는 인명 손실을 최소화해야 하는 궁극적인 목표와 그 소녀를 구하라고 절규하는 본능 사이에서 선택을 해야만 한다. 전자를 선택하면 소녀의 목숨은 포기하고 (성공 여부는 불확실하지만) 맷을 설득해서 철수하도록 해야 한다. 후자를 선택하면 대원을 추가로 투입해야 하는데, 예상대로 폭탄이 터지면 모두 죽는다.

"대원을 더 들여보낼 수는 없어요." 내가 말한다. 모두 기꺼이 터널에 들어갈 것이라는 건 알지만 나는 그들과 그들의 가족을 그런 상황에 빠트릴 수 없다.

"그래서, 어떻게 할 것인지 말해봐요. 당신의 결정은 뭐죠?"

조너선이 고안하는 훈련용 시나리오는 언제나 녹슨 칼로 내 손을 자르기 아니면 내 다리를 자르기 둘 중 하나를 선택하도록 만든다. 눈을 뜨고 "아니요, 어느 쪽도 선택하지 않겠어요. 이건 말도 안 돼요. 포도주를 벌써 몇 잔이나 마셨는데 이런 결정을 내릴 수 없어요"라고 말하고 싶다. 그러나 사실을 말하자면, 나는 두려워하고 있다. 모두 허구의 인물들이지만 그들을 위해 최선을 다하고 싶다. 참여하는 것을 거부하는 것 자체가 의사 결정 마비 현상에 굴복하는 한 형태다.

조너선은 지휘관들을 거의 최면 상태에 빠지게 하는 데 아주 능하다. 그는 연달아 질문을 쏟아내는 방법으로 우리가 현장을 자세하게 상상하고 묘사하도록 만든다. 마치 엄청나게 생생한 꿈을 꾸는 것과 비슷하다. 한 가지 다른 점은 그 꿈의 내용을 우리 자신이 제어하고 조너선이 안내를 한다는 사실이다. 아마 악몽이 이런 것이 아닐까 싶다. 실제는 아니지만 그 초조함, 불확실성, 불편함은 모두 실제로 느껴지는 악몽 말이다.

"얼른 결정을 내려요." 조너선이 재촉한다.

하지만 만일 장비를 들여보냈다가 모두 죽는다면? 만일 시간이 충분해서 그 소녀를 구할 수 있다면? 맷을 설득하는 데 성공해서 그가 철수한다면? 깜깜한 어둠 속에서 고통과 두려움에 시달릴 그 어린 소녀는 어떤 느낌이 들까?

나는 내가 아는 사실만을 검토하는 데 억지로 정신을 집중한다. 정해진 원칙이나 매뉴얼은 없다. 나 자신의 판단에 모든 것을 맡기는 수밖에. 내 머릿속은 온통 내 딸 가브리엘라 생각뿐이다. 내 딸이 그 상황에 처한 것을 상상하면서 아이가 혼자서 죽음을 맞이해야 하는 장면으로 나 자신을 고문하고 있다. 나는 지금 명확한 판단을 내릴 수 있는가? 이 결정을 내린 나 자신을 평생 용서할 수 있을까? 신문, 방송, 법정에서 내가 내린 결정을 반복해서 해부하고 비판하는 것을 견딜 수 있을까? 내가 잘못된 판단을 내리면 어떻게 될까? 내 직업적 평판이 달린 건 물론이고, 내가 이후에 제정신으로 살아갈 수 있을까 하는 문제도 달려 있다. 하지만 무엇보다도 가장 중요한 문제는 누군가가 죽을 것이라는 사실이다. 그리고 그 사람은 누군가에게 나의 가브리엘라와 같은 존재다. 문제의 핵심은 바로 이것이다.

"째깍째깍, 사브리나. 예고된 폭발이 6분 남았어요. 서둘러야 해요."

나는 눈을 뜬다. "내가 절단기를 가지고 들어가겠어요." 내가 말한다. "내가 직접 들어갈 거예요. 그러면 내가 모든 걸 감당하는 거니까."

"비겁해!" 조너선이 나무 탁자를 손으로 세게 치면서 외친다. "더 배짱이 있는 줄 알았는데! 직접 들어간다고요? 현장을 아수라장으로 만들겠다는 거군요. 지휘관이 떠나버리면 어떻게 되죠? 누가 그 자리를 이어받아 현장 지휘를 할 거죠? 당신을 말리기 위해 따라 들어가서 같이 죽는 사람들도 생길 텐데요? 폭탄이 터져요. 그러면 가브리엘라는 엄마를 잃고 마이크는 아내를 잃는 거죠. 사망자만 늘어났네요. 당신이 사람들을 살리려고 애쓰는 줄 알았는데 오히려 더 늘리는군요!"

조너선의 말이 맞다. 물론이다. 위험을 마다하지 않고 뛰어드는 행동은 강하고 두려움을 모르는 지도자의 자기희생이라고 주장할 수도 있지만, 동시에 무책임하고 무모한 행동으로 해석할 수도 있다. 두 시각 모두 맞고, 두 시각 모두 틀리다. 같은 숫자도 앉은 자리에 따라 확실히 9가 되기도 하고 확실히 6이 되기도 한다. 내 결정이 맞지도 틀리지도 않다는 것이 진실이다. 그것은 결정을 피하는 행동일 뿐이다. 조너선이 맞다. 나는 더 어려운 결정을 내리는 것이 겁났던 것이다. 그 결정을 피하는 것이 너무도 절박해서 총알을 장전한 총구를 돌려서 내 머리를 겨냥해버린 것이다.

이것이 바로 의사 결정 마비 현상이다. 고통스럽다.

*

"다시 한번 해보죠." 조너선이 말한다.

나는 숨을 크게 한 번 들이쉬고 대답한다. "맷에게 무전을 쳐요."

"그리고 뭐라고 할 건가요?" 조너선이 격려하듯 말한다.

"터널에 더이상의 인력을 투입하지 않을 거야."

터널 바깥쪽에 검은 연기가 자욱하다. 나는 절박한 심정으로 연기 속을 뚫어져라 쳐다본다. 맷이 기적적으로 그 소녀를 안고 나오는 모습이 보이기를 기도하면서. 가슴이 조여 오는 느낌이 든다. 모두가 바라보는 동안 자욱한 연기 속으로 침묵만 흐른다. 로이드가 긴장된 표정으로 무전기를 귀에 대고 맷이 응답하기를 기다리고 있다.

"위험이 너무 커." 내가 말한다. "아이를 안심시켜야 해. 우리가 다시 와서 구해준다고 이야기하고, 밖으로 철수해. 아이가 어디에 있는지, 어떻게 갇혀 있는지 아는 것 모두를 이야기해주면 상황이 허락하는 즉시 아이를 구출해낼 계획을 세울 수 있어. 지금 당장 철수해. 명령이다. 오버."

"대장, 아이가 여기서 죽게 놔둘 수 없어요. 페달 절단기만 있으면 돼요! 제발!"

"철수해" 내가 반복해서 말한다. "즉시. 페달 절단기가 필요하면 나와서 직접 가져가도록."

나는 경찰 측 지휘관에게 무전을 쳐서 맷이 일단 나온 다음에 터널로 다시 들어가지 못하도록 막아줄 경찰관들을 대기시켜 달라고 요청한다. 맷이 나를 절대 용서하지 않을 것이고, 소녀를 두고 나온 자기 자신도 용서하지 않을 것을 알지만, 이것이 내 결정이다.

조너선의 목소리가 다시 들린다. 이번에는 부드럽고 조용한 목소리다. "자기가 내린 결정에 얼마나 자신이 있나요, 사브리나?"

"전혀 자신 없어요." 내가 대답한다. "내가 원하는 건 페달 절단기를 들고 뛰어들어 가서 모든 걸 운명에 맡기는 거예요. 하지만 그건 허사라는 걸 알아요."

"그러니까, 결정을 내린 건가요?"

"네. 그것이 내가 할 수 있는 가장 덜 나쁜 선택이에요. 책임질 준비가 되어 있어요."

*

"좋아요." 조너선이 의자에 기대어 앉으며 미소를 짓는다. "불편해 보이네요, 사브리나."

"불편해 보인다고요? 기분이 완전 똥이라고요!" 나는 포도주를 벌컥 한 모금 들이켠다. "정말 소름 끼치는 훈련 시나리오예요. 정말 잘 만들어졌지만 끔찍해요. 교수님은 야만인이에요!"

그가 더 활짝 미소를 짓는다.

"이건 칭찬이 아니라고요." 나는 덧붙인다.

"어떻게 끝나는지 알고 싶어요?" 조너선이 묻는다.

나는 고개를 끄덕인다. 그 상황에 너무 푹 젖어들었기 때문에 결과도 알아야 했다. 끝을 볼 필요가 있었다.

조너선은 다 안다는 표정으로 고개를 끄덕이고 내게 다시 책임감과 불길한 예감이 가득한 그 불편한 현장으로 돌아가기 위해 눈을 감으라는 신호를 보낸다.

"경찰 측 지휘관이 경찰관들을 당신이 요청한 자리에 배치하고 있어요. 당신의 시선은 경찰관들과 무전기 사이를 오가고 있어요. 맷이 무전기로 응답하기를 기다리고 있으니까요. 초조해서 가만히 있지를 못하고 자꾸 서성거리고 있어요. 시간은 무자비하게 흐르고. 무전기에서 소리가 나서 깜짝 놀라 귀에 댔지만 맷을 제외한 나머지 대원들이 모두 터널에서 나온 것을 확인했다는 작전 지휘관의 보고네요. 26명을 추가로 구출하는 데 성공했지만 4명이 여전히 갇혀 있고, 아직 수색하지 못한 곳에 사람들이 더 있을 가능성도 있어요."

"넷도 너무 많아요. 하지만 그보다 많지 않다는 게 놀랍네요."

"무전기로 맷을 불러보지만 응답이 없어요. 그냥 치직거리는 소리는 나는데 아무 소리가 없는 걸 보니 응답을 거부하는 거죠."

"맷은 결정을 내렸군요."

"당신은 터널 앞에 서서 기다리고 있어요. 8분 동안. 모두 침묵 속에서 그저 터널 입구만 보면서 기다렸어요. 맷은 터널에서 나오지 않고 그 어린 여자 아이를 보호하겠다는 결심을 굽히지 않았어요. 폭탄은 10시 57분에 터졌어요. 파악된 정보보다 7분 늦은 시각이었죠. 맷은 그 폭발로 죽었고, 맷이 버리기를 거부했던 그 소녀도 함께 죽었어요. 그들은 터널의 너무 깊숙한 곳에 있어서 탈출할 시간이 충분치 않았을 거예요. 당신은 가장 덜 나쁜 선택지를 골랐어요."

*

여느 날처럼 출근을 했는데, 자기에게 재앙이 닥칠지 전혀 생각지도 못했던 무고한 사람들의 목숨이 자신의 손에 맡겨지는 것을 상상할 수 있는가? 소방관, 경찰, 군인, 구급 대원, 의사, 간호사 등의 직종에 종사하는 사람들은 이런 상황에 종종 직면한다. 이런 결정을 날마다 내려야 하는 것은 아니지만, 우리는 오늘이 바로 그런 결정을 내려야 하는 날이 될 수도 있다는 것을 알고 있다. 그러나 이 글을 읽는 독자와 마찬가지로 우리도 인간 그 이하도 그 이상도 아니다. 우리도 모든 인간처럼 능력의 한계가 있고, 인간으로서 할 수 있는 일만 할 수 있다. 그러나 가끔 사람들은 우리가 초인적인 능력을 발휘해줄 것을 기대한다.

조너선의 훈련 시나리오는 의사 결정 마비 현상을 유도하도록 고안되었다. 지휘관의 의사 결정 능력을 마비시키는 것이 목적이다. 여러 번 반복 연습을 하면 그런 본능적인 반응을 극복할 수 있을 것이라는 희망에서 인간적으로 결정을 내릴 수 없는 상태를 의도적으로 유도해내는 것이다. 많은 것이 걸린 상황에서 자신이 내린 결정으로 도출될 결과에 대해 염려하는 것은 자연스러운 일이다. 그러나 가능한 결과의 수없이 다양한 경우에 집중하다 보면 심리적 쳇바퀴 속에서 제자리를 맴돌다가 거기서 벗어나지 못할 수도 있다. 실수할지도 모른다는 초조함과 부정적인 결과가 나오면 비난받을 것이라는 두려움 때문에 의식적으로든 무의식적으로든 아무것도 하지 않는 쪽을 선택하는 것이다. 손을 대지 않으면 내 탓이 아니기 때문이다.

하지만 현실은 그렇게 돌아가지 않는다.

의사 결정 마비 현상은 누구에게나, 어느 직종에서나, 어느 상황에서나 일어날 수 있다. 사실 내가 진정한 의사 결정 마비 현상(과도한 분석으로 마비되어 버린 상태)을 경험한 것은 모두 화재 현장이 아니었다.

나는 15세에 노숙자가 돼서 11학년을 마칠 때까지 노숙 생활을 했다. 내 인생에서 가장 끔찍하고 어두웠던 그 시기는 2년 정도 지속됐고, 그후로도 오랫동안 그때를 잊기 위해 애쓰며 살았다. 복잡한 상황에도 불구하고 나는 학교를 계속 다니겠다는 결심을 굽히지 않았고, GCSE(영국 의무 교육인 중등교육 자격시험으로 보통 11학년인 16세에 본다—옮긴이)를 끝까지 모두 마쳤다. 학교 급식이 하루 중 유일하게 제대로 영양을 섭취하는 끼니인 날이 많았다. 당시 내 삶에서 공부는 내가 제어할 수 있는 유일한 것이었다. 별거 아니긴 했지만 적어도 공부는 내 것이었다.

얼마 동안 나는 버려진 건물에서 지냈다. 거기에는 상당히 많은 노숙자가 있었는데 나와 비슷한 사정의 사람들도 있었고, 아주 다른 상황의 사람들도 있었다. 내 소유라고 할 만한 공간이 없었기 때문에 교과서를 둘 곳이 없었다. 내가 다니던 학교에는 사물함이 없어서 소지품은 항상 가지고 다니는 수밖에 없었다. 양육 기관이나 위탁 가정에 들어가고 싶지 않았기 때문에 선생님들에게 책을 보관해달라는 부탁을 해서 주의를 끌 수도 없는 상황이었다. 책을 헌 상자에 넣어서 건물 구석에 숨겨두면 아무도 손대지 않을 것이라 생각했지만 틀린 생각이었다.

그 건물에는 딕이라는 남자가 가끔 와서 잤다. 그는 머리를 완전히 밀고 온몸에 두터운 검은 글씨로 파시스트 문신을 하고 있었다. 상당히 고약한 견해를 가진 사람이었기 때문에 유대인인(게다가 비교적 키가 작고 왜소한) 나는 그를 피하기 위해 최선을 다했다. 그러던 어느 날 그가 표지에 전형적인 유대인 성이 크게 적힌 내 책들을 발견했다. '코헨'이라는 성을 가진 사람이 유대인이라는 사실을 숨기는 건 쉽지 않다.

어느 날 밤늦게 건물에 걸어 들어가는데 딕이 내게 슬그머니 다가왔다. 담배 냄새와 찌든 맥주 냄새, 오줌 냄새가 섞여 났다. 그가 내게 몸을 기울이더니 입에 물고 있던 담배를 빼들었다.

"빌어먹을 이드Yid(동유럽 지역의 유대인을 가리키는 말이지만 유대인을 모욕적으로 부르는 표현으로 사용될 때도 있다—옮긴이)." 그는 그렇게 중얼거리면서 내 팔에 담뱃불을 갖다 댔다.

비명이 새어나오려고 했지만 그것이 그가 원하는 것임을 알기 때문에 그럴 수 없었다. 나는 몸을 돌리고 그를 노려봤다. 내 살이 타는 냄새가 났다. 하지만 나는 이를 악물고 내뱉었다. "난 이드가 아니야, 이 멍청아. 이래 봬도 세파르드 유대인Sephardic Jew(북아프리카 및 스페인 지역의 유대인—옮긴이)이거든!"

광적인 인종차별주의자가 정확한 정보나 내 북아프리카 혈통에 관심이 있을 것이라 생각할 수 있는 건 아마도 열다섯 살짜리뿐일 것이다. 그가 팔을 휘둘렀고, 다음 순간 그의 주먹이 내 턱에 꽂혔다.

"이 유대인년, 죽여버리겠어." 그가 소리소리 질러대면서 다시 내게 몸을 던졌다.

나는 그를 피해 몸을 굽히면서 얼굴을 가렸다. 피가 입술 위로 흘러내렸다. 같은 건물에서 지내던 사람들이 소리를 듣고 서둘러 모여들었다. 그중 두 명이 딕을 붙잡고 안정시키는 동안 피터가 나를 다른 방으로 끌고 갔다. 딕은 말리는 사람들을 뿌리치고 빈 병을 벽에 부딪쳐 깼다. 뾰족한 유리 날이 나를 향할 것임은 누구나 짐작할 수 있었다.

피터는 내 친구였고, 그 당시 내가 의지할 수 있는 몇 안 되는 사람 중 하나였다. 그는 내게 그 건물에서 도망가 다른 곳을 찾아보라고 했다. 여기는 내게 안전하지 않다고, 딕이 폭력적이고 칼을 지니고 다닌다고도 이야기해줬다.

하지만 입고 있는 옷 말고 내 물건은 모두 딕이 있는 방에 있지 않은가.

피터가 내 어깨를 붙잡고 부드럽게 흔들었다. "사브리나." 그가 말했다. "지금 도망가야 해. 무슨 말인지 알겠어?"

나는 그를 뚫어져라 바라봤다. 어떻게 해야 할지 알 수가 없었다. 결정을 내릴 수가 없었다. 이제 생각해보면 당시에 나는 의사결정 마비 현상을 겪고 있었다. 도망치고 싶지 않았다. 그건 나답지 않았다. 하지만 다시 공격당하고 싶지도 않았다. 공부를 하고 시험에 통과하고 싶었다. 그 시험은 이 개판에서 빠져나갈 수 있는 티켓이었다. 책을 가져가야만 했다. 하지만 딕은 무기를 지니고 있었다.

독자들도 상황을 짐작할 수 있을 것이다. 지난 뒤에 생각해보면 그다지 어려운 결정이 아니다. 그러나 선택의 무게가 너무 컸다. 나는 그냥 단순히 그곳에 머무를 것인지 떠날 것인지를 결정하는 것이 아니라 모든 여파와 복잡하게 연결된 결과들을 고려하고 있었다. 그 순간 나는 내가 내린 결정이 내 미래의 모든 면에 영향을 준다고 생각했다.

다행히 피터가 나 대신 결정을 내려줬다. 우리는 그곳을 떠났고, 나는 덕분에 지금까지 살아 있다.

*

조너선이 만들어낸 것과 같은 종류의 시나리오에는 특정 행동 방침을 승인하는 명확한 지침이 존재하지 않는다. 어차피 그런 상황에서는 미리 정해진 절차가 항상 도움이 되지는 않는다는 것을 우리는 이미 알고 있다. 똑같은 비상 상황은 두 번 벌어지지 않는다. 모든 사고 현장에 적용할 수 있는 행동 지침을 만들어내는 것은 불가능하다.

그러나 주어진 시나리오를 분석하는 틀을 지침에서 얻는 경우도 분명 있다. 하지만 만일 지침대로 따랐는데 사태가 더 악화되면 어떻게 해야 할까?

소방관들이 호수에 사람이 빠졌다는 신고를 받고 출동한 경우를 상상해보자. 목격자들은 한 남자가 백조에게 먹이를 주다가 갑자기 경련을 일으킨 듯하더니 물에 빠졌다고 증언한다. 대원들이 도착했지만 물은 잠잠하다. 사람이 살아 있다는 징후는커녕 누군가 물에 빠졌다는 흔적도 보이지 않는다. 명확한 행동 지침에 따르면 소방관은 살아 있는 사람이 보이지 않는 한 장화의 절반 이상 올라오는 깊이의 물에 들어가서는 안 된다. 그보다 더 깊은 경우에는 전문팀의 지원을 요청해야 한다. 물에 빠진 사람들을 구하려다 소방관들이 죽는 사고가 많이 있었다. 행동 지침이 있는 이유는 그와 관련된 위험이 실제로 존재하기 때문이다.* 그 뱃놀이

호수는 얕지만, 장화 절반 깊이도 안 될 정도로 얕지는 않다. 어떻게 해야 할까?

어려운 상황이다. 살아 있는 사람의 징후가 전혀 보이지 않으니 구조할 대상이 명확하지 않고, 신중하면서도 신속한 구출작전을 펼칠 수가 없다. 그러나 누군가가 빠진 것을 본 사람들이 있다. 지휘관이 재량권을 행사하지 않고 지침을 맹목적으로 따랐다고 비판하기는 쉽다. 그러나 특정 상황에 적용하라고 마련된 원칙을 따랐다고 누군가를 비난하는 것이 옳은 일일까?

의사 결정 마비 현상을 야기하는 요인들 중 하나는 의사 결정자가 생각하는 자신의 책임 범위라는 연구 결과가 있다. 지금 내리는 결정이 자신에게 어떤 영향을 미칠 것인가? 위에서 든 예에서는 어쩌면 지침의 경직성이 의사 결정 마비 현상을 가져왔을 수도 있다. 지휘관은 정해진 과정에서 벗어나면 징계, 혹은 법적 책임을 감당하거나 승진에 지장이 있을 것이라고 생각했을지도 모른다.

물에 빠진 사람이 살아 있다는 징후가 전혀 보이지 않을 경우 급히 구조 작업을 벌여도 그 사람의 생명을 구할 확률은 어차피 거의 없다. 그러나 우리가 사랑하는 사람이 비슷한 경우에 처했다면 확률이 아무리 적어도 가능한 모든 조처가 취해지기를 원치 않

* 1999년 9월 4일, 물에 빠진 십대를 구하려던 보조 대원 폴 멘카프가 익사했다. 그는 당시 40세에 불과했다.

는 사람은 없을 것이다. 생명은 돌이킬 수 없는 것이다.

*

나는 조너선과의 연습 게임을 마무리하면서도 그 터널에 대한 생각을 머리에서 지울 수가 없다.

"말이 없어졌네요." 조너선이 말한다.

내가 얼마나 거기에 몰두했는지, 얼마나 큰 압박감을 느꼈는지에 대해 나 자신도 좀 놀랍다. 진이 완전히 빠져버린 듯하다. 이 훈련 시나리오들은 불확실성으로 가득하고 사람들의 목숨이 실제로 위험에 처한 혼란스러운 사건 현장에 직접 가지 않고도 의사 결정을 연습할 수 있는 강력한 도구다.

조너선이 몸을 내 쪽으로 기울이면서 위스키 한 잔 하겠냐고 묻는다. 나는 고개를 젓지만 반응이 약간 늦었다. 그가 위스키 잔을 내 쪽으로 민다.

"약이라고 생각해요." 그가 말한다. "내 말 믿어요. 제가 이래 봬도 교수잖아요."

THE HEAT OF THE MOMENT

3장
인간에 불과해

“사람이 사람다워질 때까지 거쳐야 하는 여정은 길고도 험난하다.”

처참한 광경이다. 팔러먼트 광장의 포트컬리스 하우스Portcullis House에서 연기가 치솟아오르고 있다. 매캐한 검은 연기 때문에 햇빛이 가려질 정도다. 사람들이 컥컥 기침을 하면서 건물 바깥쪽에 옹기종기 모여 서 있다. 포트컬리스 하우스는 웅장한 건물이다. 잿빛 돌로 만들어진 기둥이 뻗어올라 굴뚝과 맞닿아 있는 모습이 마치 중세의 성 같다. 〈왕좌의 게임〉에 사무실 건물이 나온다면 바로 이런 모습일 것이다. 불붙은 파편들이 화염에 휩싸인 유리창에서 튀어나와 땅에 떨어지고, 불씨가 도망가는 쥐들처럼 사방으로 흩어진다.

이 건물은 영국 하원 의원과 의원실 소속 직원들의 사무실이 모여 있는 곳이다. 영국에서 가장 잘 알려진 건물 중의 하나로, 극도의 보안이 유지되는 곳이다. 건물에서 약 30미터 아래에는 웨스트민스터 지하철역이 자리하고 있다. 지하철 승객들이 두려움에 사로잡힌 채 계단으로 밀려 올라와 거리의 혼란을 가중시키고 있다. 수많은 목숨이 위태롭다. 압박감이 엄청나게 크다. 얼마 가지 않아 전 세계 언론이 몰려들어 지금부터 이뤄지는 모든 결정과 행동을 현미경으로 살피듯 샅샅이 분석할 것이다. 이 사건은 사건 총지휘관의 직업적 장래에 결정적인 영향을 줄 것이 틀림없다. 그러나 그것이 좋은 쪽일지 나쁜 쪽일지는 인력으로 어찌할 수 없을 때가 많다.

오늘은 사건 총지휘관인 제임스의 진두지휘 아래 대응이 이루어질 것이다. 제임스는 대응 전략을 세우고, 그가 지휘하는 하급 지휘관 팀은 일선 소방관들에게 지시를 내려 전략을 실행에 옮기는 일을 한다. 모든 사람은 거대한 기계가 돌아가는 데 작지만 꼭 필요한 톱니바퀴이고, 제임스는 그 기계를 조종하는 수석 엔지니어다. 소방관 하나하나가 내린 모든 결정은 그가 정한 접근 방식과 궤를 같이할 것이다. 이 기계가 생산해내는 제품, 즉 이 작전의 결과에 대한 책임은 그것이 어떤 것이든 제임스가 지게 된다. 엄청난 책임이고, 그에 따른 압박감은 이루 말할 수 없다.

다행히 오늘은 아무도 목숨을 잃지 않을 것이다. 제임스는 지금 지휘 능력을 시험하기 위해 고안된 훈련에 참여하고 있기 때문이다. 실제처럼 구현된 사건 지휘실과 약간의 가상 현실, 그리고

15명의 배우들이 동원된 훈련이다. 하지만 오늘 낸 결과가 그의 직업적 장래에 결정적인 영향을 줄 것이라는 사실에는 변함이 없다. 이번 훈련은 경무관으로 진급하기를 원하는 제임스의 지휘 능력을 시험하는 것이고, 그에 대한 평가는 내 담당이다.* 그가 진급하기 위해서는 오늘 시험에 통과해서 대형 사고에 효과적으로 대처할 수 있다는 것을 증명해야 한다.

나는 영국 전역에 걸쳐 평소방관에서부터 지휘관급 소방관에 이르기까지 수많은 소방관들을 평가해왔다. 평가를 받는 후보들은 내가 위험을 고려한 의사 결정 과정에 관한 전문가라는 것을 이미 알고 있는 경우가 많고, 이 때문에 몇몇 후보들은 유난히 긴장을 하곤 한다. 사실 이해되는 일이기도 한다. '심리학자'라는 말을 들으면 '심령술사'를 떠올리면서 내가 그들의 생각을 꿰뚫어 보는 능력이 있을 것이라고 생각하는 사람이 상당히 많다. 슬프게도 나는 그런 능력이 없지만, 사람들을 꽤 잘 파악하게 되기는 했다. 내가 나타나면 후보들이 불편해하기 때문에 보통은 다른 방에 앉아서 후보의 행동을 화면으로 보는 방법으로 원격 평가를 한다.

화면에 보이는 제임스가 잠시 행동을 멈춘다. 그는 문 앞에 서 있다. 나도 그 순간이 어떤 것인지 안다. 바쁜 움직임과 격앙된 감

* 이 책을 읽고 있는 소방관들은(특히 내 평가 대상이 되었던 소방관들은!) 제임스가 실제 인물이 아니라는 사실을 알아주기 바란다. 제임스는 당신이 아니다! 제임스는 수많은 평가 과정에서 만난 사례를 종합해서 만들어낸 인물이다. 하지만 지휘관 능력 평가가 시작될 때 그가 느낀 초조함은 아마도 우리 모두 공감하는 부분일 것이다.

정으로 아수라장이 된 방으로 걸어 들어가기 직전 조용히 자신만의 생각에 잠길 수 있는 그 소중한 몇 초의 순간. 자신의 숨소리와 심장 고동 소리가 귀를 멀게 할 정도로 크게 들린다. 숨을 들이쉬면 공기가 곧바로 머리로 향한다. 그리고 손을 뻗어 그을음으로 더러워진 사건 지휘실의 문손잡이를 당겨 문을 연다. 방안의 부산함으로 문턱에 선 채 멈칫하게 되지만, 화재가 발생한 집의 열 장벽 안으로 걸어 들어갈 때처럼 억지로 발을 움직여 그 안으로 들어간다.

사건 지휘실은 미니버스 정도 크기의 커다란 붉은색 상자 모양 자동차다. 현장 작전의 신경 중추이자 현장 팀의 두뇌 역할을 하는 곳으로 모든 정보가 거기 모여 있다. 건물에 대한 상세 정보를 비롯해 누가 사건에 관여하고 참여하고 있는지, 정확히 무엇이 타고 있는지, 예상치 못한 피해를 야기할 수 있는 것은 무엇인지 등. 벽에는 표와 메모로 덮인 화이트보드들이 걸려 있다. 지휘실의 앞쪽인 운전석 바로 뒤에는 커다란 컴퓨터 모니터가 달려 있다. 거기에는 각 부서를 누가 담당하고 그들에게 누가 배치되어 있는지가 모두 담긴 지휘 계통표가 개시되어 있다.*

제임스가 들어선 방안은 무전기 소리와 기타 소음으로 가득하

* 모니터에는 지휘 계통표 이외에 '통신 기록'이 개시될 수도 있다. 사건 현장과 상황실 사이에 오간 정보, 건물 안에 들어간 소방관들과 현장에 나간 지휘관들로부터의 피드백을 담은 기록이다. 이밖에도 지휘관들이 중요한 결정을 내리는 데 적용한 논리를 기록한 '주요 결정 기록'이 개시될 수도 있다. 이 기록은 사후 조사와 평가에 활용된다.

다. 나는 지휘실에서 일어나는 모든 일을 모니터로 볼 수 있다. 모든 사람의 얼굴 표정 하나하나까지 자세히 보인다. 현재 화재 현장은 최대 열 대의 소방차까지 지휘할 수 있는 그룹 지휘관이 이끌고 있다. 이보다 규모가 더 커지면 경무관(이 경우 제임스)이 지휘권을 인계받는 것이 원칙이다. 제임스는 지금까지 현장을 담당해온 지휘관으로부터 상세하고 명확한 상황 보고를 받아야 한다.

지휘실에는 예닐곱 명이 있다. 의사소통을 담당하는 지휘실 지원 요원 2명, 상당히 짜증이 난 듯한 표정의 그룹 지휘관에게 말을 하기 위해 서로 어깨를 들이밀고 있는 소방관 두어 명, 그리고 작은 체구에 조심스러운 태도를 지닌 경찰관 한 명.

이 혼돈의 한가운데로 들어서서 모두를 압도하는 기를 뿜는 제임스는 어디로 보나 지휘관의 면모를 갖추고 있다. 그는 키가 크고 몸집이 좋은 데다 목소리까지 우렁차다. 어디 한 올 흐트러짐이 없는 제복에 어깨를 활짝 펴고 고개를 꼿꼿이 세운 모습이다. 그러나 그의 얼굴은 다른 것을 말하고 있다. 미세 표정(아주 잠깐 자기도 모르게 나타난 미세한 얼굴의 경련)과 보디랭귀지를 보면 자신감 있는 모습 뒤에서 무슨 일이 벌어지고 있는지 알 수 있다.*

"상황 보고가 필요해." 제임스가 외친다. "누가 책임자지?"

* 미세 표정은 아주 순간적으로 나타났다가 사라지는 경우가 많은데, 의식적으로 또는 무의식적으로 반응을 억제한 결과로 나타나기도 한다. 이런 표정은 그 사람이 실제로 어떤 생각을 하고 어떤 감정을 가지는지를 이해할 수 있는 감정적 누수 현상이다. 더 자세한 것은 참고 문헌을 보라.

그가 잠시 기다린다. 아무도 대답하지 않는다.

그가 다시 외친다. "상황 보고. 지금 당장 필요해." 그는 반응을 기다리며 방안을 둘러본다.

"제가 책임자입니다, 대장님. 잠시만 시간을 주십시오, 금방 보고 드리겠습니다." 지금까지 지휘관 역할을 했던 톰이 말한다. 그는 친절하고 능력 있는 사람이다. 그를 알고 지낸 지 몇 년이나 됐지만 그의 침착함과 배려심은 항상 인상적이다. 그가 다른 동료 한 명과 눈짓을 주고받는다. 두 사람 모두 제임스의 고압적인 태도에 바로 신경이 거슬린 것이다.

"어서 서둘러. 될 수 있는 대로 빨리 상황 보고를 받아야 해." 제임스가 소리친다.

모든 상황이 다 좋다 하더라도 런던 중심부에 난 화재는 대처하기가 쉽지 않다. 그런데 이 화재는 영국 의회가 자리한 팔러먼트 광장에 있는 유명한 건물인 데다 보안이 특히 민감한 시기에 벌어졌다. 이 시나리오는 지휘관을 시험하기 위해 고안되었다.

제임스는 상황의 중대성을 바로 이해한다. 그는 자신이 느끼는 스트레스를 감추려고 애쓰지만, 화이트보드에 그려진 지휘 계통표를 보고 얼마나 자원이 부족한지 깨닫고 얼굴이 붉으락푸르락해진다. 그가 동료들에게 고함을 지르는 것은 그들에게 권위를 보이고, 자신 안에 피어오르는 불확실성을 감추기 위해서다. 그러나 이런 종류의 작업 환경에서 불확실성을 피할 수는 없다. 제임스는 자신이 날아오는 총알도 튕겨낼 정도로 강한 사람이라는 믿음을 주고 싶어 한다. 그러나 현실에서 그것은 불가능하다.

제임스가 과잉으로 강압적인 언행을 보이면서 모든 사람이 스트레스를 받고 있다. 그보다 중요한 것은 톰이 제임스의 고압적인 태도에 기분이 살짝 상했고, 그 결과 (의식적으로든 무의식적으로든) 꼭 필요한 상황 보고가 늦어지고 있다는 사실이다.

사건 지휘실에서 일하는 사람들의 말소리와 무전기 소리가 웅웅거리는 속에서 제임스는 마침내 톰에게서 상황 보고를 받는다. 아직 행방이 확인되지 않아 포트컬리스 하우스 안에 남아 있을 가능성이 있는 사람 수가 150명이 넘는다. 건물 안에 아무도 없다고 확신할 수 있는 유일한 방법은 건물을 꼭대기에서 바닥까지 체계적으로 모두 수색하는 길뿐이다. 지름길은 없다. 그리고 지금은 그것을 확인하는 것이 최우선이다. 모든 계획, 전략, 작전은 이 최우선 목표에 집중되어 있다. 그 말은 현재 진행되는 모든 일은 이 목표에 부합되어야 한다는 뜻이다.

"화재 원인이 뭔지는 파악됐나?" 제임스가 묻는다.

"아니요, 대장님. 하지만…."

제임스는 톰의 대답을 가로막는다. "대테러팀Counter-Terrorism Unit, CT에서 정보가 들어왔나? 테러일 확률은 있나?"

"아니요, 그런 증거는 전혀…."

제임스는 톰의 말을 다시 막는다. "NILO*를 데려와. NILO가 필요해." 그는 무전기를 담당하는 지원 요원들을 향해 외친다. "지금 당장 NILO를 불러!"

제임스는 지금 화재 원인에 집중하고 있고 그렇게 하는 것이 맞다. 이 화재가 테러 관련 사건이라면 상황이 훨씬 더 복잡해질 수 있기 때문이다. 그러나 그는 잠재적 테러 가능성(폭탄일 확률이 높은)에 대해서만 질문을 해대고 다른 가능성에 대해서는 고려하고 있지 않다.

제임스는 화이트보드를 보면서 현장에 소방차가 몇 대나 출동해 있는지 확인하고 잠시 이마를 찡그린다. 나는 그의 얼굴에 떠오른 두려움과 분노의 징후를 놓치지 않는다.

그는 톰에게 몸을 돌리고 말한다. "자원이 엄청나게 부족하군. 상황실과 모든 대원에게 내가 지휘를 맡게 됐다고 알리도록.** 소방차가 20대는 되도록 더 부르고 그 수가 모일 수 있는 집결지도 물색해보고."

제임스가 이해하지 못하는 것이 하나 있다. 아무도, 그야말로 어느 누구도, 지휘를 맡는다고 자처하는 사람이 있다고 해서 그 사람을 지휘관으로 인정해주지 않는다는 사실이다. 나는 사건 지휘실의 모든 사람들이 그에게 보이는 반응을 주시한다. 좋지 않

* NILO는 '전국 부서 간 연락 담당관National Inter-Agency Liaison Officer'의 줄인 말이다. 이 임무를 맡은 사람은 소방 구조대와 다른 부서 사이의 연락을 담당하는데, 대부분의 소방관보다 보안 확인 등급이 더 높다. 따라서 전략적으로 필요한 추가 정보를 가지고 있을 수도 있다.
** 현장 지휘관이 교체되면 상황실에 알려야 한다.

다. 팔짱을 끼고 있는 사람들도 몇몇 보이고, 이미 몸을 돌리고 있는 사람도 여러 명이다. 아무도 그와 눈을 마주치려 하지 않는다. 제임스는 팀과 완전히 분리되어 있다. 그 결과 정보 교환이 충분히 되지 않고, 제임스는 그들이 이미 구축해놓은 상황 인식*의 도움을 받지 못하고 있다. 이런 식으로 압박감이 큰 사건의 경우 팀원들 간의 신뢰가 재난 대응의 성패를 좌우할 수도 있다. 지금 이 순간 제임스는 신뢰 확보를 최우선으로 해야 한다.

그의 시험이 진행되는 동안 나는 메모를 계속한다. 내 경험상 사람들은 자신이 한 일에 대해 누군가가 의문을 제기하거나 도전하는 것을 잘 받아들이지 않는다. 실제 일어난 일을 완전히 다르게 기억하고 다른 설명을 만들어내기도 한다. 심지어 카메라로 찍힌 것이 틀리다고 주장하는 사람도 있었다. 그래서 평가를 할 때는 구체적인 예를 드는 것이 좋다는 사실을 경험을 통해 알게 되었다.

제임스는 결정을 내릴 준비가 되어 있다. 그는 여러 명의 부하 지휘관들에게 사고 현장의 특정 부분을 담당하도록 지시한다. 바람직한 전략이다. 이렇게 하면 자신은 전체적인 전략에 집중할 수 있을 것이다. 이제 그가 상황을 장악하기를 마음속으로 기원한다.

그러나 바로 다음 순간 내 마음속의 우려를 확인해주는 말이

* 상황 인식은 간단히 말해서 자기 주변에 대한 이해라고 할 수 있다. 거기에는 상황이 앞으로 어떻게 발전할 것이라고 머릿속에 그리는 예상도 포함된다.

들려온다. 사건에 대한 제임스의 이해가 잘못되어 있다는 것을 명백히 보여주는 말이다. 제임스는 이 사고가 테러로 인한 것인지 가능성을 물었고, 거기까지는 옳은 태도였다. 하지만 그는 다른 가능성을 전혀 고려하지 않았다. 그리고 이제 화재의 원인이 테러와 상관없다는 것을 경찰 측에 확인받아야 화재 진압이나 실종자 수색 및 구조 작업을 시작할 수 있다는 입장을 고집하고 있다. 그는 두 번째 폭발물이 터져서 건물 안에 들어간 구조 대원들이 희생될 것을 우려하고 있는 것이다. 그는 '방어적' 대응 전략을 사용하겠다고 선언한다. 이 말은 아무도 위험 지역, 즉 화재가 발생한 건물과 그 근처에서 작업할 수 없다는 뜻이다.

불을 잠재울 물이 전혀 투입되지 않는 상태에서 불길은 점점 거세지고 있다. 그런데 아직 150명의 행방이 파악되지 않은 상황이다. 제임스가 자신의 권위를 확립하는 데 집중하지 않았다면, 그의 우려를 없애줄 정보를 쥐고 눈에 잘 띄지 않게 사건 지휘실 구석에서 서성거리는 경찰관을 봤을 수도 있다.

"하지만 우리 요원이 건물 안에 갇힌 사람과 지금 통화하고 있습니다." 톰이 항변한다.

"알고 있어." 제임스가 대답한다. "정보를 모아서 건물에 들어가지 않고 바깥에서 구조할 수 있는지 알아봐. 안에 있는 사람들이 창문 쪽으로 접근할 수 있을 거야."

톰이 놀라고 짜증나는 표정을 짓지만 제임스는 그의 불만을 눈치채지 못한다.

제임스는 효과적인 결정을 내리지 못하고 있다. 그러나 문제는 의사 결정 마비 현상이 아니다. 의사 결정에 도사린 또다른 함정에 빠진 것이다. 이러한 함정들은 결정을 내리는 사람의 사고에 끼어드는 오류들로, 결정 과정에 영향을 주는 추정, 편견, 오해 등을 포함한다. 이것들은 비상 상황이나 일상생활에서 우리가 어떻게 행동하는지에 영향을 끼친다. 본질적으로 이 함정들은 인적 오류의 예로, 사고 현장에서는 사람의 목숨을 앗아갈 수도 있다.

'의사 결정의 함정decision trap'이 위험한 이유는 그것이 거의 보이지 않기 때문이다. 불을 끄느라 고군분투하는 순간, 가장 친한 친구와 논쟁을 벌이는 순간, 저녁 식사 메뉴를 고민하는 그 순간에는 자신이 그런 함정에 빠져 있는지를 모른다.

예를 들어, 제임스는 자신이 '확증 편향confirmation bias'의 오류에 빠져 있다는 사실을 감지하지 못하고 있다. 그는 자신의 관점을 확인해주는 정보만을 받아들이고 있는 것이다. 이 현상은 일상에서도 많이 일어난다. 모든 여성이 운전에 서툴다고 생각하는 사람이 있다고 해보자. 그는 고속도로 1차선에서 시속 50킬로미터로 운전하는 여성이 보이면 '그럼 그렇지! 여자들은 운전을 못한다니까!'하고 생각할 것이다. 그러나 같은 도로상에서 제대로 운전하고 있는 다른 모든 여성들은? 그리고 바보처럼 운전하는 남성들은? 자신의 편견을 확인해줄 증거만을 찾기 때문에 그런 것만 눈에 보이는 것이다.

처음 사건 지휘실에 들어선 제임스는 이 사건이 테러와 관련 있는지를 물었다. 거기까지는 옳은 판단이고 행동이었다. 런던 중심부, 테러 주의보, 유명 인사들이 일하는 건물 등의 정보는 제임스의 뇌 안에서 테러리스트의 공격이라는 '심적 모형mental model'을 촉발시켰다.

심적 모형은 특정 시나리오에 완전히 부합하거나 그와 관계되는 정보를 모아둔 머릿속의 파일이다. 예를 들어 내가 어제 저녁에 외식을 했다고 말하면 그 말을 들은 사람은 식당과 관련된 심적 모형을 가동시킬 것이다. 누군가는 여러 음식 이름이 담긴 메뉴를 떠올리거나 내게서 주문을 받기 위해 웨이터나 웨이트리스가 다가오는 장면을 상상할 것이다. 또 누군가는 나와 동행이 코스 요리를 먹고 포도주를 마셨을 것이라고 추정할 것이다. 우리 모두는 각자 머릿속에 외식과 관련된 온갖 정보가 담긴 파일을 가지고 있다.

심적 모형을 가동시키는 것 자체가 나쁜 것은 아니다. 어려운 문제가 산재하고 빠르게 변화하는 환경에서 일해야 하는 내 소방관 동료들은 불완전한 정보만을 가지고 결정을 내려야 할 때가 많다. 따라서 처한 상황과 관계있고 바로 접근할 수 있는 기억을 활용하는 것은 꼭 필요한 일이다. 그러나 새로운 정보가 들어오면 머릿속에 그리는 그림을 바꿀 필요가 있다.

예를 들어, 어제 저녁에 내가 간 곳이 셀프서비스 식당이고 거기서 사이다 한 잔을 곁들여 단품 메뉴 하나를 먹었다고 하면, 그 말을 들은 사람은 후식은 무엇을 먹었는지, 적포도주를 마셨는지 백포도주를 마셨는지 집요하게 묻지 않을 것이다. 내가 제공한 추가 정보에 따라 머릿속의 심적 모형을 바꾸었기 때문이다.

그러나 제임스는 자기 머릿속에 그려놓은 그림을 교정하는 것에 완전히 실패했다. (의사 결정 과정에서 빠질 수 있는 또 하나의 교묘한 함정이다!) 건물 안에 갇힌 사람으로부터 받은 유용할지도 모르는 정보, 톰의 말을 계속 가로막아 결국 듣지 못한 정보, 그리고 존재 자체가 무시된 경찰관이 가지고 있던 정보 등 새로운 정보가 많이 있었지만 그는 모두 간과했다. 책임자로서 자신의 위치를 다지는 데 집중하느라 사건 자체를 더 자세히 파악할 기회를 놓치고 만 것이다.

테러 관련 사건이라고 그냥 추측하는 대신 경찰관과의 소통으로 사실 여부를 확인하는 것에 우선순위를 두었다면 어땠을까. 톰에게 자세한 상황 보고를 할 기회를 줄 수도 있었다. 그리고 톰이 그때까지 직접 상황을 겪으면서 얻은 정보를 흡수해서 상황에 대한 이해를 높이는 것에 집중했어야 했다. 화재가 처음 발생했을 당시 건물 안에 있던 사람들에게서 정보를 구하도록 사람을 보낼 수도 있었다. 건물 관리인에게 몇 가지 질문을 했더라면 보수 공사를 하느라 한 층에서 용접 장비가 사용되었다는 사실을 알아냈을 것이다. 그 정보를 미리 알았더라면 그것이 화재 원인이라는 옳은 판단을 하고, 구조대를 투입해 실종자들을 구조하고 화재 진압을 할 수 있었을 것이다.

지휘관이 내리는 모든 결정은 상황 인식, 즉 머릿속에 그려진 사건의 전체적 구도에 바탕을 두고 있다. 바로 이런 이유 때문에 편견 없는 열린 마음을 유지하는 것이 중요하다. 우리가 일하는 환경 자체가 불확실성으로 가득하기 때문에 특정 상황에 대한 추정으로 빈칸을 메우는 것이 필요하지만, 동시에 거기에 대한 의문을 끊임없이 제기하는 것도 매우 중요하다. 그렇지 않으면 확증편향의 우를 범해 목숨을 위협하는 결과를 초래하기도 한다.

나는 제임스에게 구원의 손길을 내밀기로 마음먹고, 훈련 제어팀과 무전을 한다. 훈련 제어팀은 시험을 관장하고, 사건 지휘실에 보이는 컴퓨터 화면과 다른 참여자들을 관리하는 역할을 한다. 나는 NILO 요원을 지휘실로 보내 테러 공격의 가능성이 없음을 확인하고, 진짜 화재 원인이 무엇인지를 알리라고 지시한다. 제임스가 이 소식에 어떻게 반응할지, 계획을 어떻게 수정할지 매우 궁금하다.

NILO 요원이 사건 지휘실에 들어가 팀 전체에게 새로운 정보를 전달한다. 나는 제임스를 관찰한다. 새로 들어온 요원을 노려보는 그의 얼굴이 붉어지면서 이마에 땀이 맺힌다. 자신이 상황 파악을 완전히 잘못했고, 그에 따라 내린 조처도 모두 잘못됐다는 것을 깨달은 것이다. 이 사건은 제임스의 경력에서 가장 유명한 사건이 될지도 모른다. 언론, 대중, 동료, 그리고 결국 법정이 그가 내린 결정에 돋보기를 들이대고 면밀히 분석할 것이다. 그는 상당히 큰 실수들을 범했다.

그러나 아직 회복할 기회는 있다.

"좋아," 그가 입을 연다. "모두 이리 모여. 좋은 소식과 나쁜 소식이 있다. 좋은 소식은 테러 공격의 징후가 없다는 것, 그래서 건물 수색을 시작할 수 있다는 것이다. 나쁜 소식은 내가 판단을 잘못했다는 것이다. 테러 이외의 원인을 살폈어야 했는데 그렇게 하지 못했다. 그 때문에 수색이 늦어졌으니 잃어버린 시간을 보충하려면 모두의 도움이 필요하다."

잘못된 결정을 내렸다는 것을 인정하는 것은 쉽지 않고, 특히 상황이 한참 뜨겁게 진행되고 있는 도중에는 더욱 그렇다. 그래서 제임스의 겸손함이 더 인상적이다. 팀원들의 반응도 좋다. 모두의 머릿속에 맴돌던 것을 그가 마침내 인정하면서 모두 안도의 숨을 내쉰다.

제임스는 이제부터 '공격적' 대응 전략으로 전환한다고 선언한다. 이는 대원들이 위험 지역에 들어갈 수 있다는 뜻이다. 그는 화재 진압 작전도 적극적으로 펼칠 것이다. 제임스는 대원들에게 건물 내부로 들어가서 불길을 잡고 안에 갇힌 사람들을 구조하라고 명령한다.

그러나 제임스가 방어적 대응 전략을 유지하는 사이에 불길이 퍼졌다. 건물의 앞쪽 벽에 금이 가고 창틀 주변에 스폴링(쪼개짐) 현상이 관찰된다는 보고가 들어온다. 극도의 열기로 인해 벽이 구조적으로 불안정해졌다는 의미다. 벽이 무너질 수도 있다는 징후가 보인다. 제임스는 언론 담당관에게 브리핑을 하느라 그 새로운 정보를 듣기만 하고 그에 따른 조처를 취하지 않는다. 나는 그가 아직 정보를 제대로 소화한 것 같지 않다고 추측한다. 누군가에게 시간을 묻고도 가야 할 곳에 늦었다는 생각에 사로잡혀 상대방의 대답에 귀를 기울이는 것조차 완전히 잊어버릴 때처럼 말이다. 상황이 악화될 가능성이 있다.

제임스는 전술 조정 그룹Tactical Coordination Group 회의를 소집한다. 현장에 파견된 모든 기관의 대표들이 모여 상황 파악을 하기 위한 짧은 회의다. 이번 사건에서는 제임스가 회의를 주재하고, 경찰 측 지휘관, 구급차 지휘관을 비롯해서 웨스트민스터 지하철역과 런던 교통처의 대표가 참석한다.

제임스는 사건 지휘실에서 나와 근처에 있는 훈련실로 들어가 다른 기관 대표들에게 최신 상황을 설명한다. 그는 테러 가능성이 있어 보였던 초기 상황을 무척 강조한다. 그것이 다른 부서들을 이해시키기 위한 것인지 평가자인 내게 설명하기 위한 것인지 확실치 않다. 혹은 자신의 행동을 스스로에게 정당화하기 위한 것인지도 모른다.

다른 기관들에게 상황에 대한 새로운 정보가 있는지 묻는 대신 제임스는 여론 대처 전략을 논의하기 시작한다. 우려되는 현상이다. 제임스가 자신의 초기 행동을 정당화하는 데서 벗어나지 못했다는 신호일 수도 있다. 나는 이것이 '터널 시야tunnel vision'의 초기 증상일 수 있다고 생각한다. 확증 편향을 가질 경우 자신이 생각하는 것과 부합되는 정보만을 고려하기 때문에 자신이 예상했던 결과만을 얻는다. 터널 시야에 갇히면 상황의 한 부분에만 집중을 하고 전체를 보지 못한다. 단서 하나만 좇는 것이다.

톰이 잔뜩 화난 얼굴로 들어선다. 그는 방안에 모인 사람들에게 사과를 한 다음 제임스에게 조용히 무슨 말을 한다.

"대장님," 그가 속삭인다. "빨리 와주셔야겠습니다." 그의 목소리가 떨리고 있다.

톰의 노련한 연기가 훈련에서 보통 중요한 역할을 하는 것이 아니다. 나마저 이 상황을 실제로 믿을 뻔했다.

"건물 일부가 무너졌습니다." 그가 말을 잇는다. "그리고 대원 두 명과의 무전이 끊겼습니다."

제임스는 반응을 하지 않는다. 대신 자기 앞에 놓인 종이에서 눈을 떼지 않는다. 테러 가능성에 관한 내용을 담은 보도 자료다. 터널 시야의 완벽한 증후다. 제임스는 자신이 집중하고 있는 문제에 부합되지 않는 다른 어떤 정보도 받아들이지 못하고 있다.

"대장님, 빨리 와주십시오." 톰이 반복한다. "부탁입니다."

제임스가 고개를 든다. 자신이 엄청난 오판을 하고 있다는 것을 깨달은 것이다. 문제는 장비 결함이나, 잘못된 절차가 아니라 제임스 자신이다. 더 정확히 말하면 그가 스트레스에 반응하는 방법이다. 스트레스는 뇌에서 정보를 처리하는 방법에 영향을 준다. 자신이 정보를 처리하는 능력이 무한하지 않다는 사실을 인정하는 것이 중요하다. 스트레스를 더 받을수록 정보 처리 능력이 줄어든다.

우리 마음이 물이 가득 찬 물병이라 생각해보자. 스트레스를 받으면서 진흙이 물병 안으로 들어간다. 처음에는 병에 담긴 물의 색이 변해서 사고 과정과 이성적 판단에 영향을 준다. 그리고 진흙이 더 많이 들어가면서 진흙이 들어간 만큼 물이 넘쳐버린다. 물은 정보 처리와 사고 과정에 사용되는 유용한 공간을 뜻하는데, 스트레스에 반응하면서 진흙에 자리를 내주고 물이 넘쳐버리는 것이다.

그 결과 인적 오류가 발생한다. 제임스는 처음부터 스트레스를 크게 받고 있었고, 바로 그 때문에 계속 실수를 한 것이다. 사실을 말하자면 이런 현상은 그다지 놀라운 일이 아니다. 이 시험은 의도적으로 어렵게 고안되었기 때문이다. 진급을 원하는 모든 지휘관은 이와 비슷한 시험 과정을 거쳐야 한다. 사고 현장에 투입될 소방 구조대의 최상급 지휘관들은 새로운 역할에 수반되는 모든 임무와 높은 직급에 따르는 모든 책임을 감당할 마음가짐과 능력을 갖추고 있어야 한다.

사무실에서 좋은 관리자 노릇을 하고 일상적인 임무를 잘 수행하는 것만으로는 부족하다. 모든 상급 지휘관들은 복잡한 상황에 자신 있게 대처하고, 이 훈련 시나리오처럼 대중의 관심과 압박감이 높은 사건에 어쩔 수 없이 수반되는 스트레스에 효과적으로 반응할 수 있는 능력을 갖춰야 한다. 지휘 기술(인지적 기술)은 선택이 아니라 필수다.

*

2005년 7월 7일 런던에서는 교통망, 특히 지하철을 타깃으로 한 연쇄 폭탄 테러가 발생했다. 네 개의 폭탄이 터지면서 시민 52명이 목숨을 잃었다. 그날 구조 대원들이 잘한 일은 수없이 많았다. 그러나 언제나 그렇듯 이 사건 후에도 배울 점은 있었다.

검시관은 보고서에서 처음 킹스크로스 현장에 도착한 구조 대원들이 맞닥뜨린 딜레마 때문에 대응이 29분이나 늦어졌다고 지적했다. 4인으로 이루어진 첫 구조대가 도착한 것은 오전 9시 13분이었다. 지침에 따르면 추가 인원이 도착해야 공기호흡기를 착용한 구조 대원들이 터널 안으로 진입할 수 있었다. 추가 인원은 거의 30분이 지난 9시 42분에야 도착했다.

검시관은 이것이 구조 대원을 안전하게 지키기 위해 만들어진 지침이므로 이를 준수하는 구조 기관이나 대원을 비난할 수 없다는 점을 시인했다. 그러나 '되도록 빨리 구조 작업에 뛰어들고 싶어 하는 당연한 인간적 본능과 구조 작업에 수반되는 위험을 적절하게 판단하는 것 사이에서 균형을 찾아야 할 필요성이 있다'는 언급을 통해 더 큰 문제를 제기했다. 그녀는 지휘관들이 이 균형을 중요하게 고려해서 취해야 할 조치를 선택할 수 있을 만큼 재량권이 주어지는지에 의문을 제기했다.

구조팀이 직면한 위험의 정도를 판단하고, 규정에는 나와 있지 않지만 옳은 행동이라고 판단되는 조치를 취할 자유가 주어지는가? 아니면 항상 규정을 따라야만 하는가?

여기서 중요한 문제는 위험에 대한 주관적인 판단이다. 지휘관들은 스스로 위험 정도를 판단하고 그에 따라 규칙에 어긋나지만 상황에 맞는 판단을 내릴 수 있을까? 내 의견을 묻는다면 나는 항상 '그렇다'라고 대답할 것이다. 제임스가 응시한 것과 같은 지휘 능력 평가는 상급 지휘관들이 큰 책임을 맡을 용의와 능력이 있을 뿐 아니라 어려운 상황에서 어려운 결정을 내릴 능력이 있는지를 판단하는 데 핵심적이다.

현재 영국에서 사용되는 소방 구조대 가이드라인은 지휘관들에게 다소간의 융통성을 허용할 필요가 있다는 사실을 인정하고 있다. 이 가이드라인을 작성하는 팀에 나도 참여했다. 우리는 지휘관을 소방 구조 대응의 중심부에 두고, '작전 재량권' 개념의 도

입을 추진했다. 그렇게 함으로써 지휘관들은 규칙에 정해진 절차를 적용할 수 없는 예외적 상황이나, 융통성 없이 규칙대로 하는 것이 비생산적인 경우를 가려낼 수 있다. 지휘관들은 위험 정도를 평가해서 위험을 감수하고도 조치를 취해서 얻을 수 있는 이득보다 위험이 더 큰지 여부를 판단해야 한다. 규칙으로 정해놓은 절차는 난간 역할을 해야지 수갑 역할을 해서는 안 된다.

결국 모든 것은 인간의 정보 처리 능력에 달려 있다. 효율적인 작전을 펼치는 데는 원칙이나 절차뿐 아니라 특정 상황에 한 개인이 어떻게 반응하고 대응하는지도 큰 영향을 끼친다..

2005년 2월 2일, 영국 하트퍼드셔 스티브니지의 해로우 코트 건물에 난 화재로 세 명이 사망했다. 사망자는 소방관 제프리 원햄, 마이클 밀러와 민간인 나탈리 클로즈였다. 2006년 12월 3일, 폭죽으로 인한 폭발과 화재로 이스트서식스 링머에 있는 말리 농장에서 당직팀 지휘관 제프 위커와 소방 구조대의 지원 요원 브라이언 웸브리지가 목숨을 잃고 13명이 부상당했다. 2010년 4월 6일에는 사우샘프턴의 셜리 타워스라는 고층 아파트 화재로 소방관 앨런 배넌과 제임스 쉬어스가 순직했다. 모두 단순하지 않은 사건들이었고, 여러 가지 요인들이 복합적으로 작용해서 상상 외의 결과를 초래했다. 그러나 이 사건들을 검토한 검시관들은 위험 요소에 대한 판단이 어떤 식으로 진행되었는지에 대해 지적하는 경우가 많았다.

희생자들은 모두 용감한 사람들로, 사건 당일 여느 때와 다름없이 출근을 해서 다른 사람들을 돕고자 했고, 그 과정에서 목숨을 잃었다. 나는 오랫동안 소방관들과 시민의 안전을 진정으로 향상시키려면 인간이 어떻게 생각하고 행동하는지를 더 잘 이해해야만 한다고 주장해왔다. 그것만이 인적 오류를 감소시키는 유일한 방법이기 때문이다. 압박감이 크고, 빠른 속도로 상황이 전개되며, 감정적으로 흔들릴 수밖에 없는 조건 속으로 누군가를 밀어넣을 것이라면, 그가 만반의 준비를 갖출 수 있도록 도와야 한다. 압박감이 큰 상태에서도 효과적인 결정을 내릴 능력을 갖출 필요가 있는 것이다.

스티브가 부상당한 후, 나는 이 분야에 대한 기존 연구를 찾아보기 시작했다. 그 사건 이후 내 머릿속을 맴도는 질문에 대한 답을 찾고 싶었다. 소방 구조대의 의사 결정 과정에 대해서 연구가 거의 이루어지지 않았다는 사실이 가슴 아플 정도로 명확했다.* 긴급 상황에서 인적 요인이 어떻게 작동하는지를 거의 모든 면에서 연구해 이미 수백 건의 논문이 나와 있는 다른 고위험 분야(항공이나 의료)에 비해 소방 구조 분야는 매우 뒤떨어져 있었다. 다른 고위험 분야에서는 이미 연구원들과의 긴밀한 작업을 통해 인적

* 로나 플린Rhona Flin 교수는 다른 고위험 분야의 비전문적 기술을 연구했다. 여기서 비전문적 기술이란 전문적 기술을 적용하는 데 필요한 인지 및 대인 관계 기술로 의사소통, 리더십, 팀워크, 의사 결정, 상황 인식력 등을 의미한다. 게리 클라인Gary Klein 박사는 1980년대에 군대, 소방 구조대와 함께 연구를 진행해서 자연적 의사 결정 이론을 정립했다.

오류를 줄이기 위한 노력이 진행되어왔다. 나는 이런 작업의 중요성을 뼈저리게 알고 있었기 때문에 다른 사람이 문제를 해결하기를 기다리며 손 깔고 앉아 있을 수는 없었다. 그래서 나라도 직접 나서야겠다는 결심을 했다.

쉬운 일은 아니었다. 나는 다행히도 중등 의무 교육인 GCSE 과정은 마쳤지만 노숙자로 사는 동안 상급학교 진학은 불가능했다. 내가 감당할 수 있는 사치가 아니었던 것이다. 사회에 뭔가 기여를 하고 싶다는 생각에 18세에 소방 구조대의 지원했을 때 나는 의미 있는 발전을 가져올 만한 자격 요건을 갖추고 있지 못했다. 신경 과학을 소방 구조대에 적용하는 꿈이라도 꾸려면 먼저 뇌가 어떻게 작동하는지부터 이해해야 했다.

직장을 다니는 동안 나는 A레벨(한국의 고등학교와 유사한 수준—옮긴이)에 해당하는 자격증을 받았고, 그래서 학부로 바로 진학하는 것이 가능했다. 우선 나는 영국 개방 대학교Open University에서 심리학을 공부하기 시작했다. 소방관으로 풀타임 근무를 하면서 공부하는 것은 힘든 일이었다. 친구들이 모여서 즐겁게 놀 때 나는 책에 코를 박고 공부를 해야만 했다. 하지만 나는 공부하는 게 너무 즐거웠다. 특히 신경과학 분야를 탐색하는 과목들이 흥미로웠다. 나는 아주 어릴 때 뇌종양으로 돌아가신 아버지를 통해 그 끔찍한 병이 인지 능력을 점점 퇴화시키는 과정을 목격했다. 그 병은 내가 알고 사랑했던 아버지의 여러 측면에 영향을 미쳤다. 아버지는 성격이 변했다. 아버지는 이전보다 더 위험한 결정을 내렸고, 감정을 잘 다스리지 못해 쉽게 화를 냈다. 시각과 균형감각도 저하됐다.

아버지가 돌아가신 날은 지금도 생생하다. 어머니 도움으로 정원으로 나간 아버지는 일광욕을 하는 의자에 누워 있었다. 막 방학에 접어든 오빠와 나는 지난 학기 동안 학교에서 진행했던 프로젝트를 아버지에게 보여주고 있었다. 내 것은 빅토리아 시대에 관한 재미있는 프로젝트였다. 나는 보라색의 두꺼운 도화지로 뒤를 대서 교실 벽에 전시되어 있었던 내 그림을 아버지에게 보여주었다. 힘들어진 아버지는 그늘이 있는 집 안으로 들어가야만 했다. 하지만 자존심이 강한 아버지는 혼자 힘으로 걸어 들어가겠다고 고집했다. 휘청거리며 쓰러진 다음에도 도움을 거부하고, 기어 들어가면서까지도 끝까지 의지를 굽히지 않았던(작은 일, 큰일 모두에서) 아버지의 모습을 지금도 기억한다. 아버지는 그날 밤 돌아가셨다.

우리가 하는 생각의 모든 측면, 즉 성격, 사물을 인식하고 상황을 판단하는 방법, 내리는 결정 등 모든 것이 수십억 개의 작은 세포로 이루어진 조직 안에서 이루어진다는 사실은 놀랍기 그지없다. 전기 신호와 미세한 신경 전달 물질 분자들의 방출로 작동하는, '뇌'라는 이름의 회백색 물체가 우리 의식의 모든 측면, 모든 사고를 지배한다. 그 치명적인 암은 아버지의 몸뿐만 아니라 아버지 영혼의 일부도 빼앗아갔다. 그후로 나는 날마다 그 암을 저주해왔다. 그런 내게 과학의 발전에 조금이나마 기여할 수 있는 기회는 무척이나 매력적으로 다가왔다.

소방관들의 안전을 향상시키기 위해서 나는 나 자신이 지휘관으로서 위험을 고려한 의사 결정을 할 때 내 뇌 속에서 어떤 일이 벌어지는지를 중립적으로 이해할 필요가 있었다. 그리고 졸업반으로 접어들던 해에 나는 인적 오류를 줄이는 데 실제적이고 가치 있는 변화를 가져와야겠다고 결심했다. 이를 위해 위험을 고려한 의사 결정을 내리는 데 밑받침 역할을 하는 메커니즘을 조사하는 것을 골자로 박사학위 연구 제안서를 작성했다. 그것이 위험한 선택이라는 것은 나도 알고 있었다. 직장에서 긴 시간 근무를 한 다음 바로 다시 긴 시간 공부를 해야 할 것이기 때문이었다. 번아웃될 확률이 높았다. 그러나 지휘관이 한 화재 현장에서 겪은 경험이 그가 다른 재난 현장에서 보이는 반응에 어떤 영향을 주는지를 알고 싶었다. 과거의 경험이 잠재의식에 도사리고 있다가 우리의 선택에 영향을 줘서 제임스의 사례와 같은 실수를 낳는 결과로 이어지는지 알고 싶었던 것이다.

다른 장애물도 있었다. 파트타임으로 박사학위 과정을 밟는 것을 허락하는 대학을 찾기가 쉽지 않았다. 파트타임 박사과정 학생은 연구를 중도에 그만두는 경우가 많다. 학위 과정을 시작한 학생이 중도에 포기하면 대학 평가에 안 좋은 영향을 줘서 대학 순위가 떨어지고, 결과적으로 자금 마련에 지장이 생긴다. 운 좋게도 내 상황을 이해해준 고마운 교수를 만났다. 카디프 대학교의 롭 허니 교수였다. 놀라울 정도로 친절하고 능력 있는 롭 교수라는 거인의 어깨 위에 서서 나는 언덕 너머를 볼 수 있었다.

나를 학생으로 받아주겠다는 승낙을 하기 전 나는 롭 교수를 여러 차례 만났다. 내가 하고자 하는 연구에 대해 이야기하고 내 제안서를 다듬기 위해서였다. 그가 나를 학생으로 받아주겠다고 승낙한 날을 생생히 기억한다. 따뜻한 봄날 오후, 해가 반짝이고 있었다. 카디프에서는 흔치 않은 날씨여서 예감이 좋았다.

나에 대한 확신을 증명하기라도 하듯 롭 교수는 대학에서 내 등록금뿐 아니라 프로젝트를 진행하는 데 필요한 자금까지 지원해줄 것이라고 약속했다. 형언할 수 없을 만큼 기쁜 소식이었다. 상당한 액수의 대출을 받을 계획을 세우고 있던 내게 그 소식은 엄청난 도움이 됐다. 좋은 소식을 내게 알린 다음, 롭 교수는 실험실을 보여주겠다고 제안했다. 방을 나서다가 우리는 연구원 한 명을 만났다. 키가 크고 진지한 표정을 한 이 여성에게 롭 교수는 나를 '파트타임 박사과정 학생'이라고 소개했다. 그녀는 그 말에 놀라는 동시에 질색했다.

"파트타임이라고요? 풀타임 직장을 다니면서요? 절대 못 끝낼 거예요!"

나는 내 소개를 하고 그녀와 악수를 했다. 손에 힘을 주고. 이를 악물면서. 그녀가 간 후, 롭 교수는 대신 사과를 했다.

그녀가 한 말은 내게 큰 영향을 끼쳤다. 절대로 그 여자 말이 맞게 할 수는 없었다. 나는 확고한 결단으로 가득 찼고, 그녀의 무시하는 말은 일이 어려워질 때마다 나를 앞으로 나아가게 하는 연료 역할을 할 터였다. 하루 일을 마치고 피곤해 죽을 지경인데 실험실에 가야 할 때마다, 뭔가 일을 망칠 때마다(그런 일은 자주 있었다), 포기하고 싶을 때마다 나는 그녀가 한 말을 생각했다. 그보다 몇 년 전 내가 소방관이 되고 싶다고 했을 때도 비슷한 반응을 경험했었다. 사람들은 비웃었다. 그들은 내 작은 체구와 약한 근력을 지적했다. 사람들의 반응은 그들이 틀렸다는 것을 증명하고 싶은 내 결심을 더 강하게 만들었다. 결국 그렇게 하는 데 성공했고, 이번에도 또다시 성공할 것이었다.

1년 후, 박사과정 연구를 시작하기로 되어 있던 날, 나는 가브리엘라를 출산했다. 롭 교수는 본격적인 연구 작업을 시작하는 것을 몇 주 미루고 대신 심리학과 신경과학 관계 문헌들을 읽는 것이 좋겠다고 권유했다. 첫 몇 달 동안 나는 그 논문들을 가브리엘라가 잠들기 전에 이야기 책처럼 읽어줬다. 조금이라도 더 많이 읽기 위해서였다. 나는 아기가 그냥 내 목소리를 들으며 안정을 찾는다고 생각했다. 하지만 아장거리고 걸어 다닐 무렵 하마를 보고 히포포타무스hippopotamus라고 하지 않고 자꾸 히포캄퍼스hippocampus(대뇌 측두엽의 한 부분인 해마를 의미한다—옮긴이)라고

한 걸 보면 뭔가가 아이의 머릿속에 들어간 것 같기도 하다.

*

가브리엘라가 6개월 될 무렵, 나는 몇 달에 거쳐 구상하고 준비한 실험을 시작했다. 내 계획은 과거의 경험으로 인해 특정 패턴의 행동이 촉발될 때 뇌에서 벌어지는 일을 조사하는 것이었다. 나는 특정 신호에 대한 소방관의 반응이 어떻게 의사 결정 능력을 방해하는 태도와 행동으로 이어지는지를 알고 싶었다. 우리로 하여금 결정을 내리도록 하는 원동력은 무엇인가? 과거의 경험은 우리가 결정을 내리는 데 어떤 긍정적 혹은 부정적 영향을 줄까? 어떤 행동이 학습되기까지는 많은 원인이 존재하지만, 내가 관심을 가진 것은 두 가지 원초적이고 근본적인 학습 형태였다.

그 첫 번째는 '조건반사적 학습Pavlovian learning'이다. 빛이나 소리 같은 특정 신호가 가치 있는 보상과 항상 동반돼서 특정한 행동을 유발하는 경우다. 이것을 발견한 러시아의 생리학자 이반 파블로프는 원래 개를 이용해서 소화계를 연구하고 있었다. 파블로프는 먹이를 기다리는 개가 침을 흘린다는 사실을 이미 알고 있었다. 이 반응은 우리가 뜨거운 물체에서 본능적으로 손을 떼는 것과 같은 정상 반사 작용이다. 그러나 그는 개들이 음식과 연관성이 없는 다른 자극에도 침을 흘리도록 할 수 있다는 것을 깨달았다. 그는 개들에게 먹이를 주기 전에 종을 쳐서, 얼마 가지 않아 음식이 없더라도 종소리를 들으면 침을 흘리도록 하는 데 성공했다. 개들은 중립적인 자극(종소리)과 먹이라는 보상을 무의식적으로 연관 지은 것이다.

두 번째는 '도구적 학습instrumetal learning'이다. 이는 실험 대상이 자신의 특정 행동이 바람직한 보상을 초래한다는 것을 깨닫는 학습 형태다. 더 콕 집어서 말하자면, 원하는 결과를 얻기 위해 무언가를 한다는 뜻이다. 예를 들어 개들은 레버를 누르면 먹이가 담긴 그릇이 나타난다는 것을 깨닫는다. 그런 연상 현상은 도구적 조건 형성의 결과다. 이 두 가지 행동의 가장 큰 차이는 조건반사적 학습은 무의식적이고 반사적인 행동으로 이어지는 데 반해, 도구적 학습은 의도적이고 계획적인 행동을 야기한다는 점이다. 나는 이 두 가지가 상호작용을 했을 때 어떤 일이 벌어지는지가 특히 궁금했다.

예를 들어, 동네 펍 마당에서 담배를 피우는 것을 가장 좋아했던 애연가가 있다. 그는 담배를 끊었고, 이제는 더이상 담배를 피우고 싶은 욕구도 없다. 펍 마당에 내놓은 의자에 앉을 때까지는 말이다. 이제는 몸도 마음도 완전히 담배 중독에서 벗어났음에도 불구하고 갑자기 담배가 너무나 그리워진다. 이 현상은 '신호로 유발된 갈망cue-induced craving'의 좋은 예다. 담배와 펍 마당, 두 가지가 그 사람의 뇌 속에서 연결되어 있다. 그는 펍 마당이라는 환경을 접하고 니코틴이 주는 쾌감을 연상한다(조건반사적 학습). 그리고 니코틴이 주는 쾌감과 흡연이라는 의도적인 행동을 연결 짓는다(도구적 학습). 펍 마당에 나가면 이 두 가지 과정이 상호작용을 하는 것이다. 이 과정은 '조건반사적-도구적 전이Pavlovian-Instrumental Transfer'라고 부르고 줄여서 PIT라고 한다. 주변 환경이 니코틴이 주는 쾌감을 상징하는 신호로 작용해서 과거에 그 경험을 가능케 했던 행동을 갈망하도록 만드는 과정이다. 바로 이런 이유 때문에 중독에서 회복하는 과정에 있는 사람들은 이전의 그 습관과 관련 있는 장소, 사람, 행동을 멀리하라는 조언을 듣는다.

나는 이런 상호작용이 소방관들에게 어떤 영향을 주는지 알아내고 싶었다. 나 자신도 화재 현장에서 보고 들은 것들과 특정 결과들을 조건반사적으로 연관 짓는다. 예를 들어, 전속력으로 달려와 현장에 도착한 소방차가 급제동을 걸며 멈추는 소리는 심장 박동을 더 빨라지게 한다. 소방차가 추가로 도착했다는 것은 불이 번지고 있다는 뜻이기 때문에 무의식적인 심리 반응을 보이는 것이다. 또한 나는 원칙이나 주어진 명령에 따라 내가 한 행동과 그에 따른 결과를 도구적 학습 경험에 따라 연관 짓기도 한다. 예를 들어, 불타고 있는 공간의 뜨거운 공기 중으로 물을 강약을 번갈아가며 리드미컬하게 뿜어대면 공기 온도가 낮아져서 플래시오버*를 방지할 수 있다. 이 방식으로 온도를 낮춘 경험이 반복을 통해 더 강화될수록 그 다음에 출동하는 화재 현장에서도 플래시오버의 징후를 인식하고 이 행동을 할 확률이 높아질 것이다. 나 같은 소방관들이 경험을 통해 학습한 것이 나중에 실제 상황에서 보이는 반응에 어떤 영향을 주는지를 이해하고 싶었다. 우리의 행동은 진정으로 자유 의지에서 나온 것일까, 아니면 우리가 처한 상황의 무엇인가(신호)가 우리의 반응을 특정 방향으로 유도하는 것일까?

이 실험을 진행하면서 나는 소방서 지휘관으로 직장에 복귀했다. 하루 종일 직장에 있어야 했고, 퇴근 후에도 출동 대기 상태로 긴장을 늦출 수 없었다. 인명이 위협을 받는 사건(자동차 사고로 사람이 갇혀 있다거나, 화재가 났는데 행방이 확인되지 않은 사람이 있을 때 등)이 일어나면 언제라도 사고 현장에 지휘관으로 투입됐다. 실험실에 있다가 출동하는 경우도 많았다. 직장 일도 힘들었고 처음으로 엄마 노릇을 하는 것도 힘들었지만, 박사 논문 연구를 하는 것은 다른 모든 것을 합친 것의 두 배 정도 힘들었다.

몇 년 동안 한 번에 몇 달씩을 나는 새벽 5시에 실험실에 가서 아침 8시까지 실험을 진행한 다음 출근하는 생활을 했다. 그리고 오후 5시가 되면 집에 가서 가브리엘라를 돌봤다. 가브리엘라와 지내는 몇 시간 동안만큼은 바깥에서 하늘이 무너지는 일이 있다

* 플래시오버는 방 전체가 바닥에서 천장까지 갑자기 화염에 휩싸이는 현상을 말한다. 이는 불로 뜨거워진 기류와 가스, 그리고 자재가 내뿜는 열기가 노출된 모든 표면을 극도로 달궈 방 전체가 갑자기 한꺼번에 타오르는 현상이다.

하더라도 알아차리지 못했을 것이다. 내 정신은 온통 이 아주 작은 생명체에게 집중되어 있었기 때문이다. 누군가는 이런 내 상태를 터널 시야라고 할지도 모르겠다. 그러나 아이가 잠들자마자 나는 차에 올라타서 23킬로미터 가량 떨어진 실험실로 달려가 실험을 했다. 실험을 하다가 새벽이 돼서야 집에 돌아가는 일도 빈번했다.

집에 돌아오면 마이크가 금방 차를 만들 수 있도록 물을 끓여놓고 기다리다가 얼그레이 한 잔을 내밀었다. 마이크는 조용히 한 20여 분을 내 옆에 앉아 이야기도 하고 나를 안아주기도 하면서 내가 긴장을 풀고 잠들 수 있도록 돕곤 했다. 그렇게 잠이 들고 새벽 5시면 자명종이 울리고 다시 모든 것이 반복됐다. 주말이면 약간 숨 돌릴 틈이 생겼다. 실험을 하는 기간에는 실험실에 가야 했지만 적어도 거기에 더해 직장에 출근할 필요는 없었다. 가브리엘라는 나를 따라 실험실에 가는 걸 좋아했다. 아이는 현미경이 놓인 책상에 기어 올라가 조심스럽게 보존해놓은 두뇌 조직이 든 슬라이드를 들여다보곤 했다.

경이로운 동시에 진을 빼는 하루하루였다. 나는 파트타임 박사과정 학생에게 주어지는 7년 동안 그렇게 살 준비는 되어 있었지만 얼른 끝내야겠다는 결심을 했고, 결국 3년 후에 연구를 마쳤다. 롭 교수는 3년 만에 논문을 제출할 수 있도록 풀타임 학생으로 내 자격을 바꿔 다시 등록해줬다. 사실 그토록 빨리, 그토록 열심히 공부를 한 것은 그 믿기 어려울 정도로 무례한 여자가 틀렸다는 것을 증명하고 싶었던 마음도 일부 있었다는 것을 부인할 수 없다.* 그러나 더 큰 이유는 연구가 너무 신나고 재미있어서였다. 내가 하는 연구가 결국 소방 활동을 안전하게 만들고 인명을 구하는 데 일조할 것이기 때문이었다.

그 3년 동안 나는 재난 대응에 나선 소방관의 뇌 속에서 어떤 일이 벌어지는지에 대해 많은 것을 배웠다. 뇌 속에서 일어나는 여러 과정은 막대한 양의 상호작용을 거쳐 소방관의 반응을 특정 방향으로 기울어지게 할 수 있다. 예를 들어, 소방관이 현장에 도착했는데 특정 패턴의 연기가 보인다. 이런 모양의 연기를 전에도 봤고 그때 결과가 좋지 않았다. 이전의 그 사건에서 특정 작전을 운용했었다(예를 들어, 물을 뿜는 호스를 든 대원을 앞문으로 들여보냈었다든가 하는). 소방관의 뇌 속에서 그날의 좋지 않았던 결과와 그 작전이 연관 지어지고, 그 연상이 상호작용을 일으킬 가능성이 있다. 그리고 지금 출동한 현장에서 보이는 연기 모양이 좋지 않은 직감을 자극해서 전과 다른 작전을 사용하고 싶은 강력한 욕구가 생길 수도 있다. 이런 현상이 중요하지 않아 보일지 모르지만, 사실 빨리 결정을 내려야 하는 상황에서 지휘관들은 직감에 의존하는 경우가 많다. 상황의 다른 요인들(퍼즐의 나머지 조각들)을 모두

* 솔직히 말해서 그녀에게서 배운 것이 아주 많았다. 그녀는 놀라운 과학자였고, 실험 태도도 아주 모범적이었다. 단점이 있다면 사회성이 좀 떨어진다는 점이랄까….

함께 고려했을 때, 그 직감은 틀릴 수도 있고 맞을 수도 있다.

제임스의 경우 이런 상호작용이 그가 테러 가능성에 그토록 큰 비중을 뒀고, 다른 상황을 분석할 때도 확증 편향과 터널 시야를 보였던 이유였을 수도 있다. 그가 이전에 테러 사건을 경험했고, 여러 가지 신호(런던 중심부라는 사고 위치, 테러 경보, 건물 안에 있는 유명 인사들)가 그의 직감을 자극해서 대원들을 건물 안에 파견하는 결정을 주저하게 만들었을지도 모른다. 그는 자신의 상황 인식에 의문을 제기하고 스스로의 심적 모형을 재검토해서 학습된 자신의 행동을 객관적으로 분석했어야 했다.

뇌 안에서 벌어지는 상호작용이 소방관들의 반응에 영향을 끼친다는 사실을 발견한 나는 이 정보를 지휘관들의 훈련을 개선하는 데 사용하고 싶었다. 조너선의 연구팀과 함께 일한 경험을 통해 나는 이미 의사 결정 과정의 함정에 빠지지 않는 가장 효과적인 방법은 작전 목표에 집중하는 것이라는 사실을 알고 있었다. 다시 말해 '만일 이렇다면?'하는 우려를 내려놓고 행동과 결과에 집중하는 것이다.

2장의 터널과 폭발물이 등장하는 상황에서 나는 가능한 한 가장 많은 생명을 살리는 데 집중했어야 했다. 내가 구할 수 없는 생명들은 더이상 생각하지 않고 전체적인 목표에서 눈을 떼지 않았어야 했다. 반면 포트컬리스 하우스 화재 상황에서 제임스는 열린 마음으로 상황을 대할 필요가 있었다. 자신의 추정에 신경을 쓰는 대신 건물 안의 사람들을 구조하는 데 집중해야만 했다. 나는 그런 의사 결정을 (조너선더러 모든 사건 현장을 쫓아다니며 사람들이 의사 결정의 함정에 빠질 때마다 행동 강령을 외쳐달라고 강요하지 않고도) 가능하게 만들 방법을 찾고 싶었다.

그래서 박사학위 과정을 마친 다음 나는 카디프 대학교에서 명예 심리학 연구원 자격으로 롭 교수와 연구를 계속하고 '영국 소방대장 위원회National Fire Chiefs Counsil'*와의 연구도 이끌었다. 이 또한 풀타임으로 소방관 근무를 하면서였다. 지난 10년에 걸쳐 우리는 이 분야에서 커다란 진보를 이루었다. 우리는 영국 내의 관련 정책과 훈련 강령을 개선하는 데 성공했고, 이제 모든 지휘관들이 의사 결정 기법이나 상황 인식력과 같은 심리학적 지휘 기술을 배우게 됐다. 이 훈련에서 지휘관들은 엄청난 스트레스 상황에서는 확증 편향, 터널 시야와 같은 다수의 의사 결정 함정에 빠지기 쉽다는 것을 배운다. 그리고 다양한 인적 오류 가능성에 대한 학습을 해서 그런 함정에 빠지지 않기 위한 준비를 한다.

*

제임스의 뒷이야기가 궁금한 독자가 많을 것이다. 그날 제임스

* 영국 소방대장 위원회는 영국 내 소방 구조대의 목소리를 대변하는 단체로, 전국의 소방 구조 서비스의 개발과 향상을 주도하는 역할을 한다.

는 운이 좋지 않았다. 그가 감당하기에는 압박감이 너무 커서 그 시험을 통과하지 못했다. 나는 제임스 자신도 시험 도중에 그 사실을 깨달았을 것이라 생각한다. 그러나 그렇다고 끝은 아니다. 지휘를 하는 것은 기술의 문제고, 여느 기술과 마찬가지로 이것도 연습을 하면 향상된다. 제임스는 능력 있는 사람이지만 그날은 그의 날이 아니었다. 시간이 지난 후 결국 그는 시험에 통과했다. 그는 어렵고 불편하고 도전적인 훈련에 긴 시간을 투자했다. 훈련을 열심히 했으니 실제 상황에서는… 쉬울 것이다.

THE HEAT OF THE MOMENT

4장 퍼즐

"큰 퍼즐을 완성하는 것은 언제나 작은 조각들이다."

나는 내 무선 호출기의 울림에 조건반사적 반응을 보인다. 무선 호출기가 울리면 곧바로 맥박이 빨라진다. 아드레날린이 솟구치는 이 현상에 이제는 익숙해졌다. 소방서 숙직실에서 당직 근무를 할 때도 귀를 찌르는 듯한 종소리가 들리면 똑같은 반응이 일어났었다. 시계를 흘낏 쳐다보니 10시. 추위가 매서운 11월 밤이다.

내 근무 환경은 예측이 불가능하다. 저녁에 집에서 쉬다가도 다음 순간 재난 현장 한가운데로 뛰어들어 가야 할 수도 있다. 현재 내 임무는 소방차 11대 이상이 출동해야 하는 사건을 지휘하는 일이지만, 사실 사건의 내용이 어떤 것일지는 글자 그대로 아무도 모른다. 잠자다 호출되어 간 곳이 파리 바타클랑 극장 테러 사건이나 손님으로 꽉 찬 호텔 화재와 같은 악몽의 현장일 수도 있다. 혹은 그야말로 건물 자체 말고는 아무것도 잃을 것이 없는 화재일 수도 있다. 나는 늘 후자이기를 바란다. 물건은 대체가 가능하기 때문이다.

제일 먼저 아드레날린이 온 몸을 휩쓸고 지나가면서 생긴 흥분감을 진정시키고 결정을 내릴 준비를 해야만 한다. 나도 예전에는 곧바로 행동에 들어가곤 했었다. 하지만 처음 1~2분 정도는 최적의 의사 결정을 내릴 만한 상태가 아니라는 것을 이제는 나 자신도 알고 있다. 내 몸이 투쟁-도피 상태에 빠져 있는 동안은 실수할 확률이 너무 높다. 목욕탕으로 들어가 얼음장처럼 차가운 물로 세수를 한다. 심장이 뛰는 속도가 느려진다. 얼굴을 닦으며 크게 숨을 들이킨다.

거실로 돌아간다. 딸아이가 자고 있는 방 앞을 지나면서는 항상 그렇듯이 아이가 숨을 쉬면서 오르내리는 가슴을 잠시 바라보다가 걸음을 옮겨 테이블에 앉는다. 앞에는 커피 얼룩이 있는 작은 노트와 펜, 그리고 내 스마트폰과 무전기가 놓여 있다. 이제 시작할 준비가 됐다.

나는 무선 호출기에 담긴 메시지를 확인한다. 공장과 창고가 모인 대규모 산업 단지에서 난 화재 사건이다. 불이 난 회사 이름이 '코벨'이라는 것 말고는 다른 정보가 아무것도 없다. 나는 더 자세한 내용을 요청하기 위해 상황실에 전화를 건다. 머리에 떠오르는 것은 벽돌과 함석으로 지어진 큰 창고다. 현재 가장 두려운 것은 이런 산업 시설에 흔히 쓰이는 '샌드위치 패널' 공법이 사용되었을 가능성이다. 이 공법은 연소성이 극도로 높은 절연성 발포제를 두 장의 철판 사이에 샌드위치처럼 끼우는 방식이다. 밖으로 노출되지 않은 채 불길이 절연재를 타고 퍼질 수 있기 때문에 상황 예측이 극도로 어려워지기 일쑤다. 그러다가 건물이 구조적으로 약해져서 순식간에 아무런 경고 없이 무너져버릴 수도 있다. 이와 비슷한 건물에서 소방관들이 목숨을 잃은 경우가 많다. 평화시 영국에서 임무 중 사망한 첫 여성 대원 플러 롬바드도 그중 한 명이었다.

상황실에 건 전화가 연결되기를 기다리는 동안 나는 태블릿 컴퓨터에서 지도 프로그램을 열고 사고가 일어난 곳의 주소를 찾는다. 지금으로서는 아는 것이 거의 없으므로 빈 곳을 메우기 위해 이리저리 추정을 해본다.

나는 일단 샌드위치 패널 공법으로 지어진 건물일 것이라고 추정하고, 화재 진행이 예측 불가능할 것이라고도 추정한다. 산업 물질로 인한 위험도 있을 것이라 추정한다. 이런 추정들은 있을 수 있는 문제들을 예측하고 그에 따라 빠르게 계획을 세우는 데 도움이 된다. 그러나 동시에 나는 열린 마음을 유지하고, 내 심적 모형을 변경할 태세를 갖추고 있어야 한다.

상황실에서 전화를 받는다.

"상황이 어떻습니까?" 내가 묻는다. "인명 구조도 필요한 상황입니까? 건물의 어느 정도가 불에 타고 있지요?" 정보 하나하나가 퍼즐 그림의 조각들이다. "지금까지 상황은 어떻게 진행되어왔나요? 소방차가 몇 대 나와 있습니까? 지휘관은 누구죠?"

대답을 듣고 있는데 내 무선 호출기가 다시 울린다.

"죄송하지만 출동한 소방차가 10대가 되었습니다. 출동하셔야겠습니다." 상황실 요원이 말한다.

"사고 현장으로 이동 중인 것으로 기록해주세요. 지금 출발합니다." 내가 답한다.

전화를 끊은 나는 지도 프로그램의 스트리트뷰를 들여다본다. 또 하나의 퍼즐 조각이다. 불이 난 곳은 커다란 창고 건물로, 회색빛 함석지붕이 낡고 오래되어 보인다. 항구에 정박된 채 녹슬어가는 전함이 머리에 떠오른다. 색이 바랜 외장재가 대어진 외벽을 보니 샌드위치 패널 공법이 사용되었을 확률이 높아 보인다.

건물 앞에는 목재가 가득 실린 밴이 주차되어 있다. 건축 자재를 보관하는 창고일까? 나는 열쇠를 집어 들고 코트를 팔에 걸치면서 스마트폰을 인터넷에 연결해 코벨사를 검색한다. 아무 정보도 없다. 회사 웹사이트도 없다. 퍼즐의 커다란 조각이 빠져 있다. 코벨사가 어떤 일을 하는 회사인지만 알아도 가장 가능성이 높은 위험 요소들을 예측할 수 있을 것이다. 예를 들어 제조업체라면 보관하고 있는 화학 물질이 불길과 반응할 수도 있다. 자동차 정비업체라면 연기로 시야가 가려진 상태에서 깊은 구덩이에 빠질 수도 있다. 건물 안에 야근을 하던 사람들이 남아 있을 수도 있다. 지금은 늦은 밤이지만 24시간 운영하는 업체들이 많다. 지금까지 현장에서 얻은 정보로는 이 모든 가능성을 확인할 수도, 배제할 수도 없다.

나는 건물 안에 사람들이 갇혀 있다는 상상을 하면서 머릿속의 퍼즐 조각을 맞춰나간다. 그리고 내가 이미 알고 있는 사실들, 즉 손에 이미 쥐고 있는 조각들에 집중한다. 내가 처음으로 사건을 인지한 시점(무선 호출기가 처음 울린 때)과 소방차가 10대 출동한 시점(무선 호출기가 두 번째로 울린 때) 사이의 시간차가 거의 없었다. 불길이 급속도로 번지고 있다는 뜻이다. 중요한 사실은 대응의 규모도 급속도로 커지고 있다는 점이다.

현관문을 열고 나서려는데 마이크가 2층에서 내려온다. 당직팀 지휘관인 그는 내가 지금 어떤 느낌인지 이해한다. 기대와 우려, 그리고 미지의 상황에 대한 채울 수 없는 갈증.

"지금 가는 거야?" 그가 묻는다.

나는 고개를 끄덕인다.

"조심해. 바퀴 또 긁지 말고." 그는 분위기를 가볍게 해서 내 긴장을 풀어주는 데 능숙하다.

나는 눈썹을 치켜 올리면서 내가 할 수 있는 가장 빈정거리는 미소를 지어 보인다. 내게 할당됐던 출동 차량을 5일 후에 자동차리스 회사에 반환하도록 되어 있는데, 막대한 벌금을 물지 않기 위해 바로 얼마 전 긁힌 곳, 움푹 팬 곳을 샅샅이 수리하느라 상당한 돈을 들였기 때문이다.

"최선을 다해볼게." 나는 그렇게 대꾸한다.

어두운 집밖으로 나서니 추위가 칼끝처럼 날카롭다. 코트 깃을 여미고 목을 움츠린다. 차 트렁크를 열고 파란색 비상등을 꺼내 차 지붕 가운데에 붙인다. 자석으로 된 비상등 바닥이 차 지붕에 부착될 때 그 사이에 손가락 끝이 끼어서 아프다. 차에 탄 나는 비상등과 사이렌을 켜고 출발한다.

북쪽으로 방향을 잡는다. 현장까지 약 35분쯤 걸릴 것이다. 그것도 교통이 괜찮으면. 교통이 나빠지기 전에 조금이라도 더 현장에 가까운 곳까지 접근해야 한다. 속도를 내기 위해 큰길을 택한다. 차 전체가 비상등의 파란빛으로 물들어 있다. 솔직히 말하자면 이 부분은 업무 중에서 가장 즐길 만한 부분이다. 나는 비상 출동 차량을 운전하는 것을 좋아한다. 혼잡한 교통을 뚫고 빠르고 안전하게 달리는 일에서 나는 에너지를 얻곤 한다. 사이렌을 울리며 다른 차들 사이를 미꾸라지처럼 빠져나가는 동안 나는 자신감이 넘친다. 사실 모든 운전자가 주변 상황에 주목하지는 않는다. 고집스럽게 추월 차선에 서서 내 앞을 가로막는 차를 적어도 세 번은 만난다. 결국 사이렌을 높은 곡소리에서 짧고 날카롭게 짖는 듯한 소리로 바꾼 다음에야 길을 막고 있던 차들이 방향 지시등을 켜고 옆으로 비키고, 차는 다시 속력을 낸다.

나는 4차선 길에서 빠져나와 차가 빽빽이 늘어서 있는 좁은 거리로 들어선다. 가능한 한 빨리 운전을 하면서 끼어들 수 있는 빈자리, 자전거, 행인 등을 파악하기 위해 전방을 주시하고, 그들이 어떻게 행동할지를 예측하면서 차를 몬다. 항상 전방에 있는 사람과 자동차, 자전거 등이 내 차와 비상등 불빛을 봤다는 사실을 확인한다.

그러는 도중에도 나는 무전기로 오가는 대화를 들으며 머릿속 그림에 퍼즐 조각들을 보탠다. 아주 바쁜 밤이라 무전기가 무척 시끄럽지만, 이제는 내가 담당하는 사건의 지휘실에서 보내는 콜사인으로 시작하지 않는 메시지에는 귀를 닫는 훈련이 되어 있다. 처음에는 굉장히 집중해야만 가능한 일이었지만 여느 기술과 마찬가지로 이제는 숨 쉬듯 자연스럽게 할 수 있다.

좁은 일방통행로에서 빠져나와 우회전을 하니 바로 앞에 신호등이 있다. 적신호가 들어와 있고 차가 밀려 있다. 중앙선을 넘어서 반대편 차선으로 가는 수밖에 없다. 반대 차선으로 방향을 트는데 마주 오던 차가 당황해서 급제동을 한다. 그 차를 피하기 위해 재빨리 옆으로 차를 빼고, 그 순간 콘크리트 갓돌에 (이제는 더 이상 완벽하지 않게 된) 바퀴가 긁히는 소리가 들린다. 또 일을 내고야 말았다. 마이크가 한동안 놀릴 만한 일이 또 생겼다.

진입 저지선에 도착한다. 길을 가로질러 파란색과 하얀색으로 된 경찰 저지선이 쳐져 있다. 나는 차창을 내리면서 근처에 있던 경찰관과 눈을 마주친다. 내가 미소를 짓자 그녀는 서둘러 다가와 내 신분증을 확인한다.

"안녕하십니까?" 그녀가 내 신분증을 받아들면서 내 얼굴과 신분증의 사진을 번갈아 본다.

"집결 지점은 조금 앞에 있습니다. 주차 공간은 충분할 거예요." 그녀가 말한다.

나는 그녀에게 고맙다는 인사를 하고 길 옆에 선 구급차 뒤에 차를 세운다. 트렁크를 열고 내 화재 장비와 헬멧을 꺼낸다. 분위기가 불안할 정도로 고요하다. 불이 난 창고 건물은 몇 블록 떨어져 있고, 경찰이 통행을 제한하고 있기 때문에 인적이 없어진 것이다. 아포칼립스 영화가 생각난다. 유일한 차이는 이렇게 인적이 없어진 것이 좀비 때문이 아니라 화재 때문이라는 점뿐이다. 굳이 따지자면 화재가 좀비보다 훨씬 더 무섭다고 나는 생각한다.

고개를 들어보니 창고 위 하늘로 연기가 올라오는데 불길은 보이지 않는다. 나는 연기 냄새가 잔뜩 밴 무거운 방화복 윗도리를 걸치고 사건 지휘실로 향한다. 건물의 실루엣이 무척 인상적이다. 소방차 10대뿐 아니라, 다른 특수 장비들도 동원되어 있다. 대충 봐도 80~90명의 소방관 및 지휘관급 대원들, 약 10명의 경찰관과 구급 대원 7~8명이 현장에 있다는 계산이 나온다. 전부 저지선 안쪽에서 일하고 있는 사람들이다. 그들 모두의 안전은 궁극적으로 내 책임이다. 사건 지휘권을 아직 공식적으로 이전받지 않았다는 사실은 그다지 중요하지 않다. 현재 이곳에서 내가 가장 계급이 높은 소방 지휘관이기 때문에 내게 모든 책임이 있는 것이다.

산업 시설의 진화 작업은 본질적으로 쉽지가 않다. 우선 불이 난 건물 내부의 조건이 살인적이다. 방화부츠를 태우다시피 할 정도로 온도가 높은 것 말고도 문제는 헤아릴 수 없이 많다. 창고에는 온갖 종류의 위험 물질이 있을 수 있다. 가연성이 매우 높은 화학물질이 들어 있는 통, 무너질 위험이 있는 무거운 적재 선반, 위험한 기계 등은 그중 몇 가지 예에 불과하다. 엄청나게 높은 온도로 가열된 실린더들이 폭발할 위험도 상당하다.* 예전에 불이 난 건물 안에서 이런 실린더가 폭발한 적이 있었는데, 글자 그대로 땅이 흔들렸고, 건물 옆에 있었는데도 번개를 맞은 듯한 열기가 내 몸을 훑고 지나갔다. 아직 터지지 않은 폭탄처럼 이런 실린더들을 취급하는 데는 그만한 이유가 있다.

무전기가 칙칙거리며 작동한다.

"대장, 소방차 15대를 요청했습니다."

이것은 두 가지 의미다. 첫째, 내가 즉시 지휘권을 이전받아야 한다는 사실이다. 소방차가 10대였을 때는 내 감독 아래 더 하급 지휘관이 상황을 관리할 수 있지만, 이제 사태가 점점 더 커지고

* 공산품 제조 과정에서 아세틸렌과 액화 석유 가스가 든 실린더가 자주 쓰인다. 이 실린더가 가열되면 폭발할 위험이 매우 크다.

있는 것이다. 둘째, 내가 처음 생각한 것보다 없는 퍼즐 조각들이 훨씬 많다는 사실이다.

나는 퍼즐 그림의 빈 곳들을 점검한다. 정확히 몇 명이 출동해 있고, 어디에 배치되어 있는가? 구조 및 진화 작업을 더 어렵게 할 만한 요인이 건물 안에 있는가? 30분 후에는 불길이 어떤 양상을 띨 것인가? 그 상황이 되면 어떤 자원이 필요할 것인가? 앞으로 닥칠 화재 양상에 대비하려면 지금 당장 무엇을 해야 하는가? 대원들은 어떤 상황과 조건에서 진화 작업을 해야 하는가? 내가 어떤 조처를 내려야 더 안전한 환경을 확보할 수 있는가? 지휘관들은 어떻게 대처하고 있는가? 추가 지원이 필요하지 않은가?

결국, 어떻게 해야 적절한 사람을 적절한 곳에 적절한 때 배치해서 적절한 조처를 취하도록 할 수 있을 것인가?

이와 더불어 이 사건의 파장도 고려해야 한다. 이 사고가 도시 다른 곳에 끼칠 여파는? 교통 기반 시설이 영향을 받고 있는가? 근처에 다른 기업이나 학교들이 있는가? 이 화재가 지역 경제에는 어떤 영향을 끼칠 것인가? 이 모든 것이 내가 세울 전략에 영향을 미칠 것이다.

사건 지휘실이 앞에 보인다. 지붕 위에 달린 파란 비상등이 깜빡거리며 어두운 하늘을 밝히고 있다. 사건 지휘실은 상황을 지휘하기 위해 파견된 차량 중 가장 중심이 되는 차량으로, 현장에 도착한 요원은 모두 거기에 가서 신고를 해야 한다. 나는 문을 열고 안으로 들어간다.

차 안이 꽉 차 있다. 발 디딜 틈이 없다. 이렇게 시끄러운 곳에서 효율적으로 정신을 집중하기란 거의 불가능하다. 사건 총지휘관 조지가 다른 지휘관급 소방관에게 상황을 설명하고 있다. 나도 상황 보고가 필요하다는 뜻을 손짓으로 전하자, 그는 알겠다는 표시로 고개를 끄덕인다. 그룹 지휘관인 그가 상황을 꾸리면서 하급 지휘관들의 부담감을 덜어주고 있는 것을 보니 마음이 놓인다. 나는 내가 현장에 온 것을 기록하도록 직원증을 지휘실 지원 요원인 베니에게 건넨다.* 자주 함께 근무해서 나를 잘 아는 베니가 활짝 웃는다.

"안녕하세요, 대장님." 그가 명랑하게 인사한다. "반갑습니다."

"안녕, 베니." 나도 고개를 끄덕여 보인다.

그는 본능적으로 내게 무엇이 필요한지 알아차리고, 메인 화면과 연결된 자판을 두드려 통신 기록을 화면에 띄운다. 나는 현장에서 온 모든 메시지를 훑는다. 메시지는 짧고, 자세한 내용은 거의 없다. 하지만 관창이 몇 개나 사용되고 있는지, 건물의 얼마만큼이 불에 타고 있는지 등 모든 정보가 퍼즐의 조각들이다. 그리고 각 메시지가 들어온 시각을 보고 불이 번지는 속도도 계산할 수 있다. 지붕 5퍼센트에 불과했던 불길이 건물 전체의 30퍼센트

* 현장의 모든 대원은 콜 사인, 이름, 직위가 적힌 직원증을 가지고 있다. 지휘실 지원팀은 직원증을 바탕으로 현장에 누가 있는지를 모두 기록한다.

로 번지기까지 한 시간이 약간 덜 걸렸다.

지금까지는 건물 내부로부터 적극적으로 불길을 잡는 노력이 이루어지지 않고 있고, 아마 그 때문에 불길이 빨리 번진 듯하다. 내가 모르는 것은 그 이유다.

조지는 내게 상황 보고를 할 준비가 되어 있다. 나는 꼭 필요한 사람을 제외하고 모두 지휘실에서 나가달라고 요청한다. 조지는 현장에 건물이 여러 채 있다고 설명한다. 내가 지도 프로그램에서 확인했던, 그리고 도착하면서 본 건물에는 불이 나지 않았다. 화재는 이쪽에서는 보이지 않는 더 큰 건물에서 발생했고, 아주 빠르게 번지고 있어서 대원들은 물을 충분히 확보하는 데 어려움을 겪고 있다. 펌프가 달린 소방차를 15대로 늘린 것도 멀리 떨어진 곳에 있는 규모가 더 큰 수도관에서 중계식으로 물을 공급하기 위한 것이다.

"왜 더 적극적으로 진화 작업을 하지 않고 있지?" 내가 묻는다.

"건물 안에 갇힌 사람이 없습니다." 조지가 대답한다. "따라서 대원을 내부로 투입해서 불필요한 위험에 빠뜨리지 않는 것이 좋다고 판단했습니다."

나는 고개를 끄덕이지만 그 의견에 전적으로 동의할 수는 없다. 인명이 위협받는 상황이 아닌 이상 우리가 높은 위험을 감수할 필요가 없다는 조지의 판단은 맞다. 하지만 화재에서 위험에 빠지는 것은 목숨만이 아니다. 내일 아침에 직장에 출근해야 하는 수십 명의 직원들은 어떻게 할 것인가? 이런 식으로 상황이 전개되면 그들의 일도 없어질 것이고, 따라서 보수도 없어질 것이다. 보수가 없어지면 당장 집세나 대출 상환금, 공과금을 낼 돈이 없을지도 모른다. 크리스마스 직전에 아이들과 함께 가족 전체가 길바닥에 나앉을 수도 있다는 뜻이다. 사람들의 생계도 중요하다. 그들의 생계를 보호하기 위해 얼마간의 위험은 감수할 가치가 있다는 것이 내 의견이다.

환경에 대한 영향도 고려해야 한다. 매년 산업체에 일어나는 화재로 13만 6000톤에 달하는 이산화탄소가 대기 중으로 방출된다. 이는 포츠머스시 모든 가정에서 1년 내내 방출하는 이산화탄소의 양과 맞먹는다!*

조지가 상황 보고를 계속 하는 동안 나는 습관적으로 그의 안색과 반응을 살핀다. 그의 상태가 괜찮은지 살피기 위한 것도 있지만, 주로 내가 도착하기 전까지 그가 얼마나 효과적으로 대처해왔는지를 알아내기 위해서다. 그의 시각에서 본 상황에 기초해서 내 퍼즐을 짜맞춰야 하기 때문에 그가 정보를 효과적으로 소화하고 있는지에 대한 확신이 필요하다. 내게 말을 하는 조지의 입 가장자리가 살짝 올라가 있고, 내가 질문을 하면 이마를 찡그린다.

* '비즈니스 스프링클러 연합'이 발주하고 '경제 및 기업 연구 센터Centre for Economics and Business Research'가 발간한 '창고 화재의 재정 및 경제적 영향The Financial and Economic Impact of Warehouse Fires'(2014) 참조.

질문을 하면 돌아오는 답 자체는 명확하고 자신 있지만 말을 더듬거리고 약간 주저하는 기색을 보인다. 긴장을 하고 있고, 당연히 스트레스도 많이 받고 있다. 이런 경우 정보를 소화하는 능력이 최상이 아닐 수도 있기 때문에, 나는 상황에 대한 그의 이해를 재차 확인하는 것이 중요하다는 결론을 내린다.

"고마워, 조지." 내가 말한다. "지금까지 아주 잘 해줬어. 이제부터 내가 지휘할 테니 나를 도와 작전 지휘관을 맡아줘. 상황을 파악할 수 있도록 함께 현장을 한번 둘러보자고."

조지는 고개를 끄덕이고 숨을 크게 내쉰다. 현장을 둘러보면 내가 상황 파악을 하는 데도 도움이 되지만 조지가 새로운 역할을 맡기 전에 긴장을 풀고 마음을 가라앉히는 데도 도움이 될 것이다. 나뿐 아니라 조지에게도 필요한 일이다.

나는 베니에게 지시한다. "이제 내가 지휘권을 넘겨받았다는 사실을 모두에게 알려줘."

조지와 나는 작전이 벌어지고 있는 현장으로 향한다. 방어적인 작전을 운용하는 것이 그다지 효과적이지 않다고 생각하기는 하지만, 작전을 바꾸기 전에 화재를 직접 눈으로 보고 판단하는 것이 순서다. 우리는 빠르게 움직인다. 상부에서 고위 간부가 와서 여기저기 간섭을 해대기 전에 모든 것이 원활하게 돌아가도록 해놓고 싶다.

우리 앞에 서 있는 건물에서는 이미 지붕의 반 정도를 삼킨 불길이 폭풍처럼 번지면서 타닥거리는 소리를 내고 있다. 11월 밤 살을 에는 추위에도 열기에 피부가 따가울 정도다. 수십 명의 소방관들이 호스 위치를 조정하고 장비를 옮기느라 바삐 움직이고 있다. 나는 이 구역의 전략을 책임지고 있는 구역 지휘관에게 다가간다. 조지의 보고에 바탕을 두고 내가 내린 상황 판단이 다른 이들의 생각과 일치하는지 확인해야 한다. 그가 하는 설명이 조지의 상황 보고와 다르지 않다. 조지가 지금까지 잘 대처했다는 믿음이 조금 더 강해진다.

현장 순찰을 마친 다음 사건 지휘실로 돌아간다. 퍼즐의 모든 조각을 다 찾지는 못했지만, 적어도 내가 손에 쥔 조각들만큼은 상황을 잘 반영하고 있다는 확신이 든다.

이곳이 한때 건물이 서 있었지만 주차장으로나 사용되는, 그런 텅 빈 공터로 변하는 것을 막을 수 있는 가능성이 아직 남아 있다. 현재 불길은 지붕으로 번지고 있지만(샌드위치 패널로 된 벽이 걱정이지만 아직까지는 거기로 불이 번지지 않은 상태다) 더이상 확산되는 것을 막을 방도가 있다.

"조지. 이제 공격적인 작전을 쓸 때가 됐어." 내가 말한다.

조지의 얼굴이 해쓱해진다.

"지금까지 왜 방어적인 작전을 썼는지 이해해." 내가 말을 잇는다. "하지만 다른 방법이 있어. 지붕에 방화대*를 구축하는 것을 맡아줘. 불은 이쪽, 그러니까 건물 서쪽에서 타고 있어." 나는 칠판에 손으로 그려진 건물 평면도를 가리킨다. "여기, 동쪽을 보면 벽돌로 지은 단단한 벽으로 건물이 둘로 나뉘어져 있는 게 보이지. 이 벽 뒤쪽으로 방화대를 구축하면 건물 내부에서 불길이 번지는 것은 이 벽이 막아주고, 지붕에서는 방화대가 막아줄 거야. 시간을 조금 벌 수 있어."

조지가 고개를 끄덕인다.

"열 감지기로 벽 속으로 불길이 번지는지 여부를 모니터하도록.** 불이 그쪽을 통해서 번지지 않길 바라자고."

나는 조지가 내 지시를 잘 이해했는지, 충분한 인력과 장비를 확보했는지 확인한 다음 현장으로 보낸다.

외부 상황은 어떤지 이제 잘 알게 됐지만, 건물 내부 상황은 거의 모르는 실정이다. 곧 공기호흡기 팀이 내부로 진입해서 정보를 보내올 것이다. 그러나 그 정보는 구역 지휘관이 받아서 해석한 다음 조지를 거쳐서 내게 전해진다. 여러 사람의 눈으로 걸러진 다음 내게 오는 정보인 것이다. 바로 이 때문에 모든 정보에 의문을 제기하고, 거기에 어떤 추정이 가미되어 있는지를 확인해야 왜곡된 정보에 의지해서 결정을 내리는 일을 피할 수 있다. 모든 정보를 직접 받는 것도 좋지만, 이 정도 규모의 사건 현장에서는

* 방화대는 건물 지붕에 공백을 만드는 것으로, 그렇게 하면 그 지점 너머로 불길이 번지는 것을 막을 수 있다.
** 열화상 카메라를 사용하면 건물 외벽의 온도를 추적할 수 있다. 온도가 높아지면 불길이 벽 안에서 번지고 있다는 의미다.

그렇게 하면 들어오는 정보의 양이 너무 많기 때문에 상황 보고를 받는 일에 압도되어 막상 대응을 할 수 있는 시간이 거의 없어진다. 따라서 특정 임무나 영역을 위임하는 것이 매우 중요하다.

*

"최신 상황 들어온 거 있어?" 내가 베니에게 묻는다.

"조지를 부를까요, 대장님?" 그가 대답한다.

"아니. 지금은 무전기 보고로 충분해."

보고하는 사람의 눈을 똑바로 들여다보는 것도 좋지만, 한참 열심히 일하다가 상관의 마음이나 안정시켜주자고 불려가서 일이 잘 진척되고 있다는 보고를 해야 할 때처럼 짜증나는 일도 없다.

나는 베니가 정보를 취합하는 동안 무전기가 치직거리는 익숙한 소리에 귀를 기울인다.

나는 이제 코벨사가 가구와 창호를 제조하는 기업으로, 인화성이 매우 높은 도료와 페인트를 많이 쌓아두고 있다는 것을 알고 있다. 다행히도 그 재료들은 현재 불이 붙지 않은 건물에 저장되어 있다. 베니는 방화대가 거의 완성되어간다고 보고한다. 아직 불길을 잡지는 못했지만 화재가 더 악화되고 있지는 않다. 비로소 '지금 여기'가 어떤 상황인지를 제대로 파악했다는 확신이 든다. 이제 미래에 눈을 돌리고, 현장에 도착한 순간부터 내 머릿속에 떠올랐던 의문에 대한 답을 찾을 시점이다. 나는 항상 이런 식으로 모든 것을 꼬치꼬치 캐묻고 의문을 제기하는 습관이 있다. 어떨 때는 유용하고, 어떨 때는 피곤하기만 한 습관이다. 마치 한순간도 경계를 늦추지 않고 극도로 긴장해 있는 동물과도 같다.

하지만 나는 그런 상태에 익숙하다. 이런 식으로 오랫동안 살아왔기 때문이다. 아마도 그 습관은 아주 어려서부터 생긴 것 같다. 아버지가 돌아가신 이후로 나는 십대의 대부분을 지저분한 차림에 집이라고 부를 곳도 없이 떠돌았다. 내가 쓰러져도 아무도 나를 바로 세워줄 수 없는 시절을 보냈다. 끔찍한 생활이었지만 덕분에 무딘 사람으로 자라진 않았다. 언제나 뭔가 정상이 아닌 것은 없는지, 문제를 일으킬 만한 요소는 없는지를 살피는 것이 생활화된 것이다. 나 같은 직업을 가진 사람에게는 큰 장점이다.

창문 밖을 흘깃 쳐다본 나는 바람이 세졌다는 것을 알아차린다.

"베니, 바람 방향이 어떻게 되지?" 내가 묻는다.

"이제 북서풍입니다, 대장님."

"그 전에는?"

"동풍이었습니다."

"제기랄, 다시 나가야겠네."

나는 1구역으로 향한다. 불이 한창 타고 있는 분주한 구역이다. 방화대를 설치해서 지붕 아래 공간을 타고 불길이 확산되는 것은 일단 막았지만, 이제 바람이 반대 방향으로 불고 있다. 뒤쪽에 있는 차량 정비소로 불꽃이 튈 확률이 높아진 것이다. 산업용 실린더와 가연성 물질이 가득 쌓여 있는 곳이 아닌가. 불똥이 튀어 올라 어두운 하늘을 배경으로 춤을 추다가 정비소 건물 지붕에 위험할 정도로 가깝게 떨어지는 것이 보인다. 그리고 바람 방향이 다시 바뀌면(사실 그럴 가능성도 높다. 영국 날씨는 예측이 불가능한 것으로 악명이 높다) 불똥이 방화대를 건너 뛰어 화학물질이 보관되어 있는 곳을 포함한 나머지 건물로 번질 수도 있는 일이다. 나는 두 가능성 모두에 대비해야만 한다.

나는 사건 지휘실로 돌아간다. 경찰 저지선 바로 바깥에 서 있는 남자 한 명이 눈에 들어온다. 눈이 빨갛게 부어 있고, 손으로 입을 막고 있다. 충격과 분노와 혼돈을 읽을 수 있다. 모든 것을 잃은 사람의 얼굴이다. 계획도, 희망도, 미래도 모두.

"베니." 사건 지휘실로 들어가면서 내가 외친다. "저 남자 누군지 알아?"

"아니요, 대장님." 그가 문밖으로 머리를 빼꼼히 내밀고 본 다음 말한다. "한 번도 본 적이 없는 사람인데요."

"주인하고 연락이 됐나?"

"시도를 하고 있습니다. 하지만 저희가 확보한 번호는 바로 자동 응답기로 연결이 되어 있습니다."

"저 사람한테 누군가 좀 보내줄 수 있을까?"

"즉시 보내겠습니다, 대장님."

이 건물들을 잘 아는 사람이 필요하다. 화마가 뜯어먹기 전 이 건물이 어땠는지를 아는 사람 말이다. 그 남자가 내가 생각하는 사람이 맞다면 우리가 보고 있는 이 밋밋하고 생기없는 건물 평면도를 더 자세히 설명해줄 수 있을 것이다. 구조대에게 큰 피해를 입힐 만한 게 안에 있는지, 한눈에 의미를 파악하기 힘든 요소는 없는지, 대원들의 안전을 확보하는 데에 도움이 될 만한 것이 있는지 말이다.

나는 이제 조지와 직접 얼굴을 보고 이야기를 해야 할 시점이 왔다고 판단한다. 처음부터 계속 조지가 불안해하는 것을 알고 있었기 때문에 지금 변경될 전략에 그가 잘 대처할 수 있을지를 확인해야만 한다. 조지가 지휘실에 도착하자 우리는 모두 평면도가 그려진 칠판 앞에 모인다.

"조지, 알고 있는 사실들을 말해봐."

늘 그렇듯이 우리가 가지고 있는 퍼즐 조각들이 서로 잘 맞아떨어지는지를 확인해야 한다.

"4구역은 순조롭습니다. 굴절 사다리차*를 사용해서 지붕에 방화대용 구멍을 뚫었는데 어렵지 않았어요. 안정적이지 못해서 시간은 좀 걸렸고, 힘든 작업이었지만 대원들이 잘 해냈습니다."

"물이 내부로 들어가고 있나?" 내가 묻는다.

* 이 차량에는 끝에 플랫폼이 붙어 있는 긴 팔이 달려 있다. 높은 곳에서 물을 뿜어 넣거나, 고층에 갇힌 사람을 구조하는 데 사용하도록 고안된 장비다.

"관창 몇 개를 동원해서 작업하고 있습니다. 지붕을 통해 물을 뿜어 넣고 싶은데 그 정도 양의 물을 확보하지 못한 상태입니다. 현재로는 바람이 동쪽으로 불고 있지 않으니 관창으로 뿜어 넣는 걸로 충분할 수도 있어요."

"바람이 걱정이야." 내가 말한다. "바람이 동쪽, 그러니까 1구역 쪽으로 불고 있어. 차량 정비소가 아주 가깝기 때문에 그 구역을 잃으면 우리도 사면초가야."

조지의 얼굴에서 핏기가 사라진다. 상황이 어떻게 진행될 것인지를 고려하지 않고 있었다는 생각이 들기 시작한 것이다. 지금 당장 어떻게 할 것인지에 너무 집중한 나머지 상황의 잠재적 전개 방향을 생각치 못했다. 그가 위험을 피하려는 성향이 강한 사람이라는 것을 알기 때문에 그가 스스로 결정을 내리고 자신감을 가질 수 있도록 권한을 줄 필요가 있다.

나는 목소리를 좀더 부드럽게 만들어 말한다. "가서 상황을 살펴보고 계획을 세워서 보고해줘. 그쪽에 있는 차량 정비소를 보호해야 할 필요가 있어. 대원들과 관창을 배치하든지 이동식 방수총*을 설치하든지 해야 할 거야. 직접 보고 제일 적절한 대책으로 결정해. 정비소 안에 들어가서 산업용 실린더 같은 게 있으면 모두 꺼

* 호스에 부착할 수 있는 소형 금속 장치로 현장에 설치하면 대원이 잡고 있지 않아도 불길에 물을 계속 분사할 수 있다. 신속한 설치가 가능하며, 대원들이 계속 있기에는 위험한 장소에 사용한다.

내야 해. 안전을 위해서. 나는 물을 더 확보하겠어."

조지가 나를 빤히 바라보고 있다. 불안한 기색이 역력하다.

"조지, 지금 잘하고 있어."

그가 살짝 희미한 미소를 짓는다.

*

우리는 밤새 화재 진압 작업을 했다. 끊임없이 새로운 정보를 찾고, 퍼즐 조각이 더 있는지 모색했다. 춥고, 더럽고, 축축했다. 현장에 나온 모든 사람은 교대자가 올 때까지, 혹은 하던 일을 마무리할 때까지 쉬지 않고 있는 힘을 다해서 매달렸다.

우리는 차량 정비소와 동쪽 건물 거의 모두를 보존하는 데 성공했다. 다행히도 작업장의 상당 부분이 사용 가능할 정도로 보존돼서 그날 밤 많은 사람의 직장을 구할 수 있었다. 빨갛게 부어오른 눈을 하고 있던 그 남자(짐작한 대로 건물 주인이었다)는 자신의 세상이 적어도 완전히 끝나지는 않았다는 소식을 듣자마자 땅에 무릎을 꿇고 주저앉았다.

상황은 훨씬, 훨씬 나빠졌을 수도 있었다. 그날의 성공은 열심히 작업에 매달렸던 대원들의 공이었다. 조지의 공도 빼놓을 수 없다. 그는 엄청난 압박감 속에서도 잘 해냈고, 자기가 편안하게 느끼는 한계 너머까지 자신을 밀어부쳤다. 나는 그가 해낸 일이 너무도 자랑스럽다.

*

이런 식의 퍼즐 맞추기는 삶의 모든 부분에 적용된다. 우리가 살아가며 순간순간 내리는 모든 결정과 행하는 모든 행동은 자신이 어떤 문제를 마주하고 있는지에 대한 이해에 기반하고 있다. 문제를 특정 각도에서 반복적으로 보기 시작하면 그것이 바로 그 사람의 렌즈가 된다. 그 사람이 세상을 이해하는 방법이 되는 것이다.

내게는 이 부분이 중요하다. 내 렌즈는 내가 소방 구조대에 지원하기 훨씬 전에 형성되어 있었다. 십대 중반의 어린 소녀 시절 나는 전적으로 혼자 힘으로 살아남아야 했고, 잠재적 위험에 완전히 무방비 상태였다. 그리고 나는 그 사실을 잘 알고 있었다. 눈 가는 곳마다 위험이 도사리고 있었다. 나 자신의 안전을 확보하려면 모든 것에 주의를 기울여야만 했다. 항상.

딕과의 일만 봐도 그렇듯이, 내가 잠을 자던 버려진 건물에서 밤을 보내는 사람은 나뿐이 아니었다. 매일 밤 나는 잠잘 구석을 정한 다음 창문이나 문 등 근처의 탈출로를 확인하곤 했다. 그리고는 내가 도망칠 때 뒤쫓는 사람의 속도를 늦출 만한 함정도 만들었다. 근처 쓰레기통에서 발견한 페인트 통들을 가져다가 문 근처에 쌓아두고 도망가면서 무너뜨릴 수 있도록 했다. 그리고 도주 경로의 여러 군데에 신문 더미를 쌓아두고 필요하면 뒤에 오는 사람에게 던져서 속도를 늦출 준비도 갖췄다. 그리고 마침내 모든 준비를 마치고 잠이 들 때도 항상 두터운 나무 몽둥이를 옆에 두고 잤다. 만일을 위해 쓸 수 있는 무기였다. 그렇게 하길 잘했다는 생각을 한 적도 여러 번 있었다.

나는 위험한 상황을 가정한 시나리오를 만들고, 마음속 퍼즐 조각을 맞추면서 그런 위험에 대비했다. 모든 위협은 또 하나의 퍼즐 조각이었다. 끔찍한 상황을 예측하고, 그 상황이 어떻게 펼쳐질지를 상상해서 그것을 피할 수 있도록 준비해야만 했다. 누군가가 내게 다가올 때마다 나는 그 사람을 신뢰할지 말지를 결정하지 않으면 안 됐다. 그들이 하는 말이 진실인지, 무슨 의도로 그런 말을 하는지를 판단해야만 했다. 순수한 친절인가, 아니면 나를 낚아서 이용하려고 하는 것인가? 나는 모든 것과 모든 사람에 대해 추정하고 해석하는 법을 배웠다. 항상. 내가 사람들의 마음을 읽는 법을 배운 것은 그때였다. 심리학을 공부하기 훨씬 전이었다.

당시 나는 초긴장 상태를 유지하면서 항상 내 퍼즐 그림에 포함시킬 또다른 조각을 찾기 위해 정신을 바짝 차리고 살았다. 그러고는 그 퍼즐 그림을 시험하고 시험하고 또 시험했다. 내 퍼즐이 대충 어떤 그림인지 파악되면 나는 그것을 바로 분해해서 다시 또 시험했다. 굉장히 중요한 일이었다. 내 안전이 거기에 달려 있었다.

이제는 그때처럼 심하지는 않지만 뼈에 새겨진 버릇은 여태껏 남아 있다. 나는 내가 파악한 그림에 절대 만족하지 않는다. 때로는 이 성향이 소중한 자산이 되기도 한다. 위에 언급한 화재에서도 이 성향 덕분에 나는 조지가 방어적 작전을 채택했을 것이라고 예측했고, 바람의 방향을 살필 생각을 하게 됐다. 그 결과 건물의 많은 부분과 여러 사람의 생계를 구할 수 있었다. 하지만 그 성향이 모든 것을 삼켜버리지 않도록 제어하는 데 의식적인 노력을 기울여야 할 때도 많다. 나는 지금도 모든 것에 대해 너무 생각을 많이 하고 최악의 사태가 벌어질 것이라고 추정하는 경향이 있다. 그런 성향 때문에 나는 필요 이상으로 걱정을 많이 하고 불안해한다.

*

우리는 모두 자기도 모르는 사이에 항상 머릿속에서 퍼즐을 맞춘다. 그 퍼즐은 우리가 하는 모든 결정과 선택의 기초가 된다. 아주 핵심적인 요소인 것이다. 그러나 아무 의심 없이 거기에 100퍼센트 의지하면 퍼즐은 최고의 효과를 내지 못한다.

퍼즐 조각은 우리가 직접 보고, 듣고, 냄새 맡고, 맛봐서 얻는 정보일 수도 있다. 소방관에게는 지붕을 뚫고 넘실거리는 화염, 연기의 색깔, 불이 타면서 내는 탁탁 소리, 검댕이의 맛 등이 그런 정보다. 이런 퍼즐 조각들은 가장 가치 있고, 가장 신뢰도가 높은 정보다. 자신이 직접 상황을 경험하면서 얻은 것이기 때문에 가장 신뢰할 수 있다. 이 때문에 내가 불타는 건물에 직접 가서 연기 냄새를 맡고 열기를 느껴보겠다고 고집했던 것이다. 그러나 이렇게 확고하고 의문의 여지가 없는 퍼즐 조각을 충분히 쥐게 되는 경우는 절대 없다. 100조각짜리 퍼즐이라면 이런 조각은 10개 정도에 불과하다.

따라서 나는 다른 사람들에게서 얻은 정보에도 의지한다. 그러나 그런 정보는 항상 신뢰할 수 있는 것이 아니다. 제임스와 조지가 좋은 예다. 만일 제임스가 포트컬리스 하우스 화재가 테러 사건이라고 내게 보고한다면 나는 그것을 액면 그대로 받아들여야 할까? 내가 직접 정보를 취합하겠다고 고집하지 않고 조지의 방어적 접근법을 받아들였다면 그날 일은 어떤 식으로 진행되었을까? 퍼즐을 맞춰가면서 나는 다른 사람들에게서 얻은 조각도 계속 끼워나간다. 다른 사람들의 해석을 내 나름대로 해석해서 얻은 이 조각들은 그림이 조금 더 희미하다. 나는 그 조각들에 대한 확신이 덜하기 때문에 상황이 진행되면서 계속 의문을 던진다. 그 조각들은 아직도 말이 되는가? 다른 조각들과 잘 맞는가? 퍼즐 조각의 일부가 잘못된 것인가, 아니면 내가 그리는 전체 그림이 잘못된 것인가?

다른 사람보다 더 신뢰할 만한 조각들을 건네는 사람들이 있다.

신뢰성 있는, 편견이 들어가지 않은 정보를 모아서 끊임없이 확인을 거듭하는 사람들이라는 것을 내가 알고 있기 때문이다. 그러나 동시에 나는 그들이 인간이라는 사실도 알고 있다. 그래서 그 순간 그들이 상황에 어떻게 반응하고 있는지를 보고 그들의 정보에 대한 판단을 내린다. 미세 표정, 보디랭귀지, 말하는 내용뿐 아니라 말하는 어투까지도 놓쳐서는 안 된다. 모두 사건 때문에 받는 압박감을 어떻게 이겨내고 있는지 알려주는 단서들이다.

직접적으로, 간접적으로 얻은 정보를 모두 짜맞춰도 퍼즐 그림에는 아직 빈 곳이 많다. 그런데 인간의 두뇌는 빈 곳을 그대로 두는 것을 좋아하지 않기 때문에 뇌가 스스로 그 빈 곳을 채워버리는 경우가 많다. 당장 손에 쥐고 있는 정보가 아니라 머릿속에 저장해놓은 정보를 사용하는 것이다. 심적 모형이다. 그것은 비슷한 사건에 대한 지식, 과거의 훈련, 심지어 비슷한 경험에 대한 기억일 수도 있다. 그런 여러 정보를 이용해서 우리의 뇌는 진공 상태를 채우고 그림을 완성한다.

이는 매우 효과적일 수도 있다. 그러나 항상 그런 것은 아니다.

심적 모형이 직접적 경험이나 신뢰할 수 있는 정보에 기초해 만들어질 때도 있다. 그러나 그런 정보가 없는 경우, 뇌는 추정으로 빈 곳을 메꾼다. 자기가 대면했다고 '생각'하는 것에 부합하는 추정들이다. 화재가 난 집에 들어가서 유모차를 발견한 나는 집 안에 아기가 있을 것이라 추정했다. 그것은 내가 직접 밝혀낸 정보가 아니다. 아기를 직접 보거나 아기 울음소리를 들은 것도 아니다. 집 안에 아기가 있다는 이야기를 누군가에게서 들은 것도 아니다. 그러나 나는 단서 하나를 발견했고, 그 단서는 한 개의 퍼즐 조각이 되었다. 물론 그 조각은 전체 퍼즐에 맞지 않는 잘못된 조각이었다.

이렇게 말은 했지만, 예측 불허로 정신없이 돌아가는 상황에서 신뢰할 만한 정보를 기다리다가 행동할 기회를 놓쳐 인명을 잃는 경우도 있다.

내가 어려워하는 경우는 나 자신의 상황 인식에 의존해서 얻은 퍼즐 조각 한두 개 말고는 다른 정보가 없을 때다. 그런 경우 정확한 퍼즐 그림을 만들어내는 것은 사고 현장에 나가 있어도 힘들다. 하물며 그런 일을 원격으로 해야 할 때도 많았다.

웨스트민스터 테러 사건, 핀즈버리 공원 테러 사건 등을 포함한 몇몇 굵직굵직한 사건이 터졌을 때 나는 사건이 일어난 장소에서 멀리 떨어진 곳에서 상황 조정실*을 이끌었다. 확고한 정보를 현장에서 직접 얻는 사치를 누릴 수 없는 위치였다. 나는 이와 비슷한 대규모 재난의 상황 조정실을 수도 없이 접해봤다. 작전의 진행에 참여하기도 하고, 영국 전역을 돌아다니며 연구를 한 덕분

* 재난의 규모가 너무 크거나 상황이 너무 복잡할 경우 현장 지원에 다른 층위를 더해야 할 때가 있다. 상황 조정실은 작전 현장에 자원이 알맞게 공급되고, 정보와 물류의 흐름이 적절히 유지되도록 하는 역할을 한다.

이기도 하다. 대규모 재난의 상황 조정실에서는 항상 국가 전체나 도시 전체를 고려해야 한다. 또한 지휘관이 재난 현장에 반드시 있을 필요는 없지만, 현장의 상황을 이해해서 사건 전개를 예측하고 인력, 자원, 정보 등을 거기에 맞게 배치해야 한다. 이에 더해 또다른 사건이 터질 경우를 대비해 도시 전체에 걸쳐 소방 구조 서비스가 마비되지 않도록 유지할 필요도 있다.

현장에서 얻는 정보를 바탕으로 한 명확한 그림 없이 이런 임무를 수행하기란 매우 어렵다. 현장에서 멀리 떨어져 있으면 감각에 의존할 수 없다. 경찰 헬기에서 보내는 동영상을 실황으로 볼 수 있는 경우도 있지만 상세 정보는 전혀 없다. CCTV 영상을 참고할 수도 있지만 이 경우도 상세 정보는 없다. 생방송 뉴스를 통해 현장 광경을 텔레비전으로 볼 수도 있지만 사건을 직접 경험하는 것과는 다르다.

상황 조정실에서 우리는 사건이 터진 순간부터 소셜미디어를 통해 사진과 동영상을 포함한 막대한 양의 정보를 받는다. 파리 바타클랑 극장 테러 현장의 잊히지 않는 사진들이 그 예다. 그 끔찍한 사건이 진행되는 동안 나도 다른 사람들과 마찬가지로 뉴스와 소셜미디어를 통해 전 세계적으로 실시간에 공유된 그 이미지들을 지켜봤다.

수백 마일이 떨어진 곳에서 벌어진 일이었지만 사진만 봐도 공격의 규모와 엄청난 인명 피해를 짐작할 수 있었다. 특히 동영상은 내가 사건 한가운데 있는 것처럼 느끼게 해주기에 충분했다. 사람들이 도망치고, 두려워하고, 피를 흘리고, 친구와 사랑하는 사람들을 놓치지 않기 위해 절박하게 서로에게 매달리는 모습을 보면서 우리도 그 사건의 공포를 함께 느끼고, 듣고, 지켜보았다. 그리고 모두 구조대가 감당해야 할 엄청난 감정적 압박감을 함께 느꼈다. 그런 상황에서 의사 결정을 해야 하는 사람들이 받았을 스트레스는 감히 상상할 수도 없다.

원거리 의사 결정자로서 나를 항상 걱정시키는 것은 그 이미지들의 신뢰도다. 보이는 이미지 모두를 퍼즐 맞추는 데 사용할 수는 없다. 그 영상을 언제 어디서 찍었는지도 알 수 없고, 업로드 되는 시간도 제각각이어서 몇 분 후 정도면 다행이고, 많은 경우 몇 시간, 며칠 후에 업로드 되기도 한다.

세세한 정보가 거의 없기 때문에, 상황 조정실에서 얻는 대부분의 정보는 다른 사람을 통해 얻게 된다. 현장에서 들어오는 최신 상황 보고, 전략 조정 그룹*의 지휘관들로부터 들어오는 최신 상황 보고 등이 그 예다. 다른 기관들로부터 들어오는 소식도 포함된다. 이 모든 정보의 공통점은 다른 사람들을 통해 얻은 것이라

* 각 기관의 '전략 담당 지휘관strategic commander'(골드 커맨더gold commander라고 부르기도 한다)은 사건에 대응하기 위한 전략을 만들어낼 책임이 있다. 각 전략 담당 지휘관은 자기가 맡은 기관의 자원을 운용할 권한이 있지만, 실제 실행에 옮기는 데 필요한 결정은 전술 담당 지휘관들에게 위임한다. 각 기관 전략 담당 지휘관들의 모임을 '전략 조정 그룹Strategic Coordinating Group, SCG'이라 부른다.

는 점이다. 잘해야 희미한 퍼즐 조각일 뿐이다.

중요한 것은 모든 사람들(상황 조정실에서 일하는 사람들뿐 아니라 현장에서 일하는 이들, 전략 조정 그룹의 지휘관들 모두)이 같은 퍼즐 그림을 기반으로 일해야 한다는 것이다. 각각의 조각들뿐만 아니라 전체 그림도 일치해야 한다. 말로 하기는 쉽지만 실제로는 훨씬 어려운 일이다. 같은 것을 봐도 저마다 자신의 경험과 훈련, 지식의 렌즈를 통해 받아들인다. 게다가 우리는 모두 자기 나름의 추정을 한다. 그렇기 때문에 비슷한 정보를 접해도 전혀 다른 그림이 나올 수 있다.

아이 두 명에게 똑같은 레고 블록을 한 상자씩 준다고 상상해 보자. 두 아이는 처음에 주어진 지시 사항과 상관없이 각자 다른 방법으로 블록을 맞출 것이고, 따라서 결과물도 많이 다를 것이다. 이와 비슷하게, 지휘관들이 같은 퍼즐 조각들을 가지고 있어도 완전히 다른 그림으로 맞춰나가면 아무 소용이 없다.

이런 위험을 최소화하는 방법이 있다. 나는 상황 조정실이 현장이 아닌 곳에서 일하는 사람들에게 정보를 공급하는 유일한 창구 역할을 하도록 한다. 그렇게 해야 현장에서 일하는 팀이 멀리서 일하는 여러 팀들로부터 오는 끊임없는 정보 요청에 시달리지 않고, 모두가 같은 그림을 가지고 일할 수 있다. 그러나 이 시스템의 단점은 상황 조정실에서 잘못된 그림을 그리면 모두가 잘못된 그림을 가지고 일하게 된다는 사실이다. 바로 이 때문에 사건이 진행되는 동안 주기적으로 상황 조정실의 모든 활동과 소통을 멈추고 관련자들 모두에게서 최신 상황을 보고 받아 퍼즐의 그림을 거기에 맞춰 조정하는 것이 매우 중요하다.

이 방법에 동의하지 않는 지휘관들도 있다. 자기가 가진 퍼즐 그림을 다른 사람들에게 알리지 않고 다른 팀에게는 꼭 필요할 때, 꼭 필요한 정보만 주는 지휘관들도 있다. 그렇게 하면 모든 것을 직접 제어할 수 있고, 다른 누구도 나름의 추정을 할 만큼 충분한 정보를 가지지 못한다. 그들은 이것이 여러 버전의 진실이 만들어지는 것을 막는 방법이라고 주장한다. 개인적으로 나는 모든 사람이 자신의 역할이 큰 그림에 어떤 영향을 끼칠지를 이해해야 할 필요가 있다고 굳게 믿는다. 정보를 공유하는 것은 쓸데없는 시간 낭비가 아니다. 핵심적인 일이다.

잘 알려지지 않은 소규모 사건들도 텔레비전에 나오고 자원이 많이 들어가는 대규모 사건만큼 어려워질 수 있다. 예를 들어, 통근 기차 노선이나 주요 지하철역에 화재가 발생하면 소방관이 교대 근무를 하러 현장에 가는 것이 힘들어질 수도 있다. 그리고 인력이 부족하면 소방차를 운용할 수가 없다. 그럴 때는 대책을 마련해서 그런 문제를 미연에 방지함으로써 소방 구조 작업이 계속될 수 있도록 해야 한다. 불은 불편하다고 꺼지지 않는다. 우리도 불편하다고 화재 진압을 그만 할 수 없다.

코벨사 화재나 대형 사건이나 모두 고도의 상황 인식력이 필요하다는 사실은 다르지 않다. 머릿속에서 맞춰나가는 퍼즐 그림은 '지금, 여기'의 상황을 분석하는 데 그치지 않고 미래 상황까지 예측할 수 있어야만 한다. 화재 진압에 나선 지휘관들이 일해야 하는 환경은 역동적이고, 번개처럼 빠르게 변화하며, 압박감이 크기 때문에 미래를 예측할 정도의 여유를 확보하는 것이 쉽지만은 않다. 특히 초동 대응에 나선 지휘관들(1장에서 만난 내 남편 마이크 같은 당직팀 지휘관들)은 현장에 맨 먼저 도착해서 할 일은 많고, 시간은 없기 때문에 더욱 그렇다.

주택 화재 현장에 도착했다고 상상해보자. 창문마다 문 열린 용광로처럼 불길이 넘실거리고 틈새란 틈새는 모두 시꺼먼 연기를 맹렬하게 뿜어내고 있다. 모든 사람이 무슨 조처를 좀 취하라고 당신한테 외치고 있고, 집 안에 사람이 갇혀 있다고 아우성을 친다. 모든 사람이 당신은 무슨 일을 어떻게 해야 할지 알고 있을 것이라고 믿는다. 그리고 거기에는 글자 그대로 자신의 목숨을 당신에게 맡길 정도로 당신을 신뢰하는 대원들도 포함되어 있다.

빨리 조처를 취해야 한다. 즉각적으로 반응하고, 상황이 새롭게 전개될 때마다 그 새로운 위기에 주의를 돌린다. 나는 이런 시나리오를 연구한다. 지휘관들이 새로운 문제에 어떻게 반응하는지를 관찰하고, 그들의 생각을 해체하고, 상황 인식력을 평가한다. 그 결과 지휘관들, 특히 초동 대응 지휘관들이 내리는 의사 결정들은 불완전한 상태의 그림과 매우 단순한 수준의 상황 인식을 바탕으로 이루어지는 경우가 많다는 사실을 발견했다. 그들은 '지금, 여기'에서 벌어지는 일들을 처리하는 데 바빠서 미래를 생각할 만한 시간이나 여유가 없다.

그 결과 다음 순간에 무슨 일이 벌어질지 예측하지 못하는 것이다. 나는 그들이 퍼즐 조각 하나하나가 손에 들어올 때마다 그 조각 자체에 대응하는 데 바빠서 큰 퍼즐 안에서 그 조각이 어디에 어떤 의미로 들어가지를 생각하지 못한다는 사실을 발견했다.

충분히 이해가 되는 현상이다. 건물이 화염을 토해내고 있지 않은가. 이렇게 극도로 어려운 상황에서 젖 먹던 힘까지 짜내서 최선을 다하고 있는 것이다. 다시, 또다시 최선을 다해서 지시 사항을 외친다. 그러나 사건에 이런 방식으로 대응하는 일이 거듭될수록 점점 더 그렇게 행동하는 것이 몸에 밴다. 승진해서 계급이 올라가는 동안에도 '지금, 여기'에 집중해서 대응하는 방식이 몸에 배어서 자신의 상황 인식력을 향상시킬 수 있는 새로운 방법을 배우는 것이 어려워진다. 심지어 일하는 환경이 변화해도 너무 쉽게 자신에게 익숙한 방식으로 돌아가 버리기 일쑤다.

나는 지휘관들이 상황 인식력을 성공적으로 향상시키는 데 도움이 될 기법을 개발하고 싶었다. 롭 허니 교수와 나는 사건 총지휘관들을 다양한 환경에서 시험하면서, 결정을 내리려고 하는 순간에 어떤 상황을 예측하면서 그 결정을 내리는지를 의식적으로 검토해보도록 독려했다. 예를 들어 화재를 진압하거나 아이를 구출할 때, 상황이 앞으로 어떻게 펼쳐질지 예측하도록 했다. 말로 듣기는 비교적 단순해 보이지만, 실제로는 연습을 통해 기술을 연마해야 가능한 일이다. 본질적으로 이 기법은 잠재의식을 의식적으로 검토하고, 추정과 직감에 의문을 던질 수 있는 매우 효과적인 방법이다. 우리는 이 방법을 사용해서 상황 인식력을 극적으로 향상시킬 수 있다는 것을 증명하는 논문을 발표했다. 앞일을 예측해보도록 자기 자신을 의식적으로 자극하는 것만으로도 이런 결과를 얻을 수 있었던 것이다.

이 방법으로 효과를 볼 수 있는 사람들은 비단 소방 지휘관들뿐이 아니다. 압박감이 큰 와중에 급속도로 상황이 변화하는 환경에서 결정을 내려야 하는 다른 분야에도 똑같이 적용할 수 있다. 수술실을 예로 들어보자. 수술실에서는 확신을 가지고 빠르게 결정을 내려야 하지만 필요한 정보를 모두 가지고 있지 않는 경우가 많다. 외과 의사들은 이렇게 빠른 결정을 내려야 할 때 직관에 의지하는 성향이 높다는 연구 결과가 있다. 소방 지휘관들과 마찬가지다. 우리가 개발한 기법을 사용하면 외과 의사들도 자신의 추정에 의식적으로 도전해서 환자의 안전에 만전을 기할 수 있다. 현재 나와 롭 허니 교수는 카디프 의과대학교 연구팀과 함께 이 기법과 기타 요인들을 의료 부문에 실질적으로 적용하는 문제를 탐색하고 있다.

이 방법은 일상생활에도 적용할 수 있다. 우리가 파급 효과에 대해서 전혀 생각지 않고 '지금, 여기'에만 집중해서 결정을 하는 경우가 얼마나 많은가? 더 큰 그림이나 영향은 생각지 않고 어떤 생각이 좋은 아이디어라고 추정해버린 적이 얼마나 많은가? 나는 케이크 한 조각을 접시에 더 담으면서 다이어트 결심을 천 번째 깨뜨리려는 순간 이 기법을 사용하는 나 자신을 발견하곤 한다. 케이크 한 조각 더 먹는다고 얼마나 살이 찌겠나? 흠, 한 조각에 들어 있는 900칼로리의 열량을 다 태우려면 16킬로미터를 넘게 뛰어야 한다. 거기까지 생각이 미치면 갑자기 그 케이크 한 조각을 먹어서 뭐하겠나 하는 생각이 들고 만다!

따뜻한 잠자리에 조금만 더 누워 있고 싶다는 유혹을 이기고 벌떡 일어나 운동을 하라고 나 자신을 설득할 때도 이 기법을 쓴다. 달리기를 하고 나면 하루 종일 얼마나 기분이 더 좋을지, 그에 비해 아침 내내 잠옷 바람으로 게으름을 피우면 얼마나 멍한 느낌이 들지를 생각하는 것이다.

솔직히 고백을 하자면 그 기법이 잘 먹히지 않을 때도 있다. 포도주를 한 잔 더 마시자는 유혹을 거부하고 제때 펍에서 나올 기회를 놓치는 경우가 그 좋은 예다. 물론 성공적으로 그 기법을 사용하기에는 이미 마신 술이 너무 많긴 했다!

하지만 이 기법을 적용하기 시작하면 가능성은 무한하다. 지금 장을 보러 나설 것이냐, 나중에 갈 것이냐. 지금 텔레비전을 보면서 멍하니 앉아 있는 것이 너무도 편하지만 오늘 저녁에 미리 애들 학교 준비물을 챙겨둘 것이냐, 내일 아침에 바삐 서두르다 온 가족이 폭발하도록 할 것이냐. 누구나 결정을 내리기 전에 자신이 맞춘 퍼즐 그림, 즉 상황 인식력을 향상시키면 혜택을 누릴 수 있다. 자기 자신을 설득할 수 있을지도 모르는 것이다.

THE HEAT OF THE MOMENT

5장
자신의 직감을 믿어라

"직관적인 사고는 신의 선물이고, 이성적인 사고는 충실한 종이다. 우리는 충실한 종은 공경하고 신이 준 선물은 망각한 사회를 만들고 말았다."

-밥 샘플스Bob Samples

우리는 날마다 수백 개의 결정을 하면서 산다. 결혼 혹은 이혼을 할까, 어디에서 살까, 아이 이름은 무엇을 할까 등의 큰 결정도 있고, 점심은 뭘 먹을까, 오늘은 무슨 옷을 입을까 등의 작은 결정도 있다. 모든 결정과 그로 인해 취하는 모든 행동에는 반응이 따른다. 모든 선택에는 결과가 수반된다.

내가 하는 일에서 그 결과는 사람이 죽느냐 사느냐의 차이로 나타나기도 한다. 누군가가 그날 여느 때처럼 집에 가느냐, 구급차에 실려 병원으로 향하느냐의 차이가 되기도 한다. 누군가가 "방금 무슨 일이 있었는지 알아?"라는 전화를 받느냐, "지금 당장 병원으로 와주셔야겠습니다"라는 전화를 받느냐의 차이가 될 수도 있다.

그렇다면 우리는 어떻게 결정을 내릴까? 우리의 행동을 이끄는 것은 무엇일까, 우리가 내린 결정은 사실과 증거에 기반한 계산된 결정일까, 아니면 직감에 의존한 본능적 반응일까? 이것이 바로 내가 천착한 질문들이다. 우리는 어떻게(뇌 속에 자리한 세포 덩어리와 전기 자극들을 사용해서) 주변 환경을 이해하고, 자신의 느낌을 해석해서, 최종적으로는 반응을 하는 것일까? 많은 것이 걸린, 긴급하고 압박감이 큰 순간에 위험을 고려한 의사 결정이 어떻게 내려지는지를 이해한 후에야 더 적절한 결정을 내리는 방법을 배울 수 있다. 이것은 내가 오랫동안 가져온 신념이다.

그야말로 단순한 선택을 할 때마저도 상황에 따라 우리의 반응이 달라진다. 이것을 나는 경험을 통해 알고 있다. 누군가가 내린 결정을 비판하기 전에 그들이 그 결정을 내렸던 순간의 상황을 고려해야 한다. 나라면 그 상황에서 어떻게 반응했을까? 일이 다 끝난 다음에야 얻을 수 있는 교훈과 정보가 없는 상황에서, 나라면 어떤 결정을 내렸을까? 내가 그 상황이었다면 치밀한 계산과 분석을 바탕으로 반응했을까, 아니면 직감을 믿었을까?

*

키 크고 아름다운 침엽수들이 나란히 늘어서 있는 탁 트인 길은 평화롭고, 평온해보인다. 푸르른 가지가 미풍에 흔들리고, 나뭇잎 사이로 비치는 햇빛이 길에 아름다운 무늬를 만든다. 엽서에 나올 만한 풍경이다.

그러나 나는 산길을 시속 100킬로미터로 질주하는 소방차 앞자리에 앉아 이 광경을 보고 있다. 엔진은 고함을 치듯 돌아가고, 차 안은 긴장감이 가득하다. 평온한 바깥 풍경은 우리 마음을 진정시키기에 태부족이다.

우리는 지금 차량 여러 대가 충돌한 교통사고 현장으로 출동하는 중이다. 현장에 있던 사람이 신고 전화를 했지만, 그 사람은 다른 정보를 거의 주지 못했다. 매우 놀랐을 것이다. 어쩌면 사고를 당한 사람 중의 하나일 수도 있고, 부상을 당했을 수도 있다. 너무 놀라서 아드레날린이 치솟고, 자기 심장이 뛰는 소리에 귀가 먹먹한 상태에서 차분하게 정확한 정보를 전달하기란 쉬운 일이 아니다. 그러나 우리는 그 사람이 준 정보에 전적으로 의존하고 있다.

우리 말고 소방차 한 대가 현장으로 더 오기로 되어 있지만, 우리보다 적어도 15분은 늦을 것이다. 이곳은 내 초기 근무지들 중 하나다. 소방관으로 일한 지 6년 차인 나는 하급 간부인 당직팀 지휘관으로 일하고 있다. 사고 현장에 도착하면 지휘관 역할을 해야만 한다. 내 손에는 퍼즐 조각이 몇 개 없다. 알고 있는 사실은 사람들이 갇혔다는 것(생명을 위협하는 심한 부상을 입었을 가능성도 있다), 그리고 사고 지점이 이 길을 따라갈 때 나오는 어딘가라는 것뿐이다.

우리는 주어진 상황에서 최선을 다할 것이다. 나는 이 지역 출신이 아니고 이 소방서에는 최근에 부임했지만, 다른 대원들은 이 지역을 잘 안다.

나는 차 뒤쪽으로 고개를 돌리고 말한다.

"이 길이 얼마나 계속되는지 아는 사람 있어?" 길을 잘못 들었을까 걱정이 돼서다.

"장난 전화였을 수도 있어요, 대장." 알렉스가 대답한다.

"아닌 거 같아. 예감이 좋지 않아." 내가 답한다. 나는 이것이 심각한 사고라는 것을 직관적으로 감지한다. 나와 우리 팀에게 큰 도전이 될 사건. 그때까지 경험한 수많은 다중 추돌 사고 현장을 통해서 나는 충돌이 일어날 때 자동차는 승객을 전혀 배려하지 않는다는 사실을 알고 있었다.

무전기로 상황실을 불러내서 정보를 확인하려는 찰나 차가 가파르게 우회전을 한다.

"멈춰!" 내가 외친다. 차가 끼익 소리를 내며 멈춘다. 익숙하면서도 절망적인 광경이 우리를 맞는다. 우리 앞에 펼쳐진 처참한 광경을 보니 순간적으로 심장이 멎는 듯하다. 우리 차는 첫 번째 사고 차량에서 불과 몇 미터 떨어진 곳에서 멈췄다.

도로 양방향에 차들이 엉킨 채 널브러져 있다. 부상당한 사람 여러 명이 엉망진창이 된 몸으로 아스팔트 위에 누워 있다. 사고 차량에서 기어나왔거나 충돌하면서 튕겨져 나온 사람들일 것이다. 우리 차의 문과 창문이 다 닫혀 있는데도 끙끙거리는 신음과 찢는 듯한 비명이 들려온다. 상실의 고통이 귀를 먹먹하게 할 정도다.

나는 문손잡이로 손을 뻗으며 팀원들에게 가장 급한 문제를 해결하기 위한 임무를 나눠준다. "알렉스, 톰, 장비를 꺼내. 샌디, 외상 처치용 키트를 맡고, 부상자들을 파악해. 부상자 수와 위치, 부상 정도를 파악해서 보고하도록. 그림스는 간이호스를 내리고, 자동차 배터리를 분리해.* 그리고 두 번째 구급차 도착 예정 시간을 확인해줘. 자, 모두 무전기 켜서 1번 채널로 맞추고. 빨리빨리!"

나는 부츠 신은 발로 쿵 소리를 내며 차에서 내리고 문을 쾅 닫는다. 헬멧을 쓰면서 눈으로 현장을 한 번 훑는다. 효과적인 대응 전략을 마련하려면 사고의 규모를 제대로 이해해야 한다.

두 대의 자동차가 한 덩어리로 엉켜 있는 곳에 눈이 머무른다. 너무 심하게 부서져서 어디에서 첫 번째 차가 끝나고 어디에서 두 번째 차가 시작되는지를 분간하기 힘들다. 날카로운 쇳조각과 봉들이 삐죽거리며 튀어나와 있다. 한때 유리창이었을 공간 너머 대시보드에 피로 엉킨 머리카락이 주인을 잃고 흩어져 있는 것이 보인다. 이 정도의 충돌로 살아남을 사람은 아무도 없다는 확신과 함께 다음 차량으로 눈을 돌린다.

* 배터리를 분리하면 배터리 스파크로 인해 화재가 발생할 가능성을 제거할 수 있다. 간이호스는 화재가 발생할 경우를 대비해서 준비한다.

나는 길을 건너서 옆으로 전복된 채 누워 있는 초록색 해치백 차량으로 다가간다. 샌디가 깨진 창문을 통해 안에 갇힌 사람에게 몇 명이 갇혀 있는지, 부상 정도는 어떤지를 묻고 있다. 이 구역은 샌디가 잘 대응하고 있다. 나는 사고 현장의 가장자리 쪽으로 걸어가면서 퍼즐을 계속 맞춰나간다. 운용할 수 있는 자원이 제한적이므로 나는 어떤 사고 차량, 어떤 부상자, 어떤 생명을 우선적으로 구조해야 할지를 결정해야 한다.

네 번째 차량이 보인다. 흰색 SUV가 도랑에 코를 들이박고 있다. 키가 크고 옷을 잘 차려입은 여성이 길 옆에 서 있다. 무릎까지 오는 베이지색 코트 오른쪽 자락이 피에 젖어 있다. 피가 많이 묻었는데 그 여성의 피는 아닌 듯하다. 그녀는 팔로 미친 듯이 차를 가리키면서 한 남자의 이름을 외쳐대고 있다. 너무 절박하고 놀란 상태에다, 공포로 인해 실성 직전이다. 그리고 그녀의 감정 상태는 차 안에 갇힌 사람들과 부상당한 사람들에게 퍼져 나가고 있다. 공황이라는 감정이 공기를 타고 전기처럼 전파된다.

현재 나와 동행한 4명의 대원이 4대의 차량과 약 10명의 사람들을 돌보고 있다. 충분치가 않다. 나는 그녀의 상황에 너무 깊이 말려드는 것을 피해야 한다. 그래야만 현장의 문제를 해결하는 지휘관의 역할을 해낼 수 있다. 나는 충격으로 넋이 나간 채 길 가장자리에 앉아 있는 젊은이에게 묻는다.

"괜찮습니까?"

그가 고개를 끄덕인다.

"다친 데 있어요?"

이번에는 고개를 저으며 그가 답한다. "아니요, 저는 사고 난 차에 타고 있지 않았어요. 사고 난 차들 바로 뒤에 있었어요. 신고한 사람이 바로 접니다." 몸집이 작은 그는 삼십대 후반 정도로 보인다. 흰머리가 나기 시작하고 사람을 꿰뚫는 듯한 맑고 푸른 눈을 가진 사람이다.

"저 좀 도와줄 수 있으세요?" 내가 묻는다.

그는 고개를 들고 나를 보면서 열성적으로 고개를 끄덕인다. 이런 상황이 되면 대부분의 사람이 그저 조금이라도 도움이 되기를 원한다. 어떨 때는 돕고자 하는 열망과 아드레날린으로 가득 찬 너무 열성적인 구경꾼들이 구조 작업에 방해가 될 때도 있다. 아무 도움도 되지 않고 혼란만 가중시키는 경우다. 그러나 기질이 맞는 구경꾼이라면 큰 도움이 될 수도 있다.

"성함이 어떻게 되세요?" 내가 묻는다.

"존이에요." 그가 대답한다.

"좋아요, 존. 저기 저 여자분 좀 도와줄 수 있어요? 굉장히 당황한 상태인데 좀 안정시켜야 할 필요가 있어요. 할 수 있겠어요?" 내가 묻는다.

"한번 해보죠." 그가 대답한다.

나는 존과 함께 그 여자에게 다가가서 우리를 소개한다. 존은 곧바로 그 여자를 두 팔로 꼭 껴안는다. 존은 얼마간의 불안감, 두려움을 안고 감정적인 상처를 받은 상태로 이 사건 현장에서 떠나버릴 수도 있었다. 그러나 공황 상태에 빠진 이 여자의 감정을 나눠 가짐으로써 훨씬 더 치열한 경험을 하게 됐다. 두 사람 모두 이 일을 잊지 못할 것이다. 하지만 다른 방법이 없다.

나는 숨을 한 번 크게 들이쉰 후 다음 일로 주의를 옮긴다.

우리는 '골든아워' 원칙에 따라 일을 하고 있다. 사고가 일어난 후 한 시간 이내에 모든 부상자들이 병원에 이송되도록 조치하는 것이 이상적이다. 응급 처치는 첫 한 시간 이내에 하는 것이 가장 효과적인데, 이미 사고가 일어난 지 15분이나 지났다. 가장 가까운 병원까지 15분 거리이므로, 30분 이내에 아직 살아 있는 사람들을 차의 잔해에서 꺼내 구급차에 실어야 한다. 시간이 없다.

나는 다른 팀원들이 장비를 준비하는 사이 샌디를 손짓으로 부른다.

사고가 난 차량이 4대라는 것은 이미 알고 있다. 서둘러 다가온 샌디는 엉켜 있는 차량 두 대에는 생존자가 한 명도 없다는 사실을 확인해준다. 세 번째 차량(옆으로 누워 있는 차)에는 다섯 명이 타고 있었다. 두 사람은 충돌 시 창문을 뚫고 튕겨져 나와 부상당한 채 길에 누워 있다. 또 한 사람은 차 뒷좌석에 의식을 잃고 쓰러져 있고, 운전자는 갇혀 있지만 의식이 있고 숨을 쉬고 있다. 조수석에 앉아 있던 사람은 우리가 도착하기 전에 차에서 빠져나와,

길 위에 내팽개쳐진 두 사람을 돌보고 있다.

"부상이 얼마나 심하지?" 내가 묻는다.

"네 명은 중상이지만 안정적인 상태입니다. 뒷자리에 있는 의식불명의 남자가 걱정이에요. 호흡이 힘들어 보이는데 기도가 확보되었는지 확인하지 못했습니다."

"도랑에 빠진 차는?" 내가 계속해서 묻는다.

"여자는 빠져나왔지만 남편은 아직 안에 있고, 뒷자리에 아이 둘이 갇혀 있습니다."

"그리고?"

샌디가 고개를 젓는다. "남편은 죽었습니다."

"확실해?"

샌디가 고개를 끄덕인다. "100퍼센트 확실합니다. 담장 기둥이 관통했어요."

"아이들은?"

"둘 다 의식이 있고 숨을 쉬고 있습니다. 하지만 너무 조용한 게 마음에 걸려요. 쇼크 때문일 수도 있지만, 얼른 차에서 꺼내야 확실히 알 것 같습니다."

본능적으로 아이들을 구조하는 것을 우선으로 해야 한다는 생각이 든다. 죽은 아빠의 시체가 있는 차 안에 겁에 질린 채 갇혀 있던 경험으로 어린 시절의 기억을 얼룩지게 할 수는 없는 노릇이다. 그러나 아이들을 구조하려면 차의 지붕을 절단해야 한다. 게

다가 가장 중상을 입은 사람부터 구조하는 것이 우선인데, 차 두 대에서 동시에 구조 작업을 할 만한 인력이 없다. 차분히 앉아서 공책에 가능한 모든 전략의 장점과 단점을 써가며 분석할 수 있다면 최선의 결론을 내릴 수 있을지도 모른다. 하지만 우리가 일해야 하는 환경은 그런 이상적인 상황과는 거리가 멀다. 본능적으로 대응해야 하고, 내 직관을 믿어야 한다. 아직은 아이들에게 우선권을 줄 수가 없는 상황이라는 것을 나는 이미 알고 있다.

"좋아." 나는 알렉스와 톰도 들을 수 있도록 큰 소리로 말한다. "잘 들어. 해치백 차량 구조부터 시작한다. 가능한 한 빨리 뒷좌석에 갇힌 남성부터 구조하자."

알렉스와 톰은 차가 움직이지 않도록 하는 작업을 시작한다.* 차량이 현재 옆으로 누운 상태이므로 지붕을 위에서 아래로 깡통 뚜껑을 열듯 접어 내려서 큰 구멍을 만들어야 한다.

"샌디가 안으로 들어가." 내가 샌디에게 말한다. 누군가가 차 안에 들어가 절단기의 강력한 톱니에 부상자들이 다치지 않도록 보호해야 한다. 차량을 절단하는 동안 샌디는 특수 플라스틱 방패로 쇳조각과 유리조각이 부상자들에게 튀지 않도록 막을 것이다.

소방차 운전을 담당하는 무뚝뚝한 소방관 그림스가 구급차는 5분 후, 충원 인력은 10분 후에 도착할 예정이라고 확인한다. 규칙

* 이 작업은 매우 중요하다. 척추 손상 환자가 있을 경우 몇 밀리미터만 움직여도 영구적인 신경 손상을 초래할 수 있기 때문이다.

대로라면 그럼스는 소방차 옆을 지키면서 장비를 준비하고 무전 통신을 담당해야 한다. 그러나 아버지의 시체와 함께 차 안에 갇힌 두 아이가 있다. 다음 우선순위는 아이들이다. 아이들이 부상을 당했는지 여부는 모르지만 심리적 상처도 그만큼 중요하다.

"그럼스. 아이들이 있는 차를 맡아. 아이들 상태를 지켜보면서 차 절단 준비를 하도록. 상황이 나빠지는 징후가 보이면 바로 알려줘."

존이 여전히 아이들의 엄마와 함께 서 있다. 우리가 조치를 취하는 모습이 그가 아이들의 엄마를 안정시키는 데 도움이 되길 바라본다.

나는 무전기로 무슨 소식이 들어오는지에 귀를 기울이는 동시에 사고 현장 전체를 볼 수 있도록 소방차 가까이에 자리 잡는다. 알렉스와 톰이 해치백 차량의 지붕을 절단하기 시작하면서 쇠가 깎이는 소리가 비명처럼 공기 중으로 울려 퍼진다. 진척이 되고 있다. 차에서 튕겨져 나와 도로에 누워 있는 부상자가 고통을 호소하고 있지만 상태는 안정적이다. 상황은 통제되고 있다.

위급하지 않은 부상자들을 돌볼 부상자 1차 처리 구역을 조성해야 한다.

초록색 해치백 차량이 살짝 흔들린다. 나는 대원들에게 소리쳐서 절단 작업을 멈추고 차체가 움직이지 않게 하라고 지시한다. 그들을 돕기 위해 그쪽으로 가다가 반가운 사이렌 소리에 정신이 팔린다.

구급차가 도착한다. 다른 계획을 잠시 미루고 구급 대원들에게 상황 설명을 해야 한다. 구급 대원 두 명이 차에서 뛰어내려 서둘러 내게 다가온다. 그중 한 명은 게드. 잘 아는 사람이다. 40대 후반에 건장한 체구를 가진 게드는 매우 노련한 구급 대원이다. 그와 함께 현장에서 일한 적이 많고, 그중에는 굉장히 어려운 상황도 여러 번 있었다. 오늘 같은 날 그를 보니 정말 반갑다.

"안녕하세요." 나는 상황 설명을 시작한다. "탑승자 생존이 불가능해 보일 정도로 파괴된 차량이 두 대 있습니다. 사망 추정자 1인의 신체 일부가 보일 뿐입니다." 의료진만이 사망 시간을 선고할 수 있기 때문에, 우리가 창문으로 사망자를 볼 수 있어도 아직까지는 '사망 추정'에 불과하다. 나는 전체 상황을 요약해서 설명하고 도랑 쪽을 가리킨다.

"제일 마지막에 언급한 차량이 저쪽에 있습니다. 승객 네 명. 가족이에요. 아버지는 사망한 것으로 추정됩니다. 어머니는 차량에서 탈출했고, 부상당했지만 걸을 수는 있는 정도입니다. 아이 두 명이 뒷좌석에 있는데 의식이 있고 안정적이지만 빨리 구출해야 합니다. 게드, 아이들 상태를 최우선으로 확인한 다음에 부상자 1차 처리 구역을 담당해주세요. 충원 인력이 도착하면 보조할 사람을 붙여줄 수 있지만 아직은 불가능해요. 해치백 차량에서 부상자들을 구출하는 데 10분 정도 걸릴 겁니다."

“맡겨주세요.” 그가 대답한다. 두 사람 모두 빨리 작업에 착수하고 싶어 안달이 나 있다. 두 번째 구급 대원은 이미 가방에서 산소마스크를 꺼내고 있다.

“구급차가 몇 대 오고 있죠?” 내가 묻는다.

“두 대 오고 있는데 더 요청할게요. 신속 대응 구급 대원 한 명도 금방 도착할 겁니다.”

좋은 소식이다. 신속 대응 구급 대원이 부상자 1차 처리 구역을 담당해주면 구급차 대원들은 중상 환자들을 구급차에 싣는 데 집중할 수 있다.

알렉스와 톰이 차량 지붕을 벗겨 내릴 준비가 거의 됐다. 상황을 물으려는 찰나 도로 저쪽에 엉켜 있는 두 차량에서 연료가 흘러나오고 있는 것이 눈에 들어온다. 기름이 도로를 타고 흘러서 해치백 차량에 이미 닿아 있고, 알렉스와 톰은 고인 기름을 밟고서 있다. 이 문제를 우선적으로 해결해야만 한다. 사고로 스파크가 생겨 불이 나게 둘 수는 없다.

나는 그럼스에게 손짓을 해서 부른다. 그는 아이들과 함께 있어야겠다는 신호를 손짓으로 보낸다. 이해가 된다. 감정적으로 아이들을 두고 떠나기 싫은 것이다. 하지만 새어 나온 연료가 더 중요한 문제다. 나는 다시 한번 고함을 친다. 분위기를 알아차린 그럼스는 이번에는 주저하지 않고 혼잣말로 구시렁거리면서도 내게 뛰어온다.

"아이들을 저렇게 내버려두면…."

나는 그의 말을 끊는다. 지금 내릴 명령이 매우 중요하기 때문이다. 나는 햇빛을 받아 반짝이고 있는 작은 기름강을 가리킨다.

"그럼스, 연료 누출…" 더이상의 대꾸는 허용하지 않겠다는 내 표정을 그럼스는 바로 이해한다.

"제기랄. 죄송합니다, 대장."

"오염 물질 제거 팩을 가져다가 분말을 뿌리도록.* 전부 흡수해야 하고, 하수구가 있으면 못 들어가게 막아야 해. 계속 지켜보면서 모두 처리가 되는지 확인하고, 안 되면 바로 내게 와서…."

누군가 내 어깨에 손을 얹는 바람에 나는 하던 말을 중단한다. 돌아보니 라이언이다. 두 번째 도착한 소방차의 당직팀 지휘관이다. 키가 크고 깡마른 체격에 금발 머리를 한 그는 온화하고, 조금 초조해하는 성격이다. 늘 상냥하지만 어쩐지 나하고 일하는 것을 살짝 불편해하는 듯한 느낌을 준다.

"제때 와줬군요." 내가 말한다. "지금 제가 제일 필요로 하는 사람이에요."

라이언이 빙긋 웃는다. 나는 도랑에 빠진 차를 가리키면서 그에게 상황 설명을 한다. 앞자리를 담요 같은 것으로 덮어 사망한 아버지를 아이들이 보지 못하게 하고 차 지붕을 떼어내서 아이들을

* 누출된 연료를 처리하는 분말형 흡착제가 항상 소방차에 실려 있다.

구조해야 한다. 라이언에게 그 구역을 맡긴 후 나는 현장의 다른 부분으로 주의를 돌린다.

모두들 바쁘게 움직이고 있다. 질서 잡힌 혼란. 지시 사항을 외치는 사람들. 다쳐서 우는 사람들. 갇힌 아이들의 어머니가 다시 실성한 듯이 울기 시작한다. 남편을 잃은 아내의 고통과 아이들의 안위를 두려워하는 어머니의 애절함이다. 내 삶은 날마다 다른 사람들의 절망으로 누덕누덕 이어진다.

나는 재빨리 사고 현장을 둘러본다. 해치백 차량의 지붕 제거 작업이 완료됐고, 의식을 잃은 남자는 구출돼서 구급 대원들의 보살핌을 받으며 안정적인 상태에 들어가 있다. 나중에 안 사실이지만, 그는 가슴에 공기가 차서 폐를 압박하는 기흉으로 천천히 질식해가고 있었다. 적절한 판단을 내렸다는 것이 확인된 후 느끼는 안도감은 이루 말할 수가 없다. 당시 내 손에 있던 퍼즐 조각들에 기초한 판단일 뿐 아니라 사고의 큰 그림을 보고 내린 결정이었다. 게드가 알려준 바에 따르면, 아이들을 구출하는 것을 우선으로 해서 거기 인력을 집중했으면 그는 틀림없이 죽었을 것이다.

경찰이 도착하자 나는 휴대폰으로 사진을 찍고 있는 사람에게 경찰관 한 명을 보낸다. 그 구경꾼은 경찰 저지선 밖으로 안내를 받는다. 그림스는 사망한 사람들의 존엄성을 지켜주기 위해 비닐 시트를 덮는다. 사망자의 유족이 소셜미디어에서 사랑하는 이의 사진을 보고 이 슬픈 소식을 접하게 할 수는 없는 일이다.

라이언은 아직 네 번째 차(아이들이 갇혀 있는 차)에서 작업을 하고 있다. 차량의 지붕이 제거됐고, 분홍색 작은 토끼 인형을 꼭 쥔 대여섯 살 정도 된 은발 소녀가 구출돼서 게드의 보살핌을 받고 있다. 게드가 내게 엄지를 들어 보이는 것을 보니 적어도 아이가 몸에 부상을 입지는 않은 것 같다.

부상자 1차 처리 구역에서는 초동 대응 구급 대원이 부상 정도가 심하지 않은 사람들을 돌보고 있다. SUV에서 구출된 아이들이 엄마 품에 안긴다. 충돌 순간 차에서 튕겨져 나온 사람들은 나란히 들것에 누워 있다. 의식을 잃은 사람은 구급차에 실리기 위해 조심스럽게 들어올려지고 있다. 몇 분 후면 해치백 차량의 운전자 구출 작업도 끝날 것이다. 그러면 모든 부상자들은 의료진의 손으로 넘어간다. 우리가 할 마지막 작업은 사망자들을 사고 차량에서 분리하고 현장을 경찰에게 인계하는 일이다. 그들은 사설 구급차가 와서 희생자들을 수습할 때까지 현장에 남을 것이다. 현장에서 보낸 시간이 한 시간이 채 못 되지만 훨씬 더 길게 느껴진다.

*

이 사건에서 나는 대부분의 경우 빠르고 직관적인 의사 결정을 했다. 모든 가능성을 고려해서 최선의 행동 방식을 논리적으로 분석할 시간적 여유가 없었다. 내 직감에 의존한 것이다. 앞 장에서 나는 퍼즐의 그림 전체를 고려하고 지금 일어나고 있는 일뿐 아니라 앞으로 일어날지도 모르는 일까지 예측해서 결정을 내리고 행동에 옮겨야 한다고 강조했다. 그러나 그렇게 할 만한 정신과 마음의 여유를 찾는 것이 굉장히 어려울 때도 있다. 퍼즐 조각 하나하나가 보태질 때마다 직감과 직관에 의존해서 즉시 조치를 취해야 하는 상황들이 있다.

그렇다 해도 듣기보다는 위험이 크지는 않다. 직감이란 대부분 이전의 경험에 바탕을 둔 본능적인 결정이다. 우리의 뇌가 잠재의식 안에 여러 가지 퍼즐 조각들을 모아두고 있다가 필요할 때 적절한 정보를 엮어서 뱉어낸 결과다. 나는 수십 건의 차량 충돌 현장을 목격해왔다. 모두 다르지만 같은 패턴의 변형일 뿐이다. 이번 사건의 경우, 특정 신호들(심각하게 부서진 차의 잔해, 차 안에 갇힌 부상자들, 연료 누출)이 과거의 사건들에서 저장된 기억 혹은 지식들을 활성화해서 관련된 행동들을 촉발했다. 일이 모두 끝난 다음 내 행동들을 소급해서 분석할 수는 있지만(다양한 선택지를 비교해서 계획을 작성하는 것) 긴박한 순간에 그렇게 하는 것이 항상 가능하지는 않다.

이렇게 '모든 것이 뜨겁게 달아오른 그 순간'에 내려지는 의사 결정은 내 마음을 사로잡는 주제다. 내리는 결정이 옳은 것인지를 확인할 수 있는 시간이 거의 없고, 잘못된 결정을 내리면 사람들이 다친다. 연구의 일부로 나는 현장에서 어떻게 의사 결정이 이루어지는지, 긴박한 순간에 뇌가 어떻게 정보를 처리하는지를 밝혀내서 현장에서 더 적절한 결정을 내릴 수 있는 방법을 찾고자 했다. 궁극적으로 나는 재난 현장에서 우리가 어떻게 직감과 분석적 이성을 함께 사용하는지를 이해한 다음, 그 연구 결과로 뭔가 생산적인 변화를 가져오고 싶었다.

나는 동료이자 친구인 필 버틀러와 함께 8주 동안 영국 전역에 있는 소방서들을 돌면서 숙식을 했다.* 우리는 각 소방서에서 주 6일, 24시간 대기하면서 소방차와 소방관들이 벌이는 소방 구조 활동에 참여했다. 오직 필과 내가 현직 소방관이어서 가능한 일이었다. 몸은 녹초가 될 정도로 힘들었지만, 흥미진진한 시간이기도 했다.

이전까지 화재 현장에서 지휘관들이 내리는 결정들에 대한 연구는 거의 없었고, 조금 있는 것마저 사건이 끝난 후 인터뷰를 통해 모은 자료를 바탕으로 하고 있었다. 이런 접근법의 문제는 현장에서 순간적으로 내린 결정들을 일이 모두 끝난 다음 얻은 지식으로 재포장할 수 있다는 점이다(이 문제에 대해서는 10장에서 다룬다). 우리는 자신의 행동을 정당화하고 이해할 방법을 모색한다. 자신의 반응과 결정을 당시에는 존재하지도 않았던 계획에 사후

* 나는 내 연구에 참여해준 소방서들 및 훌륭한 지휘관과 대원들에 대한 고마움을 평생 잊지 못할 것이다. 이스트서식스 소방 구조대, 햄프셔 소방 구조대, 사우스웨일스 소방 구조대, 타인 위어 소방 구조대, 웨스트미들랜즈 소방 구조대, 웨스트요크셔 소방 구조대에 감사의 마음을 전한다.

에 소급해서 끼워 맞추는 것이다.

필과 나는 훨씬 더 직접적인 접근법을 사용했다. 지휘관들의 헬멧에 비디오카메라를 부착해 그들의 시각에서 사건 전체를 녹화한 것이다. 이를 통해 우리는 지휘관들이 잊을지도 모르는 세부사항까지 모두 기록했다. 소방서로 돌아오면 나는 녹화된 영상을 지휘관과 함께 보며 각 순간마다 무슨 생각이 들었는지를 회상하도록 요청하고 인터뷰했다. 녹화된 영상이 강력한 시각적 보조 장치 역할을 했고, 머릿속에 여러 생각들이 떠오른 시점과 순서를 정확히 기억해낼 수 있었다.

그 작업은 연구를 하는 우리에게뿐 아니라 지휘관들에게도 도움이 됐다. 그중 한 지휘관은 영상에 나오는 자신을 다른 사람의 시각에서 보면서 어떤 느낌이 들었는지 얘기했다. 스스로 생각했던 자신의 이미지와는 큰 격차가 있었던 것이다. 그는 자신이 차분하고, 신중하며, 의사 표현을 분명히 하고 있는 것으로 생각했다고 말했다. 그러나 영상에 담긴 자신의 목소리가 얼마나 떨리고 있는지, 얼마나 초조한 몸짓을 하는지를 보고 깜짝 놀랐다. 영상을 본 후, 그는 자신의 태도가 사람들에게 자신감을 불어넣기는커녕 더 불안하게 만들지는 않았을까 걱정했다. 유능하고 근면한 소방관이었던 그는 자신이 근무하는 소방서의 모든 지휘관들이 카메라를 장착한 헬멧을 쓰고 각자의 경험을 제대로 돌아볼 수 있도록 하자고 제안했다. 그리고 결국 그의 제안이 받아들여졌다!

그전까지, 소방 구조대가 현장에서 내리는 결정은 매우 분석적이며, 정보를 모으고 여러 선택지를 저울질하고 계획을 세워 실천에 옮기는 일련의 과정을 거친다고 믿어졌다. 극도로 합리적이고 계산된 결정들 말이다. 하지만 영국 전역의 소방 지휘관들을 대상으로 실시한 내 연구는 그런 식으로 많은 것을 고려하고 사려 깊게 내린 결정이 전체 결정의 20퍼센트에 지나지 않는다는 것을 밝혔다. 실제로 지휘관들은 80퍼센트의 비율로 의식적으로든 무의식적으로든 이전의 경험을 활용한 본능적이고 직감적인 결정을 내리고 있었다.

압박감이 큰 상황에서 얼마나 잘 결정을 내리느냐는 결정을 내리는 순간에 도달하기까지 분석적 경로와 직관적 경로, 둘 중 어느 쪽을 따르는지와는 전혀 상관이 없다. 두 경로는 두뇌의 매우 다른 영역과 연결되어 있다. 분석적, 이성적 결정은 뇌의 신피질, 즉 생각하는 영역과 연결되어 있고, 직관과 연상 작용에 의지해서 결정을 내리는 것은 변연계와 같이 (진화학적 관점에서 볼 때) 더 오래되고 더 감정적인 뇌의 영역과 관련 있다. 양쪽 모두 저마다의 유용한 기능이 있고, 우리가 보이는 반응은 지금 처해 있는 상황, 이전의 경험, 기억, 그 순간 마주한 특정한 압박감과 그것에 대한 대처 능력 등 다양한 요인에 기반한다.

이 장에서 예로 든 사건에서 내가 내린 결정은 대부분 직관적이었다. 그러나 다른 사건, 특히 압박감은 비슷하지만 시간을 다투는 정도가 덜한 재난 현장에서는 대부분의 결정을 분석적인 접근법을 통해 내리기도 한다.

여러 마을에 영향을 끼친 광범위한 홍수 대책반에서 전략 담당 지휘관을 맡은 적이 있다. 홍수가 났을 때 어려운 점은 물을 퍼낼 수는 있지만 퍼낸 물을 보낼 곳이 없다는 점이다. 가라앉는 배에서 물을 국자로 퍼내는 것과 비슷하다. 물을 아무리 퍼내도 바로 다시 차오르기 때문이다.

나에게는 물의 흐름을 바꿀 수 있는, 더 장기적인 선택지가 두 가지 있었다. 그중 첫 번째를 선택하면 인근 병원이 물에 잠길 상황이었다. 병원을 대피시키려면 상당한 자원이 들어갈 것이다. 두 번째 선택지를 택하면 상당한 규모의 변전소가 물에 잠겨 인근 수천 가정이 정전되는 것을 감수해야 했다. 둘 다 상당한 혼란을 초래할 것이 분명했기 때문에 '가장 덜 나쁜 선택지'가 어느 쪽인지를 판단해야만 했다.

많은 것이 걸려 있었지만, 차량 충돌 사고에서 부상자 중 누구를 먼저 구조할지를 결정해야 할 때처럼 즉각적인 결정이 필요한 상황은 아니었다. 단기적으로는 아무것도 극적으로 변화하지는 않을 전망이었다. 마을은 이미 홍수가 나 있었고, 더이상 악화되지 않고 있었다. 즉각적인 결정을 내리지 않는다고 인명 피해가 더 생기지는 않을 것이었다. 나는 의사 결정에 필요한 더 많은 정보를 모을 수 있었다. 예를 들어 각 선택지의 영향에 대해 더 자세히 설명해줄 수 있는 주요 기관들로부터 더 많은 정보를 구할 수 있었다. 전기 회사에서는 정확히 어떤 지역이 정전을 겪게 될 것인지, 어떤 비상 대책을 가지고 있는지 알려줄 수 있었다. 병원장은 병원 문을 닫을 경우 어떤 영향을 받을지 설명해줄 수 있었다. 취약한 환자들의 상태와 그들을 옮기는 데 따르는 어려움, 그에 따른 잠재적 사망자 수 등도 추가로 얻을 수 있는 정보에 속했다. 나는 다른 전략 담당 지휘관들과 함께 두 선택지가 가진 장점과 단점을 주의 깊게 토론할 수 있었다.

우리는 약 한 시간 정도 숙고를 거친 다음 병원 쪽으로 물이 가지 않게 하자는 결정을 내렸다. 전기 공급 단절로 받게 되는 손해를 감수하기로 한 것이다. 이상적인 결정은 아니었고, 수천 명의 사람과 수천 가구에 영향을 끼치는 것이 불가피했다. 하지만 병원과 같은 주요 기간 시설에는 보조 발전기를 돌려 전력을 공급할 수 있는 비상 대책이 마련되어 있었다. 나에게는 병원 문을 닫게 만드는 쪽을 선택했다면 목숨을 잃는 사람이 더 많을 것이라는 확신이 있었다.

상당한 수준의 분석적 의사 결정이 필요했던 또다른 예는 2015년 홀본 지하 터널에서 일어난 화재 현장이었다. 나는 홀본 지하 터널에 난 화재 현장에 출동한 대원들 중 가장 계급이 높은 지휘관이었다. 화재는 런던 웨스트엔드의 중심부 킹스웨이 지하에 위치한 25미터 길이의 빅토리아 시대 터널에서 발생했다. 고압 전선과

가스관, 통신 케이블 등이 매설된 곳이었다. 누출된 가스가 36시간 동안 제트기의 화염처럼 길 한가운데에서 타고 있었다. 극장들이 문을 닫고, 사무실은 모두 비워지고, 수백 명의 주민들이 집에 들어가지 못하는 한편 수천 가구가 단전이 되는 등 지역 전체가 혼란에 빠졌다. 진압이 기술적으로 매우 힘들었던 그 화재는 대도시에 일어나는 재난이 얼마나 복합적인지를 잘 보여주는 예였다.

이번에도 많은 것이 걸린 사건이었다. 엄청난 수의 사람들이 영향을 받았고, 전 세계 뉴스에 보도된 데다가, 가스 누출도 있었고, 수백 명의 지역 주민을 대피시켜야만 했다. 그러나 진행 속도는 빠르지 않았다. 불길이 안정적인 상태여서 상황이 더 나빠지거나 화재가 번지고 있지 않았다. 불길을 잡는 최선의 방법을 선택하는 데 분석적 의사 결정 과정을 사용할 수 있는 시간적, 공간적 여유가 있었다. 케이블 때문에 생길 수 있는 위험, 대원들의 안전, 도시에 다시 전기를 공급할 필요성 등을 모두 고려해야만 했다. 결국 우리는 여러가지 선택지를 탐색한 끝에 터널로 대원을 보내지 않고 화재를 진압하는 데 성공했다.

모든 의사 결정 모델(이전에 소방 구조 분야에서 쓰이던 모델을 포함해서)은 지휘관의 의사 결정이 모두 이런 방식으로 이루어진다고 추정해왔다. 상황을 종합적으로 평가해서 계획을 세운 다음 행동으로 옮긴다. 그러므로 모든 경우에 대해서 분석적 사고를 통한 의사 결정을 하지 않는다는 것은 지휘관의 역할을 제대로 하고 있지 않다는 의미로 받아들여졌다. 그러나 내 연구는 지휘관들이 내리는 결정의 80퍼센트가 직관적이라는 사실을 밝혔다.

지휘관들이 내린 결정은 사건이 모두 종결된 후에 분석된다. (보통은 동료들에 의해서지만, 일이 매우 잘못된 경우 법정에서 파헤쳐지기도 한다.) 그러나 기존 의사 결정 모델은 실제 상황에서 지휘관들의 뇌가 어떻게 작동하는지를 제대로 반영하지 않은 채 만들어져 있었다. 기준으로 사용되는 모델이 불충분하고, 뇌의 작동 경로를 제대로 반영하지 못하면 그 기준을 적용받는 소방관들은 자신이 뭔가 옳지 않은 일을 하고 있거나, 일을 잘 못하고 있다고 느낄 수 있다.*

직관적 결정이 언제나 완벽하다는 말은 아니다. 퍼즐 조각 하나하나에 직접 대응을 하다 보면, 그 조각 자체에는 적절한 대응이 될지 모르지만 그림 전체에는 재난을 초래하는 결과를 낳을 수도 있다. 의사 결정 과정의 함정에 빠질 수도 있다.

예를 들어, 방에 화재가 발생한 경우를 생각해보자. 유리창 근처 연기의 흐름을 보니 압력이 너무 높아지고 있다. 그럴 때 대원들을 진입시키기 전에 창문을 깨서 환기를 시키면 상황을 개선하고 백드래프트를 방지할 수 있다. 그러나 퍼즐의 나머지 부분을 생각해보자. 건물 안에 이미 다른 대원들이 진입했다면 창문을 깨

* 아인슈타인이 남긴 "물고기를 나무에 오르는 능력으로 평가하기 시작하면, 평생 자신이 바보라고 생각하며 살 것이다"라는 유명한 말은 바로 이 경우에 딱 들어맞는다!

는 행동이 건물의 다른 부분에 공기를 공급해서 불길이 더 세질 수 있다. 이는 다른 대원들을 위험에 빠뜨리거나 그들이 안전하게 건물 밖으로 나갈 경로를 차단하는 결과로 이어질 수도 있다. 이 경우 행동을 취하기 전에 다른 대원들을 건물에서 내보내는 것이 적절하다.

반면, 즉각적인 반응이 필요한 상황에 분석적인 결정을 내리려 하면 사람들의 목숨이 달린 일촉즉발의 순간에 시간을 낭비하게 될 수도 있다. 우리 뇌에 이런 식의 서로 다른 경로가 형성되어 있는 데는 다 이유가 있다. 인간이 환경에 적응하는 것을 돕기 위함이다.

내가 의사 결정의 두 가지 경로에 주목하고 연구했던 목적은 화재 현장에서 일하는 소방관들의 안전을 향상시키는 것이었다. 우리가 어떤 식으로 결정을 내리는지, 어떤 함정에 빠질 수 있는지를 설명하는 데서 그치는 것이 아니라, 지휘관들이 더 나은 결정을 내릴 수 있도록 돕고 싶었다. 그 목표를 위한 첫 번째 노력은 의사 결정 기법을 개발하는 것으로, 그 기법은 직관적 결정의 가치를 인정하면서도 그 결정의 저변에 깔린 논리에 의문을 제기하는 것 또한 중요하다는 사실을 염두에 둔 것이었다. 3장의 포트컬리스 하우스 화재 시나리오에서 제임스가 보여준 터널 시야나 확증 편향과 같은 의사 결정 과정의 함정을 피할 수 있도록 말이다.

나는 지휘관들이 의식적으로 자신의 무의식을 자극하면서 자신의 행동이 목표와 어떻게 연결되는지를 계속 점검하고, 퍼즐 그림을 맞춰나가면서도 수정의 가능성을 열어두고 이득과 위험을 잘 가늠하면서 의사 결정을 해나갈 수 있기를 바랐다.

바로 이 원칙이 '결정 제어 프로세스Decision Control Process'를 개발하는 근간이 되었다. 나는 우리가 의존하는 두뇌의 자연스러운 작동 과정을 인정하고 실제로 두뇌가 어떻게 돌아가는지를 반영한 사고틀을 만들어내고 싶었다. 우리 뇌의 작동 원리를 거스르는 것이 아니라 북돋는 기법 말이다.

그 일을 하는 것이 바로 결정 제어 프로세스다. 시간적 여유를 가지고 분석을 거친 후 내리는 결정과 직관적 결정, 두 가지 모두 효과적일 수 있다는 사실을 인정하는 기법이다. 지휘관들에게 둘 중 하나만 사용하라고 고집할 수 없다는 것을 나는 잘 알고 있었다. 우리의 뇌가 그런 식으로 작동하지 않기 때문이다. 그러나 직감에 의존할 때 우리가 빠질 수 있는 의사 결정 과정의 함정을 피하는 것이 중요하고, 따라서 나는 그것을 돕는 기법을 개발했다.

이 기법은 의식적으로 목표를 다시 확인하고, 결과를 예상해보고, 내리려는 결정에 따른 이득과 위험을 이성적으로 평가하는 데 도움이 될 수 있는 일련의 프롬프터들을 제시한다. 간단히 말하면, 어떤 결정을 내렸을 때 (그것이 분석적이든 직관적이든) 그 결정을 행동으로 옮기기 전에 지휘관들에게 스스로 다음과 같은 세 가지 질문을 빠르게 던져보게 하는 것이다.

- 목표 – 이 결정으로 내가 달성하고자 하는 것은 무엇인가?
- 예측 – 이 결정으로 어떤 결과를 얻을 것이라 예측하는가?
- 위험 vs. 이득 – 이득이 위험을 얼마나 능가하는가?

매번 결정을 내릴 때마다 위 질문들을 머릿속에서 재빨리 검토하는 것이다. 목표를 재확인하는 것은 이 결정으로 이루고자 하는 목표가 작전의 전반적인 목적에 얼마나 부합하는지를 확인할 수 있도록 한다. 결과를 예측하도록 하는 것은 상황 인식력을 향상시키고, 퍼즐 그림을 더 자세하게 완성하는 데 도움이 된다. 그리고 의식적으로 위험과 이득을 저울질하는 것은 전체적으로 더 나은 결정을 유도한다.

우리 연구팀은 이 기법이 효과가 있다는 결론을 내릴 수 있었다. 결정을 내릴 때마다 지휘관들은 자신의 행동을 계획과 연결시키고, 퍼즐 그림을 더 자세히 완성할 수 있었으며, 상황 인식력이 극적으로 향상됐다. 가장 중요한 것은 이 기법으로 인해 의사 결정의 속도가 지연되지 않았다는 사실이다. 실용적이었고 피드백도 매우 좋았다.

이 기법은 이전에 사용되던 의사 결정 모델에서는 전혀 인정받지 못했던 직관적 의사 결정을 인정했다. 이 사실만으로도 사후에 끔찍했던 사건의 흐름을 되짚으면서 임무를 충실히 수행했는지 심사를 받아야 하는 난처한 자리에서 지휘관들이 불공정한 평가를 받지 않도록 보호하는 것이 가능해졌다. 운동장을 평평하게 만든 것이다.

연구 결과가 나오고 결정 제어 프로세스를 발전시킴에 따라, 우리 연구팀은 기존의 의사 결정 모델을 새로운 정보에 맞게 개선해서 전국적 지침을 다시 작성했다. 이 새로운 방침에서는 직관적 의사 결정 경로와 분석적 의사 결정 경로를 모두 인정하고, 양쪽의 좋은 점을 취사선택해서 더 나은 결정에 도달할 수 있도록 하는 의사 결정 모델을 도입했다. 이제 영국 전역에 걸쳐 소방 구조대의 지휘관들이 이 새로운 기법의 혜택을 보고 있다. 완전히 정착되려면 몇 년 걸리겠지만 일단 시작은 한 셈이다. 더불어서 복합적이고 심각한 사고에 대응하는 긴급 구조 기관들이 따라야 하는 방침, 즉 '긴급 구조 기관 간 협업 원칙The Joint Emergency Services Interoperability Principles'에도 적용되었다. 긴급 구조 서비스에 종사하는 모든 동료들이 혜택을 보게 된 것이다.

솔직히 말하자면, 세계 각국에서 보인 반응은 상상 밖이었다. 홍콩, 오스트레일리아, 유럽, 콜롬비아, 미국의 소방 구조대에서 관심을 보였으며, 최근에는 군 조직과 의료 기관에서도 관심을 보였다.

놀라운 것은 내가 박사학위를 받은 후에 이 연구 프로그램을 시작하지 않을 뻔했다는 사실이다. 내가 많이 존경했고, 지금도 존경하는 과거의 선배 한 명은 이 연구가 별로 가치가 없다고 생각했다. 연구를 포기하고 지금까지 내가 따르지 않았던 더 전통적인 방법으로 경력을 쌓는 쪽을 택하라는 압력도 상당했다. 그러나 이 길에 대한 내 믿음은 나를 머뭇거리게 하는 그 어떤 두려움보다 컸다. 이 일은 내게 중요한 일이었고, 그 일을 하는 것이 옳은 선택이라는 확신이 있었다. 다행스럽게도 그 선배는 프로젝트가 시작되고 잘 진행되자 협조를 아끼지 않았고, 지금까지도 프로젝트를 돕고 있다.

어려운 결정이었고, 나 스스로 생각했던 것보다 더 큰 용기가 필요했다. 하지만 그 결정은 내 경력에서 최고의 선택이었던 것으로 밝혀졌다. 내가 긴급 구조 부문의 위험을 고려한 의사 결정 분야에서 최고의 전문가로 자리 잡고, 국제적 명성을 누리면서 세계 각국에서 연구 기금을 따내는 연구자라는, 상상할 수 없던 위치에 오르는 도약대가 된 것이다. 이것이야말로 결정을 내릴 때 직감을 믿어야 한다는 사실을 아직 믿지 못하는 사람들에게 보여줄 만한 또 하나의 증거가 아니고 무엇이겠는가?

THE HEAT OF THE MOMENT

6장

그림자로 평가받기

"좋은 평판을 쌓으려면 수많은 선행을 행해야 하지만,
평판이 무너지는 데는 단 한 번의 악행이면 충분하다."

-벤저민 프랭클린Benjamin Franklin

우리는 수백 개의 모습을 가지고 있다. 내가 아는 '나'가 있지만 그 '나'는 내 여동생이 알고 있는 '나'와 같은 모습일까? 부모님이 아는 '나'의 모습과는 동일할까? 혹은 날마다 들르는 커피숍에서 미소를 지으며 인사를 나누는 바리스타가 아는 '나'는? 당신이 최악의 하루를 보내고 있는 와중에 마주친 '나'는? 내가 가진 수많은 모습들은 서로 얼마나 다를까? 그리고 그 다른 모습들은 어떻게 생겨난 것일까?

우리는 누군가를 처음 만나면 보통 그 사람이 어떤 사람일지 본능적으로 빠르게 판단을 한다. 어쩌면 자기가 그런 판단을 내리고 있다는 사실조차 의식하지 못하는 사이에 그럴 수 있다. 상대방이 입은 옷, 직업, 말투, 그리고 그 사람을 만난 상황 등에 기초한 판단이 우리 머릿속에서 자동으로 일어난다. 이 판단이 항상 정확한 것은 아니다. 우리가 보는 상대방의 모습은 우리가 가진 시각에 의해 왜곡되기 때문이다.

따라서 누군가가 자신의 진정한 본질 혹은 진정한 모습에 따라 평가받는 경우는 매우 드물다. 에이브러햄 링컨은 다음과 같은 유명한 말을 남겼다. "사람의 인성은 나무와 같고, 그의 평판은 나무의 그림자와 같다. 그림자는 우리가 그 사람에 대해 내리는 판단이고, 나무가 그 사람의 본질이다." 우리는 그림자로 평가받는 경우가 그렇지 않은 경우보다 더 많다. 누군가의 평가를 어떤 형태로든 받지 않고 인생을 사는 사람은 한 명도 없을 것이다. 그것이 정당한 평가일 때도 있다. 그러나 사실에 입각하지 않고 우리가 가진 여러 모습 중 특정한 모습만을 보고 내려지는, 믿음이나 의견에 기초한 정당하지 못한 평가일 때도 많다.

특히 직장에서 평판은 보통 중요한 것이 아니다. 이 사실이 어떤 사람들에게는 축복이다. 그들은 자신의 본질보다 평판으로 평가받는 쪽을 선호하기도 한다. 다른 사람들에게 보이고 싶어 하는 자신의 모습이라는 베일 뒤에 숨는 쪽을 선택하는 것이다. 그러나 이런 풍토에 끊임없이 좌절하는 사람들도 있다. 그들은 자신에 대한 평판이 공정하지 못하고, 정확하지도 않다고 생각한다. 능력이 전혀 없고, 말도 안 되는 실적밖에 거두지 못하는데도 엄청나게 잘나가는 동료를 생각해보라. 혹은 늦게까지 남아서 열심히 일하고, 한 번도 마감을 어긴 적이 없는데도 한 10년쯤 승진을 하지 못하는 착한 사람도 있다. 간단한 일만 맡겨도 투덜거리고 한숨부터 내쉬는 동료는 또 어떤가. 어쩌면 그 사람 컨디션이 매우 좋지 않은 날이었을 수도 있다. 하지만 우리는 자기도 모르게 그 사람이 권리만 주장하는 게으른 사람이라는 판단을 하고 만다.

평판은 그것이 좋은 평판이든 나쁜 평판이든 일상생활에 엄청난 영향을 준다. 나를 향한 동료의 말투, 그들이 예측하는 나의 반응, 나의 기여를 받아들이는 태도 등은 모두 평판의 영향을 받는다. 이러한 그들의 태도는 나의 반응에 영향을 줘서 그들이 보는 나의 모습을 재확인해주는 효과를 낸다.

*

마틴은 30대 후반의 소방서 지휘관으로 같은 계급의 동료들보다 훨씬 나이가 적었다. 그리고 그들보다 훨씬 더 영리했다. 둘 다 동료들의 인심을 얻을 수 있는 특징이 아니었다. 게다가 숱 많은 갈색 머리에 어려 보이는 외모도 도움이 되지 않았다. 20대 후반이라고 해도 믿을 만한 외모였다. 아기 같은 이목구비에 얼굴은 동그랗고, 살짝 회색빛이 도는 눈동자를 가지고 있었다. 만화에 나올 만한 전형적인 모범생이 자라서 몸집이 커지고 안경 대신 콘택트렌즈를 꼈다고 상상하면 된다. 훌쭉한 몸매라 근육이 잘 생기지 않았지만, 철인 3종 경기 훈련을 열심히 하는 그는 체력도 엄청나게 좋았다.

마틴은 주변 사람들과 다른 사람으로 사는 것에 익숙했다. 그는 가난한 동네의 중산층 가정에서 자랐다. 그의 부모는 소위 '재개발' 지역에 새로 지어진 대형 주택을 사서 입주했다. 굉장한 부자는 아니었지만 편히 살 정도는 됐다. 그것은 그 동네 사람들로서는 상상하기 힘든 안정된 생활이었다.

마틴은 동네 아이들이 모두 다니는 학교에 다니면서, '부자 냄새가 난다'고 괴롭힘과 조롱을 당했다. 그는 대인 관계가 어색하고 다른 사람과 잘 어울리지 못하는 사람으로 성장했다. 그러나 조용하고 내성적인 외양 안에는 오랫동안 괴롭힘과 사회적 고립을 당하면서 다져진 굳건한 투지가 숨어 있었다.

그는 대학교를 나온 다음 소방 구조대에 취직했다. 직업 세계에 내딛은 첫걸음이었다. 그의 가족은 그가 화이트칼라 직종을 선택하기를 원했지만 마틴은 요지부동이었다. 사회 정의 실현에 확고한 신념을 지닌 그에게, 부모의 반대는 오히려 더 큰 동기를 부여했다. 그는 22세에 소방학교에 들어가서 소방관 연수생이 되었다.

마틴은 조용하고 사색적인 사람이었다. 매우 성실한 그는 그것이 일주일 일정이 됐든 요리할 재료가 됐든 간에 세세한 계획을 세우고 행동하는 것을 좋아했다. 그리고 그 계획에서 한 부분이라도 벗어나는 상황이 생기면 잘 대처하지 못했다. 생각해보면 즉흥적인 요소가 다분히 큰 긴급 구조 대원이라는 직업과 잘 어울리지 않는 성격이기도 했다.

카디프 대학교와의 협업으로 이루어진 연구에서 나는 영국 전역에서 100명이 넘는 소방관들의 인성 프로필을 수집했다.* 특정 성격과 의사 결정 방법 사이에 연관성이 있는지 알고 싶었기 때문이다. 결론부터 말하자면 그 두 가지 사이에 직접적인 연관성은 없었다. 하지만 소방관들은 보통 외향적이고, 자신의 능력에 굉장한 자신감을 가지고 있으며, 사기도 높은 사람들이라는 것을 알 수 있었다. 그러나 마틴은 달랐다. 그는 내성적이고, 사려 깊었으며, 혼자 있는 것을 좋아했다.

소방관들이 하는 일 중 많은 부분이 팀워크에 달려 있다. 협조와 협동은 핵심적 요소다. 그러나 마틴은 항상 동료들과 어색한 관계였다. 함께 당직 근무를 하는 다른 소방관들과 유대를 형성할 방법을 찾지 못한 것이다. 그 결과 순식간에 그에 대한 부정적인 평판이 퍼져나갔다. 그는 무시당하는 경우가 많았고, 누군가가 마틴을 언급하면 모두들 눈을 굴렸다. 그는 한 번도 칭찬을 받은 적이 없었고, 완벽하지 않으면 바로 비난의 화살이 날아왔다. 사람들은 그의 가운데 이름이 리처드Richard인 것을 이용해 그에게 'X

* 나는 '개정된 NEO 인성 검사Revised NEO Personality Inventory'를 사용했다. 소방관들에게 자신의 생각, 감정, 목표 등에 관해 질문하고, 그들의 반응을 분석해서 다음 5개 영역에 걸쳐 인성 프로필을 작성했다: 개방성, 성실성, 외향성, 우호성, 신경성. 더 많은 정보는 참고 문헌을 보라.

같은 놈the dick'이라는 별명을 붙여줬다. 그는 팀의 일원으로 인정받지 못했고, 동료들은 그를 전혀 돕지 않았다.

마틴은 고립된 느낌을 떨칠 수 없었고, 다른 사람의 도움이 필요한 일마저도 자기 혼자 하는 경우가 많았다. 결과는 좋을 때도 있었고, 나쁠 때도 있었다. 동료들에게서 배울 기회를 누리고 그들과 함께 일해야 더 좋은 결과를 낳을 수 있는데, 그런 경험을 할 수가 없었다. 그의 평판은 점점 나빠져서 결국 그에게는 반사회적일 뿐 아니라 무용지물이라는 낙인이 찍히고 말았다. 이런 평판을 들은 사람들은 그가 어떤 사람일 것이라고 미리 추측했고, 그런 추측들은 또다시 기존의 평판을 강화했다. 마틴과 몇 번 함께 일하면서 나는 이 악순환이 얼마나 큰 피해를 가져오는지 목격했다.

*

시계를 흘끔 내려다본다. 디지털시계에 네 개의 0이 깜빡거리고 있다. 자정이다.

세상 대부분이 잠든 시각이지만 우리는 상당량의 유해 화학물질을 싣고 달리다 탈선한 화물 열차 사고 현장에 출동해 있다. 화차 열두 량에는 각각 적어도 50개의 대형 용기가 실려 있었는데, 많은 수가 넘어져서 내용물이 선로로 쏟아졌다. 현장 접근이 용이하지가 않다. 가장 가까운 진입 지점은 약 500미터가량 떨어져 있다. 우리는 대부분의 장비와 대원을 도로와 선로 양쪽 모두에서 작동할 수 있는 특수 차량으로 운반하고 있다.

나는 너무 피곤해서 자꾸 신경질이 나려고 한다. 아기 가브리엘라를 돌보느라 며칠간 제대로 잠을 자지 못했다. 지금 내 상태가 최상이 아니라는 사실을 나도 잘 알고 있다. 시원한 9월 말 밤이다. 보름달이 떠 있어서 현장이 상당히 밝다는 게 고마운 일이다. 열두 량의 화차가 아코디언처럼 찌부러진 채 누워 있고, 그 밑으로 뚝뚝 떨어지는 액체들이 증발하고 있다. 불에 탄 엔진오일의 씁쓸한 냄새가 공기 중에 진동한다. 화차들의 잔해가 쇠로 만든 뱀처럼 선로와 엉켜 있다.

기관사가 갇혀 있다. 그녀가 탄 기관차가 많이 찌그러져 있고, 다리가 대시보드 아래에 끼어 있다. 쭈그러진 금속판들로 인해 접근이 불가능하다.

사고 자체는 복잡하지만 내 계획은 비교적 단순하다. 기관사를 안전하게 구출하는 일이 최우선이다. 그런 다음 화학물질을 제거하고 화차에 실린 용기들을 안전한 곳으로 옮겨야 한다. 그리고 아침 6시 이전에 인근 선로들을 열어서 통근 열차가 운행을 시작할 수 있다면 이상적일 것이다. 그러나 아직은 거기까지 자세히 생각할 수가 없다. 기관사의 생명이 위태로운 상황이다. 그녀를 구하는 것이 급선무다.

대원 셋이 잔해에서 기관사를 꺼내는 작업을 하고 있다. 어려운 작업이다. 금속을 절단하는 장비는 10킬로그램 정도 된다. 중간 정도 몸집의 개를 머리 위로 오랫동안 들고 있어야 하는 상황을 상상해보라. 게다가 몸만 힘든 것이 아니라 감정적으로도 매우 힘들다. 대원들 모두 아파서 떨어져 나갈 것 같은 팔도, 얼굴로 줄줄 흘러내리는 땀도 모두 무시하고 자신의 한계를 넘어 최선을 다하고 있다.

다른 대원들은 화학물질이 든 용기들을 옮기느라 바쁘다. 다행히도 화학물질이 많이 유출되지는 않았다. 나는 나보다 먼저 현장에 도착해 있던 마틴을 작전 지휘관으로 임명했다. 그는 현장에서 내 눈과 귀가 되어줄 것이다. 총명하고 세심한 그라면 갇혀 있는 기관사를 구출하고 유해 화학물질을 안전하게 제거하는 데 필요한 적절한 전략을 세울 수 있을 것이다. 그가 역량을 충분히 발휘하고 주목받을 수 있는 좋은 기회다.

지휘관들의 근무 환경은 비교적 '마초'스러운 경우가 대부분이다. 알파 메일alpha male, 즉 우두머리 수컷이 되기 위한 경쟁이 끝없이 벌어진다. 영웅, 핵심 인물, 자기 분파의 리더가 되는 것이 그 위치를 차지하는 지름길이다. 그리고 자기가 알파처럼 보이도록(또는 스스로가 그렇게 느끼도록) 하는 가장 좋은 방법은 다른 사람들의 성과를 축소시키는 것이다. 인간은 본능적으로 경쟁적인 존재다. 이제는 더이상 활과 창을 동원한 힘싸움은 없지만, 각자 자신의 우월함을 과시하고 피라미드에서 조금이라도 더 윗자리를 차지하기 위해 애쓰는 광경을 어딜 가나 볼 수 있다. 자신의 불안감 때문에 다른 사람을 깎아내리는 못된 동료에 대한 경험을 하지 않은 사람이 몇이나 될까?

다른 사람의 촛불을 불어서 꺼뜨려야만 자기 촛불이 더 밝아 보이는 것은 아니다. 하지만 많은 사람들이 그렇게 생각을 하고, 바로 이런 생각이 우리가 직장에서 날마다 경험하는 분위기를 만들어낸다. 마틴의 촛불은 너무 여러 차례 꺼져버려서 다시 불을 붙이기가 점점 어려워지고 있다.

그의 상황이 절실히 이해가 돼서 자꾸 마음이 간다. 그는 처음 배치된 소방서에서 당직 근무를 할 때부터 동료들과 함께 일하는 데 어려움을 겪었다. 동료들의 존중을 받을 방법을 찾지 못한 그는 결국 승진만이 자기가 살 길이라고 결심했다. 총명한 그는 비교적 빠르게 승진을 계속했다. 그는 몇 년에 걸쳐 자신을 불행하게 만들었던 소방서 근무가 아닌, 전문 부서에서 일하는 쪽을 선택했다. 그는 뛰어난 업무 능력을 보였고, 결국 지휘관급 대원이 되었다.

그는 소방서 지휘관 중 한 명으로 내 밑에서도 잠시 일했었다. 나쁜 평판이 자자한 것은 알고 있었지만 나는 마틴의 장점이 무엇인지 알고 싶었다. 솔직히 말하자면 그는 다른 사람들과 상호작용을 하는 것에 어려움을 겪었다. 특히 단체 행동을 할 때, 그중에서도 리더가 되기 위해 경쟁적인 분위기일 때 더더욱 그랬다. 그러나 마틴은 명석하고 냉철한 두뇌, 그리고 투철한 도덕관을 가진 사람이었다. 모두들 그토록 자기를 비방하는데도 나는 그가 동료에게 망신을 주거나 비난하는 것을 본 적이 없다. 그 동료가 그런 대접을 받아 마땅한 경우에도 말이다.

직급이 올라가면 심각한 사건에 대응하는 지휘관 역할을 맡아야 할 책임을 피할 수 없다. 그러나 날마다 일상적으로 벌어지는 일들을 훌륭하게 처리할 수 있는 관리자라고 해서, 지휘관 역할도 훌륭하게 수행할 것이라는 보장은 없다. 그리고 더할 나위 없이 훌륭한 지휘관이 좋은 관리자일 것이라 추정해서도 안 된다. 훈련과 경험으로 위기 상황에 매우 효과적으로 대처할 수 있는 사람일지라도 다른 상황에서는 똑같은 지휘 방식이 그만큼 효과적이지 않을 수도 있다.

그러나 상황이 다르다고 그때마다 완전히 다른 지휘 방식을 사용하기란 말처럼 쉬운 일이 아니다. 사무실에서는 이런 사람이었다가, 사건 현장에 나가면 독재 군주와 같은 완전히 다른 사람이 될 수는 없다고 나는 생각한다. 동료와의 모든 만남은, 그것이 어디에서 벌어지는 만남이든 상관없이 우리의 평판이라는 그림자의 일부가 된다. 그 만남은 우리에 대한 다른 사람들의 견해에 더 많은 정보를 보탠다. 나의 평판은 사건 현장에 항상 나보다 먼저 도착한다. 사람들은 내가 어떻게 반응할지 예측하고, 내 행동과 내 작업 방식을 예측한다. 대원들은 자신감을 불어넣는 긍정적이고 도움이 되는 리더를 기대할까, 아니면 권위와 권력 남용을 혼동하며 스트레스에 시달리는 독재자를 기대할까?

한동안 현장 출동과 상관없는 업무를 맡아 온 마틴은 몇 년 동안 사건 현장에서 일하지 않았다. 그는 자기가 무슨 일을 해야 할지 알고 있었다. 그러나 항목 별로 정리되어 머릿속에 떠오르는 지침 사항만으로는 불을 끌 수가 없다. 그 모든 것은 경험을 거쳐야만 생명력이 생기는 것이다. 마틴이 제대로 된 심적 모형을 머릿속에서 만들 수 있으려면 감정적, 감각적 기억들을 충분히 축적해야할 필요가 있었다. 대충 그려진 윤곽에 상세한 살을 붙여가는 것처럼 말이다. 그에게는 약간의 도움이 필요했다. 새로운 상황에 적응할 때까지, 좀더 많은 경험을 할 기회가 주어진 동안만이라도 도움이 필요했다. 나는 화물 열차 탈선 사고의 작전 지휘관 자리가 그 기회를 제공하길 바랐다.

*

나는 현장에서 500미터 정도 떨어진 작은 정비소에 사건 지휘실을 꾸리고 자리 잡았다. 현장의 모든 인원이 거쳐 가는 진출입 지점이고, 모든 선로를 관찰할 수 있는 곳이다. 현장의 작업 상황을 지휘하는 동시에 경찰, 철도 운영 관계자, 구급 대원과의 소통도 가능했다. 다른 기관들과의 협력은 재난 대응의 성공 여부에 매우 중요하다.

지휘실에는 작은 팀이 일을 하고 있다. 나는 가능한 한 각 대원의 기술과 경험에 맞는 임무를 맡기지만, 간혹 업무 능력 향상이 필요하거나 경험을 얻어야 할 필요가 있는 부문에 배치하기도 한다. 마틴이 그 좋은 예다. 각자의 역할은 딱 정해져 있지 않고, 사건마다 달라진다. 내가 함께 일하는 팀원의 구성도 늘 변화한다. 어떨 때는 경험 많고 능력 있는 대원들이 모인 'A'팀을 만날 때도 있고, 어떨 때는 5부 리그 팀을 이끌고 최상위 리그 수준의 경기를 펼쳐야 할 때도 있다.

사건 지휘실의 팀원들이 화이트보드에 각종 정보를 적고 있다. 소방차들과 특수 장비들이 도착하면서 현장 어느 위치에 투입되는지 등의 최신 상황을 업데이트하고 있는 것이다. 내 왼쪽에 놓인 화이트보드에는 주요 위험 요소들이 적혀 있다. 용기에 실린 화학물질로 인한 위험, 조명이 없어서 어두운 상황, 철길에 걸려 넘어질 위험, 부서진 화차에서 흘러나온 독성 물질이 토양으로 스며들 위험 등. 나는 새로 올라온 정보들을 훑으면서 내 퍼즐 그림을 새로 맞춘다.

나는 무전기 담당 요원에게 마틴과 연락해서 상황 보고를 요청하라고 지시한다. 현재 무슨 일이 벌어지고 있는지, 어떤 전략으로 작업을 하고 있는지, 잠재적 위험은 어떤 것인지, 어떤 자원이 필요할지 등에 관한 명확하고 자신감 있는 보고가 들어올 것이라

기대한다. 기관사 구출은 어떻게 되어가고 있는지, 화차 몇 량에서 화학물질들을 모두 제거했는지도 알고 싶다. 이런 식의 중간보고는 우리 작전이 어떻게 진척되는지를 점검하고, 예상대로 진행되고 있는지 여부를 확인하는 기능을 한다.

나는 상황 보고를 기다리며 화이트보드를 다시 한번 살핀다. 지휘실은 보통 이상으로 조용하다. 남아 있는 사람이 나와 지휘실 지원 요원, 그리고 무전기 담당 요원 셋뿐이기 때문이다. 다른 대원들은 모두 브리핑을 마친 다음 작전에 투입되었고, 다른 기관들에게도 상황 설명을 마친 상태다. 잠시 숨을 돌리고 진척 상황을 평가할 수 있는 순간이다. 그러나 긴장을 풀자 아드레날린의 분비가 멈추면서 피로감이 엄습한다. 크게 나오는 하품을 참는 순간 물류 지원 담당관 비니가 지휘실로 들어온다.

"우리 때문에 잠을 못 주무시는군요, 대장님?" 그가 쿡쿡거리며 웃는다.

"날 잠 못 자게 하는 게 한두 가지가 아니야, 비니." 내가 대답한다. "고문관 특수 훈련을 받은 아기가 집에 하나 있어. 수면 박탈이 특기지."

비니가 미소를 짓는다. "애들이 다 그렇죠."

"점점 나아진다고 제발 말해줘."

비니가 이마를 찌푸린다. 집을 수리하고 엄청난 바가지요금을 청구하기 직전의 배관공이 지을 만한 표정이다.

"익숙해지는 게 좋아요." 그가 말한다. "잠 한숨 못 자는 일은 앞으로도 계속될 거거든요. 사춘기가 되면 또 굉장해지니까!"

나는 눈을 위로 굴린다. "현장 상황은 어떻지? 마틴한테 상황 보고를 요청해놓은 상태인데."

그는 눈썹을 치켜뜨면서 얼굴을 찌푸린다. 짓궂은 장난기와 어이없음이 섞인 표정이다.

"상황이 그렇게 좋아?" 내가 묻는다.

그가 한숨을 내쉬는 것을 보고 현장에서 열심히 일하는 마틴의 노력을 깎아내리려는 그의 의도를 미리 짐작한다.

"그게 말이지요, 대장님…."

무전기에서 치지직 하는 소리가 들리면서 내가 요청했던 상황 보고가 들어온다. 내가 손을 들고 무전기를 가리키자 비니는 하던 말을 멈춘다. 무전기에서는 마틴의 익숙한 코맹맹이 소리가 들려온다. 굉장히 신경을 쓰며 귀를 기울여야 겨우 들린다. 수신 상태를 향상시키는 조치를 취했지만 무전 상태가 매우 좋지 않다. 작업이 진척을 보이고 있지만 기관사는 아직 구출 전이라는 보고인 듯하다. 마틴은 화차 1량에서 화학물질 용기를 수거했다고 확인한다. 그러나 지휘실 화이트보드에 적힌 정보에 따르면 화학물질 용기가 수거된 화차의 수는 5량이다. 어떻게 5량에서 1량으로 준 것일까?

"비니, 5량을 처리했던 것 아닌가? 무슨 일이지?"

비니는 나를 보며 어깨를 으쓱한다. "저런 바보한테 책임을 맡기고 뭘 바라세요?" 그가 말한다.

내가 노려보자 그는 방어적인 몸짓으로 손을 들어보인다.

"좋아요, 좋아요. 말실수예요. 죄송합니다. 대장님이 알아서 할 일이지요. 그래도 죄송합니다만, 그 사람은 자격 미달이에요."

나는 사람들이 '죄송합니다만'이라는 말로 문장을 시작하는 것이 정말 싫다. 보통 죄송한 마음과는 거리가 먼 이야기를 하기 때문이다. 묻지도 않았는데 동료를 공격하는 비니의 태도에도 화가 난다. 빼도 박도 못하는 상황이다. 마틴은 총명하고 능력 있는 소방관이다. 그러나 현장에서 일을 잘 못한다는 나쁜 평판이 퍼져 있다. 그러나 나는 그 평판이 근거가 없다고 생각한다. 마틴은 자신의 그림자로 평가되고 있는 것이다.

이 정도 되면 마틴이 뭘 어떻게 하던 별 상관이 없다. 비니는 자신의 견해를 확인해줄 무언가에 초점을 맞춰서 그가 능력이 없다는 자신의 확신을 더 강화할 것이다. 조금이라도 잘못되는 일이 생기면(지연, 부상, 문제) 모두 마틴 때문이 되는 것이다. 비니는 3장에서 제임스가 그랬던 것처럼 확증 편향을 드러내고 있다.

"그만둬, 비니." 내가 쏘아붙인다. "이 이야기는 나중에 다시 하자고."

이 순간 오만으로 가득찬 비니는 내가 하려는 이야기가 자신의 부적절한 행동이 아니라 마틴의 실적에 관한 것이라고 생각한다.

비니는 내가 좋아하는 사람이다. 그러나 이런 상황에서 동료를 깎아내리는 것은 받아들일 수 없는 행동이다. 나는 혀를 깨문다. 덜 피곤했더라면 내 감정을 더 잘 조절할 수 있었겠지만 이럴 때 말을 하면 상황이 악화되기만 한다는 것을 알고 있다. 이 문제는 사후 검토 회의에서 거론할 것이다.

비니는 내가 화가 났다는 것을 알고, 자신이 직접 현장에 가서 상황을 점검하겠다고 제안한다. 객관적인 보고가 이루어질 것 같지 않다는 판단을 한 나는 그의 제안을 거절한다. 지휘실이 아직 조용한 상태이기 때문에 이렇게 한가한 틈을 타서 내가 직접 가보기로 결심한다. 내 퍼즐 그림을 맞추는 데도 도움이 되고, 찬바람을 쐬면 피곤이 좀 가실 것 같기도 하다.

밝은 조명이 쏟아지고 있는 선로는 굉장히 비좁다. 관목이 많이 자란 경사면과 철길 사이에는 공간이 거의 없다. 가시에 찔려가며 겨우겨우 기차 앞쪽으로 간다. 우리가 가져온 장비가 여기저기 흩어져 있고, 마틴은 기차 안으로 들어가서 절단 작업을 도울 대원에게 상황 설명을 하고 있다. 춥고 습한 날씨지만 마틴의 볼에는 땀이 줄줄 흐르고 있다. 반면 다른 대원들은 느긋해 보인다. 조금 지나치게 느긋해 보인다는 느낌마저 든다.

나를 본 마틴이 긴장된 몸짓을 하면서 놀란 빛을 감추지 못한다. 내가 상황 보고를 요청하자 그는 화학물질 용기를 실은 화차가 5량이었고, 우리 대원들에 의해 그중 1량에서 용기들을 모두 제거했다고 보고한다. 구급 대원이 5량의 화차에 부상자는 한 명도 없다고 보고했다. 이 메시지가 지휘실로 오는 사이에 왜곡된 것이다. 마틴의 메시지가 상황을 제대로 반영하고 있었다. 내게 말을 하면서 그는 몸무게를 양발에 번갈아 실으면서 움찔거리고 눈을 단 1~2초도 못 마주친다. 자기가 일을 망쳤다고 생각하는 것이 분명하다. 내 생각은 그렇지 않다.

그러나 그는 부정적인 행동 패턴을 반복하고 있다. 자신의 업무 능력에 대해 스스로 가진 심적 모형이 자기 실제 능력을 좀먹도록 하고 있는 것이다. 내가 이 악순환을 깨야 한다. 나는 마틴을 옆으로 불러서 지금 매우 잘하고 있다고 말해준다. 그가 세운 계획이 좋고, 상황 인식력도 좋다는 코멘트도 곁들인다. 그가 미소를 짓는다. 긴장으로 뻣뻣했던 어깨가 약간 풀린다. 나는 주변 사람들도 들을 수 있도록 큰 목소리로 말한다. 내가 나타남으로써 모두가 조금 더 정신을 바짝 차린다. 모두들 내 시선을 의식하고 있는 것이다. 자신의 전문성에 대해 자부심을 가진 이라면 누구든 사후 검토 회의에서 지적을 받고 싶지 않을 것이다. 관리자가 사무실에 들어오면 컴퓨터 화면이 쇼핑에서 재빨리 업무 화면으로 바뀌는 것과 같은 상황이다.

마틴의 자세가 더 꼿꼿해진다. 그는 대원 중 한 명을 불러서 압축공기 램을 사용해서 기관사의 다리를 누르고 있는 쭈그러진 대시보드를 밀어내고 그녀를 구출하겠다는 획기적인 전략을 제안한다. 그의 말을 들은 대원이 고개를 끄덕인다. 마틴의 제안을 이해한 그는 그 아이디어가 괜찮고, 성공할 것 같다고 생각한다. 그리고 그의 생각이 맞았다.

마틴의 지휘 아래 기관사를 성공적으로 구출할 수 있었다. 그녀의 목숨을 구한 것이다. 다리는 절단해야 했지만 생명은 부지했다. 나는 그 경험에서 마틴도 무언가를 배웠기를 바란다. 자신의 역할이 중요할 뿐 아니라 핵심적이었다는 사실을 이해했기를.

*

자신감은 자신감을 낳고, 공황은 공황을 낳는다. 그저 그런 수준의 성과를 올리는 일이지만 엄청난 자신감으로 해내서 박수를 쳐줘도 아깝지 않은 경우도 봤다. 사실 자신감 하나만으로는 충분치가 않다. 자신감은 그림자에 불과하기 때문이다. 그러나 자신감 없이 화마와 싸우기란 매우 힘들다. 타오르는 건물 안으로 들어가려는 순간, 그 명령이 모든 위험 요소를 고려하고, 자신이 하는 일에 신념과 자신감을 가지고, 명확한 대응 방법에 대한 비전을 지니고 있는 사람의 명령이기를 바라는 것은 인지상정이다. 그러나 지휘관의 행동, 보디랭귀지, 태도 같은 것에서 '나도 잘 모르겠어'라는 메시지가 읽히면 그 불안감은 빠르게 전염된다. 그런 지휘관 밑에서 작업을 하면 더 긴장하고, 더 스트레스를 받기 때문에 급속히 변화하는 현장 상황과 정보를 소화하는 시각도 영향을 받을 수밖에 없다. 자신감이 부족한 지휘관은 대원들의 성과에도 영향을 끼친다. 지휘관이 보이는 반응 때문에 대원들은 실제보다 상황이 더 심각하다고 생각하게 된다. 그리고 그런 느낌을 확인해줄 징후들을 찾기 시작하고(확증 편향), 당연히 상황이 더 심각해 보일 만한 것들이 눈에 들어온다. 그러면 지휘관들의 지시를 이행하는 것이 위험을 감수할 정도의 가치가 있는지에 대해 의문이 생긴다. 지휘관들이 확신이 없는데 어떻게 그들을 따르는 대원들이 확신에 찬 행동을 할 수 있겠는가? 대원들의 스트레스 수준이 높아지고, 악순환은 계속된다.

동료들과 잘 협력하는 능력은 소방관이 가질 수 있는 가장 강력한 장점 중의 하나다. 끈끈하게 뭉쳐진 팀은 불가능해 보이는 임무도 완수할 수 있다. 그러나 이 커다란 장점이 간혹 커다란 약점으로 작용할 때도 있다. 대원들 중 알파, 즉 우두머리가 생기는 수가 종종 있고(정식 리더가 아닐 수도 있다), 그의 견해가 그 그룹의 지배적인 견해로 받아들여지면서 거기에서 벗어나면 충성심이 없는 것으로 간주되기도 한다. 그럴 때는 결합이 너무 단단해서 그룹의 단결이 다른 모든 것보다 우선이 된다. 때문에 다수의 견해에 이견을 제시하는 경우가 드물어진다. 또한 이런 분위기는 한 개인이 그룹 안에서 어떤 식으로 받아들여지는지에도 영향을 끼친다. 우두머리가 쓸모없는 사람이라고 생각하면 그 사람이 건설적 문제제기를 할 기회는 거의 없어지고 만다. 모두가 그 사람을 쓸모없는 구성원이라고 일축해버리기 때문이다.

마틴과 같은 대원들은 일반적인 소방관의 이미지에서 벗어나기 때문에 잘 짜인 팀 안에서 자기 자리를 찾기가 무척 힘들다. 단순히 대인 관계에 서툴러서가 아니다. 그것은 그룹 내 역학의 문제다. 너무 못생겨서, 너무 잘생겨서, 너무 잘해서, 너무 못해서라는 이유로 그룹의 일원으로 받아들여지지 않는 사람들을 여럿 봐왔다.

직장 동료들로부터 든든한 지지를 받는다는 느낌은 정신적 복지뿐 아니라 업무 성과 면에서도 중요하다. 일하는 그룹 내에서 심리적 안정감을 느끼지 못하면 기여하고 싶은 마음도 없어지고, 자신의 생각이나 통찰을 공유하려 하지 않게 된다. 과열된 실린더가 어딘가에 숨어 있을지도 모른다는 생각이 들어도, 어느 쪽으로 불길이 번질 것 같다는 정보가 있어도 입을 열고 싶어 하지 않는 것이다.

사람들은 말을 해서 불리하게 되거나 망신을 당하는 것을 두려워 한다. 이런 믿음은 종종 (의도치 않더라도) 시의적절하지 않은 순간에 내쉬는 한숨이나 시계를 흘낏 쳐다보는 것과 같은 행동들로 인해 강화된다. 이런 분위기가 조성되면 똑똑하고, 활기차고, 투지에 불타며, 불길에 맞서서 싸울 자신감도 갖춘 대원들이 모인 팀이라 할지라도 대응 전략에 대한 자신의 생각을 밝히는 것을 두려워하게 된다. 그렇게 되면 그 팀을 최대한 활용할 수 없다. 팀원들이 불안해하거나, 긴장하거나, 사기가 떨어졌거나, 의견을 밝히는 것을 두려워한다면 지휘관의 임무를 충실히 해내는 데 실패한 것이다. 어떤 직장 환경에서 일하는 지도자든 마찬가지다.

항공 산업 부문 또한 팀 전체의 참여가 중요하다는 사실을 깨닫게 됐다. 비극적인 사고를 겪은 비행기들의 조종석에서 녹음된 내용을 분석한 결과, 팀원들이 수석 조종사에게 중요한 정보를 전달하기 위해 애썼다는 증거가 많이 발견됐다. 그러나 팀 내에 존재하는 권력 구조 때문에 그런 정보가 명확히 전달되지 않은 경우가 많았다. 그 결과 비행기가 추락하고 사람들이 목숨을 잃었다.

이런 재난이 여러 차례 반복된 후, 미 항공 우주국NASA에서는 이 문제의 심각성에 대해 연구했다. 연구팀의 일원이자 심리학자인 존 라우버는 한 기자에게 수석 조종사가 도착하기 전에 조종석에 들어갔던 경험에 관해 이야기했다.

담당 항공 기관사가 그에게 말했다. "전에도 조종석에 들어와 본 적이 있지요?"

"네." 존이 답했다.

"하지만 이건 모르실 거예요. 제가 수석 조종사의 성 문제 상담가라는 사실 말이에요."

"흠, 아니요. 그건 몰랐습니다." 존이 말했다.

"제가 성 문제 상담가 맞습니다. 제가 무슨 말만 하려고 하면 수석 조종사는 늘 '당신의 망할 조언fucking advice이 필요하면 말할 테니 그때까지는 조용히 해'라고 하거든요(성관계를 뜻하는 비속어를 사용하는 조종사의 어투를 글자 그대로 해석해서 성 문제 상담가라고 기관사가 농담한 것이다—옮긴이 주)."

항공 산업 부문에서는 수석 조종사의 절대적인 권위 때문에 팀원들이 실수나 우려되는 부분을 지적하기 힘들다는 것을 깨달았다. 이 문제를 연구한 팀에서는 '승무원 자원 관리Crew Resource Management, CRM'라는 혁신적인 접근법을 제안했다. 사람들이 어떻게 생각하고 반응하는지에 초점을 맞춰 인적 오류를 줄이는 것을 목표로 하는 접근법이다(어디서 많이 들어본 접근법 아닌가?). 권위를 가진 사람을 존중하는 태도를 잃지 않으면서도 의문을 제기할 수 있는 문화를 만드는 것이 주요 목표였다. CRM은 이제 전 세계 항공계의 표준 방침 중 하나다.

지휘관의 임무는 사람들에게 무엇을 하라고 지시를 내리는 것에 그치지 않는다. 팀원들이 어떻게 반응하는지가 대응 작전의 성공 여부를 결정지을 수도 있다. 유능한 지휘관은 동료들에게 영감을 주고, 자신이 세운 계획을 모두가 명확히 이해할 수 있도록 독려해야 한다. 지도자는 자신이 책임진 사람들을 돌볼 의무가 있다. 그리고 용감해야 한다. 용감함은 아무것도 두려워하지 않는 것이 아니다. 두려움에도 불구하고 실행에 옮기는 것이다. 때때로 그 말은 이미 지니고 있는 강점을 활용하는 데서 그치지 않고 새로운 강점을 개발하기 위해서 위험을 감수할 수 있어야 한다는 뜻이다. 이것은 어려운 일이고, 누구도 언제나 완벽할 수는 없다. 누구나 실수를 저지른다. 하지만 나는 내가 책임자로 일하는 현장에서는 대원들이 인기가 있든 없든 누구나 존중받고, 지지받고, 인정받는다는 느낌을 가지기를 바란다.

아웃사이더가 어떤 것인지 나도 경험을 통해 잘 알고 있다. 나는 18세에 소방 구조대에 들어왔다. 그전 몇 년은 매우 어렵게 지내야만 했다. 내가 15세에 집을 나왔을 때는 기관을 통한 도움을 거의 받을 수가 없었다.* 16세가 되던 해, 노숙을 하면서 너무나 지치고 배가 고팠던 나는 집이 있던 지역의 사회복지 사무소를 찾아갔다. 예전에 우리 가족을 관리하던 복지사를 만날 수 있을까 해서였다.

그러나 예산이 크게 줄고, 일은 많았던 때라 내가 찾은 복지 사무소는 거의 텅 비어 있었다. 거기서 가르쳐준 대로 지방 정부가 운영하는 저소득층 임대 주택 사무소에 찾아갔지만 나는 우선적인 입주 대상이 아니라는 대답을 들었다. 노숙자가 되기 직전의 사람들에게 우선권을 주기 때문에 이미 노숙자인 나는 우선순위에서 밀려난 것이다. (그 정책을 비난할 수는 없다. 노숙자가 된다는 것

* 2004년 영국에서 제정된 아동법이 어린이의 복지와 관련된 문제에 대해서 여러 기관 사이에 협력할 것을 의무화하면서 상황이 개선되었다. 어린이가 학대당하고 있다는 사실을 발견한 기관은 다른 기관들에게도 이 사실을 알려 해당 어린이의 상황을 관찰하고 보호하도록 해야 한다.

은 너무 끔찍한 일이기 때문에 누구도 그런 운명으로 밀어 넣고 싶지는 않다.) 나는 이번에는 주택 조합으로 보내졌고, 대기 명단 가장 끝자리에 내 이름이 올려졌지만 그후로 소식을 듣지 못했다. 복지 수당을 받기에는 너무 어렸고, 그 복잡한 행정 절차를 뚫고 도움을 받을 수 있도록 나를 안내해줄 사람은 아무도 없었다. 나 혼자였다.

그래서 나는 나 자신을 스스로 돌보는 방법을 배웠다. 노숙인 자활을 돕는 월간 잡지 『빅이슈』를 팔아서 그날 번 돈으로 그날 먹고사는 생활을 했다. 그러나 그렇게 해서 번 돈으로는 턱없이 부족했다. 그래서 나는 각자 밥 한 끼 사먹을 돈을 마련하기 위해 여러 노숙자가 경쟁적으로 『빅이슈』를 파는 큰 도시 뉴포트를 떠나 몬머스라는 작은 도시로 갔다. 거기에서 『빅이슈』를 파는 사람은 나뿐이었다.

그곳에 머무르면서 나는 새벽 6시부터 저녁 7시까지 잡지를 팔았다. 어떤 날은 한뎃잠을 잤고, 어떤 날은 버려진 건물 안에서 밤을 지냈다. 하룻밤을 침대에서 자고 치러야 하는 댓가는 내가 동의할 수 없는 것들이었다. 한번은 다리 밑에서 잠을 자는데 깨어보니 만취한 남자가 내 침낭에 오줌을 싸고 있었다. 나와 친구가 된 비루먹은 반려견이 튀어나가 우리 둘의 복수를 하겠다고 덤볐다. 호스텔에 머무르는 것도 시도해봤지만 꽉 차 있을 때가 많았고, 솔직히 말해서 그곳도 안전한 느낌이 들지 않았다.

겨우 얼마간의 돈을 모은 나는 사우스웨일스 밸리 지역의 마을에서 싸구려 원룸을 빌리는 데 성공했다. 근처에는 언젠가 일하고 싶은 소방서도 있었다. 나는 누군가를 구하는 일을 하고 싶었다. 아무도 나를 구해주지 않았기 때문이다. 맥락은 달라도 같은 느낌이니까. 그러나 내 꿈을 이야기하면 사람들은 웃으면서 내 체구가 얼마나 작은지 지적하곤 했다. '불가능할 거야'라고 말하면서. 사람들이 그런 반응을 보일 때마다 나는 더욱 결의를 다졌다. 기가 꺾이거나 어려움을 겪을 때마다 비아냥거리는 그들의 얼굴을 떠올리면서 앞으로 나아갔다.

나는 궁핍하나마 삶을 지탱할 수 있는 일자리를 구했다. 18세가 되었을 때, 나는 전자레인지로 데워 먹을 수 있는 음식 제조 공장에서 일하면서 동시에 추가로 적어도 바 세 군데에서는 늘 아르바이트를 했다. 그리고 내 꿈을 이루기 위한 준비에 착수했다. 소방관이 되는 꿈 말이다.

검안사는 내 시력이 너무 나빠서 소방 구조대에 들어갈 수 없을 것이라고 말했다. 울음이 나오려다 말고 화가 났다. 절대 포기하지 않을 것이라는 결심을 다졌다. 도서관에 가서 시력 개선 운동에 관한 이상한 책 한 권을 찾았다. 그리고 그 운동을 몇 달 동안 하루에 여덟 번씩 성실하게 했다. 편두통이 생겼을 뿐 아무런 효과가 없었다. 더 나은 계획을 세워야 했다. 다시 도서관으로 돌아가서 기억법에 관한 책을 찾았다. 다음번에 시력 검사를 하러 가서는 검안사의 주의를 딴 데로 돌린 다음(도서관에서 눈에 관한 일반적인 책도 찾아 읽었다) 혹시 몰라 시력 검사표 맨 아래 두 줄을 몽땅 외웠다. 그리고 시력 검사를 통과했다.*

나는 나머지 체력 검사와 필기 시험을 치렀고, 면접까지 봤다. 모든 게 순조롭게 흘러가는 듯했지만 확신할 수는 없었다. 할 수 있는 최선을 다하지 않은 게 아닐까 하는 두려움이 컸지만, 합격 여부를 알리는 편지를 기다리는 것 말고는 다른 도리가 없었다. 나는 날마다 산타 할아버지의 편지를 기다리는 아이마냥 문으로 달려가 집배원 손에서 우편물을 낚아챘다. 마침내 통지가 왔다. 수수한 갈색 봉투에 빨간 우표가 붙어 있고 소방 구조대를 상징하는 낙인이 찍혀 있었다. 나는 내 이름을 네댓 번 반복해서 읽었다. 그리고 거실에 있는 작은 나무 테이블에 앉아서 봉투를 열었다.

"친애하는 코헨 양, 귀하가 소방 구조대 시험에 합격했음을 알려드리게 되어…"

눈을 한 번 깜빡이고 다시 읽었다. 그리고 뛰어올라 소리소리 지르면서 방을 뛰어다녔다. 내 잡종 반려견 매너스도(내가 거리를 떠돌 때부터 친구가 되어주었다) 컹컹 짖으며 나와 함께 뛰었다.

기회는 내가 만들기에 달렸다. 개인의 배경은 시작점을 다르게 할 뿐, 도착점을 정하지는 못한다. 훌륭한 평판, 혹은 굉장한 인맥,

* 좋은 시력을 요구하는 규정은 그후 개정됐고, 이제 더이상 좋은 시력이 합격 조건에 포함되지 않는다.

좋은 학벌 등은 모두 우리가 가려는 길을 조금 더 평탄하게 만들어줄 수는 있지만, 성공은 결국 개인의 투지와 노력에 비례한다. 나는 그렇지 않을 수 있다는 가능성 자체를 받아들이지 않았다.

나는 가끔 투지 혹은 결의 같은 것이 타고나는 것인지 자란 환경의 영향을 받는 것인지 궁금할 때가 있다. 굉장히 복잡한 질문이고, 그 두 가지가 복합적으로 작용한다고 생각하는 사람들이 대부분일 것이다. 주어진 상황에 반응하는 방식은 성격의 영향을 받는데, 그 성격의 일부는 태어날 때 타고난 것이다. 그러나 우리가 보이는 반응은 과거의 경험, 가치관, 정의관에 따라서도 달라진다. 이런 것들은 가족, 친구들에게서 배우기도 한다.

내 가족을 거슬러 올라가다 보면 투지의 흔적이 여기저기에서 보인다. 내 조상은 몇 세대에 걸쳐 모로코에 뿌리를 내리고 수도인 라바트와 모로코-알제리 국경 도시인 우지다에 퍼져 살아온 유대인들이다. 내 조부모는 윤택하고 행복하게 사셨다고 한다. 그러나 1948년 6월 8일 제라다에서 벌어진 유대인 학살 사태 때 할머니는 마체테로 공격을 받았다. 종교적인 이유로 43명의 유대인이 학살당하고 백 명 이상이 다쳤을 때* 내 할머니도 마체테로 머리를 맞아 두개골이 깨졌다. 할머니가 집 문 앞에서 피를 흘리며

* 공식적으로는 43명이 살해된 것으로 기록되어 있지만, 할아버지와 할머니는 그 숫자가 훨씬 많아서 적어도 60명은 죽었을 것이라고 추측했다. 공식 기록, 특히 그 당시의 기록은 그다지 신뢰도가 높지 않다. 예를 들어, 할머니는 출생 증명서가 없었기 때문에 자신의 나이를 그냥 어림잡아서 말하곤 했다.

숨이 넘어가는 동안 세 살이었던 첫째 아들이자 내 삼촌인 가디는 할머니 치마 안에 숨어 있었다. 할아버지는 경찰에게 보호를 요청하느라 가족에게 집 안에서 나오지 말라고 당부하고 경찰서에 가 있었다. 할아버지도 마체테 공격으로 목숨을 잃을 뻔했다. 할아버지 뒤에서 칼을 들고 뛰어드는 사람을 경찰이 총으로 사살해서 목숨을 건진 것이다.

집에 돌아온 할아버지는 첫째가 다행히도 무사하다는 것을 확인할 수 있었다. 할머니의 시신이 임시로 마련된 시체 안치실에 있다는 소식을 들은 할아버지는 할머니를 자기 눈으로 보기 위해 그 임시 시체 안치실을 찾아다녔다. 결국 찾은 곳은 경찰관 단 한 명이 지키고 있는 천막이었다. 뇌물을 주고 안으로 들어간 할아버지는 심하게 손상된 시체들이 산처럼 쌓여 있는 곳을 뒤져 거의 바닥쯤에서 아내의 시신을 찾았다. 그런데 할아버지가 엄청난 괴력을 발휘해서 끌어낸 할머니의 시신이 갑자기 큰 숨을 몰아쉬었다. 살아 있었던 것이다. 크게 다쳤지만 숨은 붙어 있었다.

우리 할머니는 대부분의 사람들보다 더 투지가 강했던 듯하다. 극단주의자가 휘두른 마체테를 맞고 중상을 입은 채 엄청나게 피를 흘리고, 심지어 죽음에 둘러싸여 갇힌 상황에도 할머니는 끈을 놓지 않았던 것이다. 할아버지가 보여준 끈기와, 아내를 찾고 가족을 지키겠다는 의지를 생각하면 할아버지 쪽 투지도 못지 않았다는 것을 알 수 있다. (사실, 마이크의 할아버지는 베르겐-벨젠 강제

수용소를 두 번이나 탈출한 분이다. 가브리엘라가 이런 투지와 끈기를 충분히 이어받았기를 바란다.)

할아버지와 할머니는 그후 곧바로 모로코를 떠났다. 유럽은 고려 대상이 아니었고, 북아프리카 출신 유대인들은 다른 데서도 비자를 받는 데 어려움을 겪었다. 그래서 두 분은 수 세대에 걸쳐 딤미*로 살아왔고 점점 박해가 심해지고 있던 그곳을 떠나, 마침내 안전하게 살 수 있을 것이라 생각한 곳으로 향했다. 바로 이스라엘이었다. 그리고 그들의 생각은 맞았다. 할머니와 할아버지는 그곳에서 소박하고 행복하게 살았다. 이제 그들의 후손은 안전에 대한 걱정 없이 원하는 종교를 믿을 수 있게 되었다. 할아버지는 신발을 만들어 팔았고, 할머니는 단란한 가정을 꾸렸다. 두 사람은 방 두 개짜리 아파트에서 아이 다섯을 키웠다. 이스라엘로 이주한 후 태어난 첫 번째 아이가 바로 나의 아버지다.

어쩌면 할머니의 DNA에 특별한 투지가 들어 있었고, 내가 그것을 물려받았는지 모르겠다. 혹은 할머니가 그녀의 부모에게서 배운 근로 윤리, 끈질김, 포기하지 않는 의지를 내가 그녀로부터 배운 것인지도 모르겠다. 내가 어릴 때 아버지 간호를 돕느라 우리와 함께 살았던 할머니가 내게 보여준 모습들을 말이다. 거기에 더

* '보호받는 사람'을 뜻하는 유서 깊은 용어로, 이슬람 국가에 거주하는 비이슬람 교도를 의미한다. 이들은 세금을 내는 대가로 이슬람 법에 의해 특별한 지위와 안전을 보장받는다. 딤미는 무슬림에 비해서 법적 · 사회적 권리가 제한되지만, 세금을 냄으로써 종교와 종교 활동의 자유를 얻는다.

해 포기를 모르는 아버지도 산 교훈이었다. 6개월 시한부 선고를 받은 후, 아버지는 그 악랄한 병과 싸우며 거의 6년을 버텨냈다.

*

내가 18세에 소방 구조대에 들어갔을 때, 나는 그 소방서 역사상 첫 여성이었다. 그것은 예상한 일이었다. 그러나 내가 예상치 못했던 것은 당시 나를 맞아준 엄청난 성차별이었다. 두 팔 벌려 나를 환영하는 분위기는 아니었다고 해두자. 지금까지도 기억나는 충격적인 대화가 수없이 많다. 보통 그런 대화들은 이렇게 시작됐다. "소방서에서 여자가 일하는 걸 찬성할 수 없어. 꼭 너를 두고 하는 말은 아니지만 난 싫어."

그런 분위기 속에서 나는 나도 모르게 내 존재 자체에 대해 사과를 하고 있었다. 그러나 내 본색과 10대 특유의 고집이 드러나기까지는 얼마 걸리지 않았다. 어느덧 나는 그런 식으로 내게 말을 하는 사람에게 이렇게 대답을 하고 속으로 쾌재를 부르곤 했다. "무슨 말인지 알아요. 나도 소방서에서 일하는 바보들에 대해 똑같은 생각을 하거든요. 그런 바보들은 뽑지 말아야 하는데, 어쩔 수 없죠 뭐! 물론 꼭 당신을 두고 하는 말은 아니에요."

소방서의 남자 동료들은 화재 현장에서 나와 말을 섞지 않고, 내가 고생하는 것을 보면서 즐겼다. 한번은 길 아래 경사면으로 굴러 떨어진 채 불에 타고 있는 차가 있었다. 나는 호스를 들고 나뭇가지를 헤치고 기어가 불을 끄라는 지시를 받았다. 완전히 나 혼자서. 같은 팀의 다른 세 명의 팀원들은(팀의 책임자를 포함해서) 뒤에 반원형으로 모여 서서 지켜보기만 했다. 그들은 심지어 내가 안전한지, 효과적으로 대응하고 있는지도 신경 쓰지 않았다. 가끔 뒤를 흘끗 돌아보면 세 사람이 히죽거리는 것이 보였다.

그들은 나를 이름이 아니라 '스플릿 아스split arse'*(여성을 비하해서 부르는 말—옮긴이)라고 불렀다. 당시 내 나이 열여덟이었고, 그들 중에는 나만 한 딸을 가진 사람들도 있었다. 나는 그런 태도에 영향을 받지 않겠다고 마음먹었다. 동료들이 나를 인정해줬으면 좋았겠지만, 내가 그보다도 더 원하는 것은 소방관이 되는 것이었다. 대원 간의 가족처럼 끈끈한 유대감을 강조하고 부르짖는 평소의 태도를 생각하면 나를 그렇게 따돌리는 걸 마다하지 않았던 그들의 행동은 엄청난 모순이었다. 소방관 정신에 정면으로 위배되는 행동인 것은 더 말할 나위도 없었다. 그러나 그들의 행동은 내가 더 잘하고, 더 나은 사람이 되고, 아무도 다시는 나처럼 느끼지 않도록 하기 위해 최선을 다하게 만드는 원동력이 되었다.

괴롭힘은 별명을 부르는 데서 그치지 않았다. 소방관으로 일하기 시작한 초기에 다른 대원들이 내 장비를 고장낸 적도 있었

* 이 표현에 익숙지 않은 사람은 인터넷을 검색해보기 바란다. 이 말을 설명하는 데 시간을 낭비하고 싶지 않기 때문이다. 단, 직장 컴퓨터를 사용하는 것은 권하고 싶지 않다.

고, 근무지를 옮기는 동료의 사물함에 장난으로 냄새나는 썩은 생선을 넣어놓고 내가 한 일이라고 떠넘긴 적도 있었다. 성희롱을 당한 횟수는 세기도 힘들 만큼 많다. 원치 않는 남성 성기 사진들을 받고, 내가 남자가 아니니 다른 대우를 받아야 한다는 메시지를 받는 경우는 또 얼마나 많았던가? 당시 나는 그런 일을 당하고도 문제 삼지 않았다. 어리고, 자신이 없었던 데다, 힘의 균형이 나에게 유리한 상황이 아니라 생각했었기 때문이다. 문제삼으면 내 평판에 영향을 미칠까 두려워 그냥 참았다. 지금은 그때 아무것도 하지 않은 데 대해 크게 후회하고 있고, 그 잘못을 바로잡기 위해 많이 노력해왔다. 이제는 그런 문제가 있으면 바로 지적을 하곤 한다.

그러나 한 가지 꼭 첨언하고 싶은 것은, 그런 나쁜 경험들은 내 첫 부임지 생활의 아주 작은 부분에 지나지 않았다는 사실이다.

다행히도 지난 20년 사이에 소방 구조대에는 많은 변화가 일어났다. 전반적인 문화도 바뀌었고, 누구도 소외시키지 않으려는 노력이 이루어지고 있는가 하면 선입견에 맞는 대원뿐 아니라 모든 대원의 의견과 활동을 존중하는 분위기가 생긴 것이다. 내가 소방 구조대에 들어간 것은 이런 변화가 오기 시작하던 즈음이었다. 나보다 먼저 소방 구조대에 들어가 현재 내가 당연한 듯 받아들이는 권리를 찾기 위해 싸운 선배들이 있다. 긴 머리를 자르지 않아도 되는 작은 권리에서부터, 여성의 신체에 맞게 고안되어서 우리 몸의 중요한 부위를 보호하도록 만들어진 소방 장비를 입고 일할 수 있는 크고도 중요한 권리에 이르기까지 다양하다. 이런 변화를 투쟁으로 얻어낸 이들 중에는 틀에 맞지 않는 사람들도 있었고, 또 틀에 맞지만 자신이 가진 힘과 영향력을 사용해서 상황을 개선할 용의가 있었던 사람들도 있었다. 그들처럼 원대한 이상을 가진 사람들의 노력과 결의와 개인적 희생 덕분에, 나는 2001년 내가 처음 들어갔던 소방 구조대와 현재의 소방 구조대가 완전히 다른 곳이 되었다고 가슴에 손을 얹고 자신 있게 말할 수 있게 되었다.

완전히 다른 세상이 되었다. 너무도 훌륭하다. 더 많은 여성이 소방 구조대에 들어와서 공헌을 하기를 바라는 것도 바로 이런 이유에서다. 성비를 의무적으로 맞춰야 하기 때문이 아니라, 가장 유능한 인재들 중에서 다음 세대의 소방관들을 뽑아야 하기 때문이다. 현재는 소방관이 어떤 모습이어야 한다는 선입견에 부합되는 작은 인재 집단 속에서 가장 유능한 사람들을 뽑는 데 그치고 있다. 그러나 그 제한된 인재 집단은 현재 소방 구조대가 수행하는 다양한 업무를 제대로 반영하지 못할 수도 있다. 더 다양한 인재들이 필요하다.

그렇게 하기 위해서는 사회적으로 용인되는 한계에 의문을 제기하고, 일상적으로 벌어지는 성차별에 도전해야 한다. 소방관을 칭하던 '파이어맨fireman'이라는 용어에 내가 자주 문제 제기를 한다는 이유로* 입에 담지 못할 욕설을 하는 사람들을 내 트위터 계정에서 차단해야만 했던 적도 많다. 단, 그중에 재직 중이었던 소방관은 한 명도 없었다는 사실을 덧붙이고 싶다. 그런 사람들은 보통 소방 구조 분야와 상관없는 사람들로, 자기가 누리는 특권이 너무도 당연해서 평등을 추구하는 것이 억압이라고 느끼는 이들이다. 때로 어렵고, 때로 더 큰 목소리가 우리에게 입을 다물라고 외쳐도, 우리는 끊임없이 불평등에 문제를 제기해야 한다.

내게는 딸이 있다. 수백 년 동안 고착되어온 사회적 관념과 무의식적 편견을 요술지팡이를 휘둘러서 하루아침에 사라지게 할 수 없다는 것은 나도 알고 있다. 그러나 내 딸이 자란 후 내게 와서 불의나 불평등에 대해 불평을 할 때(가브리엘라도 이 세상의 모든 딸들과 마찬가지로 그런 일을 당하게 될 것이 분명하므로) 그저 '그래, 네 맘 알아'라고 말하는 데서 그치고 싶지 않다. 나는 '그래 네 맘 알아. 하지만 그걸 고치기 위해 나는 이런 일을 했고…. 그리고 너와 네 세대는 이런 일을 할 수도 있을 거야'라고 말하고 싶다.

그와 더불어 남성들이 보내는 성원의 물결은 언제나 큰 격려가 된다. 특히 '히포쉬HeForShe' 운동을 통해 많은 남성들이 자신의 딸과 누이, 배우자를 위한 변화를 요구하고 있다. 소방 구조대 내에서도 점점 더 많은 남성들이 불평등과 소외에 반대하는 목소리를

* 영국 소방 구조대 고용계약서에서 소방관을 일컫는 '파이어맨fireman'이 '파이어파이터firefighter'로 바뀐 것은 1980년대의 일이다. 당시 정년까지 30년을 복무했다는 것을 감안하면(후에 40년으로 바뀌었다) 현재 영국에서 활동하는 소방관 중 '파이어맨'이었던 사람은 거의 없을 것이다.

내고 있다. *신사 여러분, 고맙습니다. 우리 여성들은 여러분의 노력을 고마운 마음으로 환영합니다.*

얼마 지나지 않아 다른 소방서로 옮겨간 나는 훌륭한 소방관들과 함께 일할 기회를 가졌다. 정말이지 영감의 원천이 되는 그 동료들은 내게 오빠 같은 존재가 되었다. 그때를 생각하면 늘 미소를 짓게 된다. 그 기간은 하나도 바꾸고 싶은 부분이 없다. 소방관으로 일하는 동안, 나는 일생을 함께할 절친한 친구들을 만났고, 최악의 상황에서 나를 위해 목소리를 높이고 도와준 사람들을 만났는가 하면, 내가 할 수 있으리라 상상하지 못했던 일을 할 수 있다는 것을 배웠으며, 너무 깔깔 웃어서 옆구리가 터질 것 같던 순간들을 경험했다. 그리고 진심을 다해 사랑하는 사람들, 내 목숨을 그들의 손에 맡길 수 있을 정도로 온 마음을 다해 신뢰하는 사람들을 만났다.

그러나, 그야말로 절실하게 속하고 싶었던 그룹에서 이유 없이 부정적인 평판을 얻고 환영받지 못했던 경험은 내게 큰 영향을 줬고, 현재 내가 사람들을 대하는 방식에도 영향을 끼쳤다. 나는 행동할 때 조심스럽게 하는 것만큼 말도 조심스럽게 한다. 내가 다른 인간에게 끼칠 수 있는 영향을 절대 과소평가해서는 안 된다는 것을 알기 때문이다. 실수하지 않을 수는 없지만, 적어도 나는 언제나 이를 자각하고 있다.

그때의 경험은 내가 지휘관으로 행동하는 방식에도 영향을 줬다. 나는 내 팀에서 누군가가 무시당하거나 정당한 대우를 받지 못하는 것을 못 본 체하지 않는다. 이것은 '지휘 스타일'과는 하등의 상관도 없는 것이다. 큰 압박감을 받고 있다는 것도 변명이 될 수 없다. 고함치듯 명령하고, 큰 소리로 말하면 그 지시 사항이 완수될 것이라고 추측하는 태도는 허용할 수 없다.

리더가 된 사람은 상황이 급박할 때마저도 자신이 내보내는 메시지의 작은 뉘앙스까지 책임질 줄 알아야 한다. 의도하는 바를 정확히 표현했고, 상대방이 그 메시지를 제대로 받아들였는지 확신하는가? 위험을 고려한 의사 결정을 내린 다음, 다시 말해 위험이 어느 정도 따르는 결정을 한 다음, 공격적인 태도와 불분명한 방식으로 지시를 해놓고 어떻게 그 전략이 제대로 실행에 옮겨지기를 기대할 수 있는가? 모든 사람이 압박감을 느끼며 일하고 있다. '지휘관'이라는 직위를 등에 업고 사람들을 제대로 대접하지 않는 것은 받아들일 수 없는 행동이다. 친절하지 못하고 비인간적일 뿐 아니라 업무에 부정적인 영향을 주기 때문이다.

나는 늘 권위를 내세우는 사람들을 잘 받아들이지 못했다. 그런 식으로 행동하는 지휘관들은 내 견해를 바꾸는 데 눈곱만큼도 도움이 되지 않았다. 나는 부모, 선생님에서부터 직장 상사들까지, 신뢰받아야 할 자리에 앉은 사람이 주어진 일을 제대로 해내지 못하는 경우를 너무도 많이 봤다. 내가 다니던 학교는 내가 얼마나 취약한 상태에 있었는지 보여주는 수많은 징후들을 모두 놓쳤다.

한번은 선생님이 『빅이슈』를 팔고 있던 나를 봤다. 내가 선생님을 부르자 그는 어색하게 자기 신발을 내려다보면서 아무 말도 하지 않고 내 옆을 지나쳐서 가버렸다. 나는 그때 15세였고, GCSE를 치고 있었다. 나는 울음을 터뜨리고 말았다. 아무도, 정말이지 아무도 내 안위를 걱정해주지 않는다는 것을 깨달았기 때문이었다. 어른이 되고 나니 그때 그 선생님도 내 문제에 어떻게 대처해야 하는지 몰라서 그랬을 수도 있다는 생각이 든다. 그러나 모래에 머리를 파묻는 타조가 세상에 보여주는 건 자기 엉덩이뿐이다.

나는 직위가 매우 높은 한 상사가 만취한 상태로 내게 한 말을 절대 잊지 못할 것이다. 그는 내가 '고추가 없기 때문에' 승진하지 못할 것이라고, 그리고 승진하면 안 된다고 말했다. 나는 성질을 참지 못하고 내가 비록 고추는 없지만, 고추 때문에 자만심이 든 사람 밑에서 일하는 게 확실하고, 그렇게 하는 것도 고추가 없는 것만큼이나 큰 장애 같다고 쏘아붙이고 말았다. 이런 식의 대응이 좋다고 하는 건 아니지만(사실 당시에는 그렇게 하고 나니 기분이 훨씬 나아지긴 했다), 누군가가 하는 말에 절대 동의할 수 없으면 입을 다물고 있기가 너무 힘들다. 입을 다무는 것이 내 경력에 도움이 된다 할지라도 말이다.

다음에 할 말에 대해 미리 사과부터 해야겠다. 어쩌면 듣고 싶어 하지 않는 독자들도 있을지 모르겠다. 하지만 어른이라고 꼭 맞는 말만 하는 건 아니다. 나는 그 사실을 어릴 때도 알고 있었고

(그 때문에 얼마나 혼이 많이 났었는가!) 지금도 알고 있다. 재난 대응 현장에서 가장 높은 직위를 가진 사람은? 직위가 높다고 해서 항상 맞는 말만 하는 것은 아니다. 처음으로 지휘관급 직책을 맡았을 때, 나를 아끼는 매우 현명한 동료가 팀에 속한 나머지 네 명을 잊지 말라는 충고를 내게 해줬다. 그는 결정을 하는 것은 나지만, 아이디어를 내는 것은 그들이라고 했다. 그러나 일이 잘못되면 그 과정을 증언할 증인도 네 명이다. 팀을 이루어 함께 일하면 큰 힘을 발휘할 수 있지만, 결정은 현명하게 내려야 한다!

대형 사건 지휘실을 조성하는 일을 처음 맡은 날, 나는 내가 해야 할 일이 무엇인지 정확히 알고 있다고 생각했다. 그러나 경험이 매우 많은 당직팀 지휘관이 내가 내린 상황 해석에 이의를 제기했다. 기술적으로는 나보다 직급이 훨씬 아래였지만, 비슷한 상황에서 여러 번 일한 경험이 있는 사람이었다. 우리는 새 건물을 사용하기로 결정했고, 빠른 시간 내에 그 공간을 우리가 늘 일하는 작업 환경과 비슷하게 만들어야만 했다. 그리고 그 상황에서 그가 한 제안은 금쪽같은 것이었다! 나는 옹색한 데로 주어진 조건을 받아들일 준비가 되어 있었지만, 경험이 많았던 그는 그런 근무 환경에서는 좋은 결과를 낼 수 없다는 것을 곧바로 알아차렸다. 잠겨 있던 옆방 문을 여는 데 성공한 그는 그 방을 별도의 '지휘실'로 쓰자고 제안했다. 그 덕분에 나는 여러 부서들이 함께 북적이는 곳에서 부대끼지 않고, 들어오는 정보를 모두 취합할 수 있는 별도의 공간에서 일할 수 있었다. 그가 자기 의견을 말하고 작전 수립에 기여해도 지휘관인 내가 위협을 느끼지 않으리라는 것을 알았기 때문에, 우리는 훨씬 효과적인 공간을 만들어 낼 수 있었다.

나는 권위 혹은 지휘권을 가진 인물에 대해 건전한 의혹을 품는 것은 현명한 일이라고 생각한다(현재 내 직급을 생각하면 이런 말을 하는 것이 역설적으로 들릴 것이라는 사실을 나도 안다). 그러나 솔직히 말하자면 나는 도전을 받고 싶다. 나와 함께 일하는 부하 대원들이 "이렇게 하는 것이 좋겠다고 생각합니다" 혹은 "이런 점은 생각해보셨나요?" 혹은 "그런 행동 방침에 저는 동의하지 않습니다"라고 말할 수 있기를 바란다. 내 결정이 옳은 것이라면, 즉 논리적이고 합당한 이유를 들어 내 결정을 방어할 수 있다면, 아무도 손해볼 것이 없다. 만일 내 결정이 틀린 것이라면, 그것을 바꿀 시간이 아직 있다. 나는 두려움의 대상이 된 지도자가 자신의 자존심 때문에 실패를 겪는 것을 목격해왔다. 나는 그런 사람이 되고 싶지 않다.

THE HEAT OF THE MOMENT

7장 정신적 준비

"어렵게 훈련하면 쉽게 싸울 수 있다."

-알렉산드르 수보로프Alexander Suvorov

젊은 엄마가 길 한가운데 서서 아기를 꽉 껴안고 있다. 그녀는 비명을 지르고 있다. 뱃속 깊은 데서부터 울려 나오는 절박한 비명이다. 눈물이 온 얼굴을 적시며 흘러내려 하늘색 셔츠를 점점이 물들이고 있다. 아기를 너무 꽉 껴안고 있어서 으스러질까 두려울 정도다. 분홍색 물방울무늬 담요에 싸인 아기의 얼굴은 보이지 않는다.

머리끝에서 발끝까지 검은색 복장을 한 몸집이 엄청나게 큰 근육질의 경찰관이 여자와 아기에게 기관총을 겨누고 있다. 그는 힘과 지배력의 초상, 그녀는 절박함의 초상이다. 그는 발라클라바와 헬멧을 쓰고, 눈마저 고글로 가리고 있다. 누구인지 전혀 식별이 안 되는 모습이다. 한 가지 예외는 그 두터운 방탄복마저도 차단하지 못한 체취다. 백단유 향기가 섞인 그의 강하고 특이한 체취가 공기 중에 퍼지고 있다. 얼굴이 없는 거대 조직의 상징인 그의 모습과 너무도 인간적인 체취가 비현실적인 부조화를 이룬다.

그는 여성에게 땅에 엎드려 머리 뒤로 손을 올리라고 소리친다. 그녀는 온몸을 떨며 그를 향해 천천히 다가가면서 도와달라고 애걸한다. 삐져나온 하얀 모슬린 천이 아래로 처져 땅에 끌리면서 그녀의 빛바랜 청바지에 진흙을 튀긴다.

여름 날씨에 어울리는 셔츠와 가죽 재킷을 입은 이 여자의 정체는 겉모습이 주는 인상과 다르지 않을 수도 있다. 그냥 두려움에 떠는 민간인 말이다. 하지만 그녀는 테러리스트일 수도 있다. 정교하게 짜인 음모에 이용되는 또 하나의 장기말이 되어, 아기 뒤에 폭발물을 숨기고 경찰 저지선을 넘어 초동 대응팀 한가운데에서 폭파시키려는 계획을 가지고 있는지도 모른다.

어린 자식을 둔 엄마인 나는 본능적으로 그녀에게 끌린다. 그녀의 얼굴에 극한의 두려움이 각인된 것이 보인다. 나는 지금 그녀의 마음속을 휩쓸고 있을 감정들이 상상이 된다. 갈피를 잡을 수 없는 혼란과 공황, 아드레날린과 공포가 섞여 어지럽기까지 한 그 느낌.

나라면 어떻게 할까?

마음속으로 그녀에게 제발, 제발 땅에 엎드리라고 애원을 한다. 제기랄, 경찰이 당신을 쏠 거란 말이야! 하지만 내가 그녀 자리에서 있다면 어떻게 했을까? 내 뒤의 쇼핑센터에는 테러리스트가 광폭하게 날뛰고 있고, 앞에는 복면을 쓴 경찰관이 있다. 양쪽 다 기관총으로 무장하고 있다. 나라면 정말 어떻게 할 것인가?

그때 다섯 발의 총성이 연달아 울려 퍼지고, 그 뒤를 이어 바로 비명소리가 들려온다. 총성으로 인한 진동이 공기를 타고 퍼져 내 뼈까지 흔들린다. 여자는 주저앉아 통곡을 하면서 아기를 더 꽉 껴안는다. 우리는 손으로 머리를 감싸며 몸을 숙이고, 제자리에서 몸을 돌려가며 어디서 총성이 울렸는지 찾으려고 애쓴다.

"제거 성공!" 무장 경찰 한 명이 외친다.

총성은 그쪽에서 울려 퍼진 것이었다. 경찰 저격수가 1층에 난 창문을 통해 테러리스트를 쏠 기회를 포착하고 발포했다. 테러리스트는 사살됐다.

핫 존에서 이제 위험이 제거됐고, 전문 요원들이 현장에 진입해 부상자들을 돌볼 수 있게 됐다.

내 무전기가 치직거리며 시끄러워짐과 동시에 무거운 방탄복을 착용한 소방관들과 구급 대원들이 경량 플라스틱 들것과 의료함을 들고 건물 안으로 서둘러 들어간다.* 건물은 이제 '웜 존warm zone'**이다. 우리 목표는 부상자들을 건물 밖으로 빼내는 일이다.

* 영국에서 테러 현장에 출동하는 소방관들은 자주색 방탄 복장(헬멧과 방탄복)을 자주색 점프수트 위에 착용한다.
** '웜 존'은 적절한 개인 보호 장비(방탄 장비 등)를 갖춘 경찰 소속이 아닌 구조 대원들이 부상자들을 돕거나 화재 진압 활동을 할 수 있는 영역을 말한다.

나는 들것을 든 두 명의 소방관 뒤를 따른다. 그들은 무거운 장비를 착용하고 있어서 부츠가 땅에 닿을 때마다 큰 소리를 내고, 두 사람 모두 힘이 들어 숨을 가쁘게 내쉰다. 평소 같으면 토요일 인파로 왁자지껄했을 건물 안은 으스스할 정도로 조용하다. 가게들의 앞쪽은 총알 자국들로 구멍이 숭숭 나 있다. 벽은 눈앞에서 벌어지는 공포에서 벗어나기 위해 애쓰던 사람들의 피로 범벅되어 있다. 몇 층 위에서 불이 번지고 있다. 테러리스트가 건물을 휩쓸고 지나가면서 가능한 한 많은 민간인을 쏘면서 시작된 불이다.

생존자들이 자기 위치를 구조대에 알리기 위해 소리를 지른다.

내가 따라가고 있던 소방관 중 한 명이 목소리가 들리는 문구점 안으로 뛰어들어 간다. 다른 한 명은 몸을 돌리고 손으로 입을 막는다. 구토를 참으려고 애쓰는 눈치다. 그는 숨을 크게 한 번 들이쉰 다음 몸을 돌려 가게 안으로 들어간다. 나도 가던 걸음을 멈추고 문 쪽에서 방을 살짝 들여다본다. 진열대가 무너져서 가지각색의 서류철이 피로 덮인 채 바닥에 흩어져 있다. 구석에 여성 한 명이 누워 있다. 온몸에 총탄을 맞은 걸 보니 사망한 것이 확실하다. 또다른 여성이 바닥에 있는데 출혈이 심하고 반응이 없다. 피에 젖은 헐렁한 티셔츠 아래로 가슴이 작게 오르락내리락하는 것이 간신히 보인다. 남성 한 명이 고통으로 몸을 뒤틀고 있다. 바지가 피에 흠뻑 젖어 있고, 찢어진 천 사이로 잘린 다리가 빨갛게 보인다. 사제폭발물이 터지면서 절단된 다리의 나머지 부분은 몇 미터 떨어진 곳에 날아가 있다.

"우리를 쏘았어요." 그가 소방관에게 소리친다. 그런 다음, "제 아내," 그는 반응이 없는 여성을 가리킨다. "무사해요?"

소방관들이 가진 들것은 하나고, 두 사람이 힘을 합쳐도 이 건물에서 데리고 나갈 수 있는 부상자는 단 한 명이다. 두 부상자 중 출혈이 심한 여성이 생존할 가능성이 더 낮아 보인다. 남성을 우선적으로 구출해야 할까?

정해진 답은 없다. 판단을 해야 하는 것이다. 그래서 그들은 직관적으로 결정을 내리고, 간단한 눈짓과 고갯짓으로 신호를 주고받는다. 대원 한 명은 부상당한 여성에게 다가가 상처에 압박을 가한다. 또다른 한 명은 남자의 다리에 지혈대를 두른다.

"부인을 건물 밖으로 이동시킨 다음에 다시 오겠습니다." 지혈대를 두르면서 소방관이 남성에게 설명한다.

"제발요. 아내를 살려주세요. 세 아이의 엄마예요…." 남자의 목소리가 떨리더니 말이 없어진다. 삶이 돌이킬 수 없이 변해버렸다는 사실이 실감나기 시작해서일 것이다.

두 소방관은 부상당한 여성을 들것에 올려 고정시키고 출입구 쪽으로 향한다.

두 사람이 내 옆을 지나치면서 낮은 소리로 하는 대화가 잠시 들린다.

"옳은 결정이었을까?" 한 사람이 중얼거린다.

두 번째 대원이 어깨를 으쓱한다. "옳은 결정이라는 게 어디 있어, 이 친구야. 미친놈들이 AK 소총을 쏘아대며 누비고 다니는 마당에."

일리 있는 말이다.

*

9·11 테러 이후 전 세계 긴급 구조 기관은 테러 공격으로부터의 민간인 보호라는 목적을 염두에 두고 표준 준비 상태를 개선시켰다. 테러 공격은 이제 더이상 예상 밖의 사태가 아니었다. 뭄바이 테러 사건 이후로 또다시 모든 것이 변했다. 2008년 11월 인도 뭄바이에서는 10명의 테러리스트들이 4일에 걸쳐 기차역, 카페, 병원, 호텔 등 사람들이 많이 모이는 곳에서 민간인들에게 닥치는 대로 총질을 했다. 164명이 목숨을 잃었고, 수많은 부상자가 발생했다.

2010년 1월 이집트 나그함마디 대성당 학살 사건이 터졌다. 크리스마스 자정 미사를 마치고 성당을 나서던 콥트 기독교 신자들에게 가해진 테러리스트의 총격으로 9명이 살해되고, 11명이 부상당했다.

2014년, 전 세계는 시드니의 한 커피숍에서 18명의 목숨을 담보로 인질극이 벌어지는 것을 보고 경악을 금치 못했다. 이 사건으로 두 명이 목숨을 잃었다. 2015년에는 튀니지의 휴양지 엘 칸타우이에서 관광객들을 타깃으로 한 테러 사태가 텔레비전을 통해 중계됐다. 이 사건으로 38명의 무고한 사람들이 살해됐다. 같은 해 영국 가까이 파리에서도 주간지 『샤를리 에브도』 사무실에서 12명이 테러로 목숨을 잃었다. 뒤이어 바타클랑 극장이 테러리스트의 공격을 받아 130명의 시민들이 사망했다. 미국에서는 찰스톤 교회에서 벌어진 백인 우월주의자의 총격으로 9명의 무고한 교인들이 목숨을 잃었다.

세상은 우리가 편안하게 집이라 부르기에는 너무도 위험한 곳이 되어버렸다. 지난 몇 년 사이에 테러리즘의 위협은 최고조에 달했다. 리 릭비 상병 살해 사건, 그리고 맨체스터의 아리아나 그란데 콘서트, 웨스트민스터 다리, 버러마켓, 핀즈버리 공원 테러 등은 모두 영국 국내에서 벌어진 사건들이었다. 그럼에도 불구하고 나는 영국 시민들이 받는 보호가 가히 세계 최고 수준이라 믿는다. 긴급 구조대는 더할 나위 없이 잘 훈련되어 있으며, 혹시라도 우리를 보호하는 보이지 않는 안전망을 뚫고 위험한 인물이 잠입했다 하더라도 우리는 거기에 대응할 만반의 태세를 갖추고 있다. 재난이 벌어지면 긴급 구조 서비스에 관여하는 모든 기관이 연계되어 대응을 한다. 소방관들은 불을 끄는 일만 하는 것이 아니라 부상자들을 구조해서 가능한 한 빨리 응급 처치를 받도록 할 책임이 있다.

따라서 소방관들이 다른 긴급 구조 기관의 대원들과 함께 훈련을 받는 것은 매우 중요한 일이다. 단독으로 작업하는 법을 아는 것만으로는 충분치 않다. 교향곡을 연주할 음악가들이 각자 방에서 따로 자기 파트를 완벽히 연습한 다음, 음악회 무대에서 처음 만나 오케스트라를 구성해서 완벽한 화음을 낼 수 있을까? 말도 안 되는 일 아닌가.

긴급 구조 서비스도 마찬가지다. 그리고 대형 사건의 경우에는 일이 잘못되면 잃을 것도 훨씬 많다. 함께하는 훈련을 통해 유사한 심적 모형을 쌓아가고, 공유된 상황 인식력을 만들 수 있다. 대형 사건에 대응하려면 수많은 사람과 팀, 그리고 다수의 기관이 힘을 합쳐야 한다는 것은 자명한 사실이다. 대형 재난이 발생한 현장은 매우 빠르고 역동적으로 변화하는 환경이라는 것도 자명한 사실이다. 너무나 많은 서로 다른 활동들이 동시에 벌어지다 보니, 개개인은 자신의 심적 모형과 상황 인식력에 기초해서 개인의 경험에 한정된 대응을 하는 경우가 많다. 간단히 말하면, 각 개인의 대응이 전체 전략과 분리된 채 따로 놀게 되는 것이다. 마치 홀로 불협화음을 일으켜 오케스트라의 소리를 망치는 바이올린처럼 말이다. 이런 일은 의도치 않게 벌어질 수 있고, 그렇지 않아도 내리기 힘든 결정을 더 어렵게 만들기도 한다.

소방 구조대가 다른 긴급 구조 기관과 함께 훈련을 하면 다른 기관이 어떤 식으로 생각하는지, 그들의 역할이 무엇인지, 그들이 어떻게 대응하는지를 배울 수 있다. 내가 연주해야 하는 악보뿐 아니라 그들의 악보도 알게 되는 것이다. 그러면 무슨 일이 벌어질지 예측하는 것이 더 쉬워지고, 자신의 결정이 퍼즐의 다른 부분에 어떤 영향을 줄지도 이해할 수 있다. 무엇보다도 중요한 것은 함께 훈련을 함으로써 서로를 잘 알게 돼서 사건 현장에 출동했을 때 이미 알고 신뢰하는 사람, 기관과 함께 일할 수 있다는 점이다.

지금까지 내가 실제 벌어진 사건 현장과 훈련을 위해 고안된 프로그램을 매우 비슷한 방법으로 소개했다는 것을 눈치챈 독자들이 많을 것이다. 이는 훈련 프로그램이 실제 상황 같은 느낌을 줘야 하고, 그 프로그램에 참여하면 실제 상황에서 느끼는 수준의 스트레스, 압박감, 불확실성을 경험할 수 있어야 제대로 된 훈련이 가능하기 때문이다. 누군가가 내게 도와달라며 지르는 고통에 찬 비명은 우리의 심장 또한 공포로 가득 차게 만들고, 우리가 정보를 처리하는 방식에 지대한 영향을 끼친다. 무게가 성인 체중과 비슷할 뿐 얼굴도 생명력도 없는 마네킹만을 상대로 훈련을 하면 (물론 테크닉과 힘을 기르는 데는 유용할지 모르지만) 살아 있는 사람의 생명을 살리고 돌봐야 하는 실제 상황에 대비할 수 없다. 그런 훈련으로는 최선을 다했음에도 불구하고 사람들이 죽어가는 것을 지켜봐야 하는 것이 어떤 것인지 배울 수도 없다.

이 장 첫 부분에서 묘사한 훈련 프로그램은 내가 참여한 것 중 실제 상황과 가장 흡사한 프로그램 중 하나였다. 그 훈련은 테러 공격에 긴급 구조 대원들을 대비시키기 위해 특별히 고안된 프로그램이었다. 아기를 안고 겁에 질린 여성은 배우였다. 다리가 잘리는 부상을 당한 남성은 이미 다리 절단을 겪은 장애인으로, 응급 처치(옳은 방법과 틀린 방법 모두)에 상응하는 반응을 하도록 훈련받은 사람이었다. 다른 부상자들도 훈련에 도움을 주기 위해 자원한 배우들이었다. 자원자들 중에는 과거에 정신적 외상을 겪은 사람들도 많은데, 이는 훈련이 더욱 실제 상황을 방불케 만드는 역할을 해낸다.

나는 매우 훌륭한 훈련 프로그램을 많이 경험해보는 행운을 누리기도 했지만, 형편없는 프로그램에 참여한 경험도 상당히 많다. 그중 가장 기억에 남는 것은 너무 비현실적이어서 몬티 파이선(초현실적인 유머가 담긴 희극물 시리즈를 만들어내서 코미디계의 비틀즈라고 칭송받는 영국의 희극단—옮긴이)의 코미디처럼 느껴졌다. 훈련이 벌어지는 곳에 사건 총지휘관 자격으로 갔는데 훈련장 한가운데 높고 가느다란 소방 훈련탑이 하나 서 있는 것이 보였다. 그것을 보면서 우리는 배를 상상해야만 했다. 반복되는 일상에 지쳐 보이는 나이 든 소방관 한 명이 4층 창문을 열고 알아들을 수 없는 뭔가를 외치고 있었다. 영어를 못하는 선장이란다. 이 모든 상황을 진지하게 받아들이려고 애썼지만, 쿡쿡 하고 웃음이 삐져나오는 것을 참을 수가 없었다. 내가 웃음을 터뜨리자 그는 윗주머니에서 콘비프 샌드위치를 꺼내 내게 던졌다.* 나는 고개를 숙였고, 샌드위치는 내 뒤에 서 있던 소방차 담당자의 코에 정통으로 맞았다.

엄청 웃기기는 했지만, 현실감이 부족해서 주의를 집중하기가 힘들었다. 겨우 모두가 집중을 한 후에도 우리는 각자 다른 종류의 배를 상상했고, 얼마 가지 않아 프로그램은 무너지고 말았다. 훈련을 할 기회는 매우 중요하다. 실제 작업 환경을 제대로 반영하지 않는 활동에 시간 낭비할 여유가 우리에게는 없다.

올림픽에 출전할 수영 선수가 있다고 가정해보자. 하루에 세 번씩 커다란 수영장에서 훈련을 한다. 그녀는 강하고 빠르다. 도버 해협을 건넜다가 돌아올 만큼의 거리도 문제없이 수영할 수 있다. 그러나 어느 날 아침 익숙한 수영장 대신 정말로 도버 해협에 뛰어든다고 생각해보자. 그때까지 정교하게 갈고닦은 기술은 파도가 몰아치는 바다에서 별 도움이 안 된다는 것을 금방 깨달을 것이다. 어찌됐든 물속에 들어가서 앞으로 나아가는 것이니 여러 면에서 비슷한 기술이다. 그러나 맥락이 달라졌다. 지금까지는 속도와 효율적인 회전 기술을 연마하는 데 훈련을 집중해왔다. 그러나 바다에서는 힘을 비롯한 다른 기술이 필요하다.

정신적, 혹은 심리적 기술도 마찬가지다. 상황이 다르면 필요

* 정말이지 그 사람이 왜 점심을 자기 앞주머니에 보관하겠다 생각한 것인지 이해할 수가 없다. 땀에 절은 샌드위치를 특히 좋아하는 걸까?

한 기술도 달라진다. 실제로는 겪을 가능성이 없는 시나리오를 사용해서 상황 인식, 의사 결정, 의사소통, 회복 탄력성, 리더십 기술 등을 갈고닦아봐야 별 소용이 없다.

독자들도 상황에 대한 준비와 실제 상황 사이의 간극을 경험해본 적이 있을 것이다. 취업 면접 혹은 매우 중요한 프레젠테이션을 준비한 기억을 더듬어보자. 직장이나 집에서 줄곧 연습을 했을 것이다. 방 안에 혼자 들어가 가상 질문에 대한 대답 혹은 프레젠테이션에서 할 발언 등을 한마디도 어긋나지 않게 준비해서 100퍼센트 자신감이 생길 때까지 갈고닦았을 것이다. 드디어 그날이 오고, 그렇게 부지런히 준비를 했건만 실전에 들어가서는 완전히 무너져 내리고 만다.

지난 여름, 나는 테드 토크TED Talk 강연을 준비했다. 카드나 슬라이드, 프롬프터의 도움이 전혀 없이 18분 동안 쉬지 않고 말을 해야만 했다. 말하자면 6페이지짜리 독백을 외워서 하는 것이나 마찬가지였다. 게다가 전혀 연습하지 않은 것처럼 자연스럽기까지 해야만 했다. (마치 '이제 막 일어난 것'처럼 보이기 위해 3시간 동안 거울 앞에서 머리를 다듬는 것과 비슷하다.)

나는 몇 주 동안 하루에 몇 시간씩 성실하게 연습을 했다. 차 안에서, 목욕을 하면서, 거울 앞에서, 개 앞에서, 그리고 반복해서 똑같은 이야기를 들어줄 의향이 있는 친구와 가족 앞에서 계속 연습을 했다. 단어 하나 틀리지 않을 자신이 있었다. 그러나 청중 앞에

서서 강연을 하는 동안 나는 적어도 세 번 이상 머릿속이 하얗게 되어버리는 경험을 했다. 원고 전체를 내 손바닥처럼 훤히 꿰고 있었다. 하지만 나는 안전한 환경에서만 연습을 했었다. 한 번도 압박을 느끼는 환경에서 연습해본 적이 없었던 것이다. 내가 강연을 망친다고 내 개가 트위터에서 나를 조롱하지는 않을 것 아닌가! 말이 막혔던 순간들을 의미 있는 침묵으로 위장하는 데는 성공했지만, 청중들이 눈치채지 못했다 하더라도 적어도 나는 그 침묵의 순간들을 뼈저리게 의식했다.

내가 간과한 것은 맥락이었다. 자신이 실력을 발휘해야 하는 상황과 같은 조건에서 연습을 해야 한다. 바다에서 수영해야 할 사람은 바다에서 연습을 해야 한다. 면접 혹은 프레젠테이션을 해야 할 사람은 적어도 조금이라도 자신을 긴장하게 만드는 사람들(또는 적어도 개보다는 가혹한 비평을 해줄 사람들) 앞에서 연습을 해야 한다. 그리고 긴급 상황에 대응하는 이들은 엄청난 압박감을 느끼며 일하는 연습을 해야 한다. 날아오는 콘비프 샌드위치의 위협은 그런 압박감을 재현할 수 없다.

그래서 구조 대원들이 훈련을 할 때 실제 사건의 치열함과 압박감을 재현하는 것이 매우 중요하다. 지휘관들은 스트레스에 익숙해지고, 그것을 극복하는 훈련을 받도록 할 필요가 있다. 스트레스는 의사 결정 능력을 감소시켜 긴급 상황에 제대로 대응하는 것을 방해할 뿐 아니라, 우리 감정에도 중대한 영향을 끼치기 때문이다.

예를 들어, 스트레스를 받으면 분노, 짜증 등의 감정이 일어나 의사소통이 더 어려워지는 경우가 많다. 명확한 의사소통이 없으면 팀원들은 지휘관이 머릿속에서 맞춰나가고 있는 퍼즐 그림, 시각, 의도 등을 이해하지 못할 수도 있다. 부정적인 태도를 보이는 사람에게는 상대방도 부정적인 태도로 반응하기 쉽다. 그러면서 공황이 퍼져나가는 것이다. 그리고 팀원 사이의 관계가 무너지고, 팀원들은 지휘관에 대한 신뢰를 잃는다. 이제 그는 더이상 효과적인 리더가 아니다.

제럴드라는 이름의 소방관이 있었다. 그는 내가 일하던 사무실과 같은 복도에 있는 사무실에서 근무를 했고, 둘 다 일찍 일을 시작하는 아침형 인간들이어서 그와 나는 아침에 마주치는 일이 많았다. 침착하고, 합리적이며, 균형이 잘 잡힌 인상을 주는, 정말 괜찮은 사람이었다. 바위처럼 흔들리지 않을 것 같은 그였지만, 사건 현장에 발을 딛는 순간에는 딴 사람으로 돌변했다. 스트레스에 완전히 압도된 나머지 그는 부츠를 신자마자 안절부절못하면서 공황 상태에 빠지기 시작했다. 그는 팀원들에게 자신의 지시를 어떻게 전달해야 할지 몰라서 상대가 누구든 상관없이 말을 쏘아붙이고 소리를 질러댔다. 그런 처신 때문에 사건 현장에서 그는 잘해야 바보, 최악의 경우에는 깡패라는 평판을 얻었다.

어느 날 나는 본부 건물에서 얼마 떨어지지 않은 곳에서 그를 만나 커피를 마셨다. 근무 장소 밖에서 만났으니 솔직한 대화를 나눌 좋은 기회였다. 나는 그에게 화재 현장에서 사람들이 그를 어떻게 보는지 아냐고 물었다. 그는 스스로 현장에 출동하는 것이 즐겁지가 않다고 인정했다. '현장에 출동하는 것'이야말로 소방관이 가장 좋아하는 활동이어야 하는데도 말이다. 그 일은 우리가 하는 업무 중 엄청나게 큰 부분을 차지하고, 우리 정체성의 일부가 된다. 악순환이었다. 그는 출동하는 것을 좋아하지 않았기 때문에 훈련에 참여하지 않았고, 그래서 준비가 안 됐다는 생각을 하게 되고, 따라서 출동하는 것을 더욱 싫어하게 된 것이다.

바로 이 때문에 실제를 방불케 하는 압박 속에서 연습하고 준비하는 것이 그토록 중요한 것이다. 과거에는 지휘관과 소방관들 모두 실제 상황에서 얻는 경험을 통해 그들에게 필요한 지식의 대부분을 습득해왔다. 경력을 쌓는 내내 끊임없이 기술을 연마해 극도의 스트레스하에서 적절하게 대응하는 데 점점 익숙해지고, 그 결과 더 나은 소방관, 더 나은 지휘관이 되었던 것이다. 그러나 지난 10년 사이 우리가 출동하는 사건의 숫자가 50퍼센트 감소했다. 대응해야 하는 사건 유형의 범위는 전보다 훨씬 넓어졌지만 각각의 유형에 대한 경험의 폭은 좁아졌다. 현재 일하는 지휘관들은 선배들이 현장에서 얻을 수 있었던 경험의 절반밖에 얻지 못한다. 그러나 불길의 세기는 절반으로 줄어들지 않는다. 따라서 만반의 준비를 갖추기 위해서는 훈련을 두 배로 열심히 해야 한다.

실제 상황과 유사한 훈련의 또다른 큰 장점은 지휘관들과 소방관들이 경력이 오래 쌓이기 전에도 많은 경험을 쌓을 수 있기 때문에, 소방 구조대 전체가 더 강해지는 결과를 얻을 수 있다는 점이다.

제럴드와 마찬가지로 나도 훈련을 더 받았더라면 좋았을 것이라 생각하게 되는 계기가 여러 차례 있었다. 한번은 어린 말이 도랑에 갇힌 매우 어려운 사건 현장에 출동한 적이 있다. 공황 상태에 빠진 말이 몸부림을 치면서 도랑벽이 무너진 상황이었다. 당시만 해도 대형 동물을 구조하는 것에 관해 내가 가진 경험과 지식이라곤 12페이지짜리 지침서를 읽은 것이 전부였다. 지침서에 나오는 내용도 주로 몸집이 큰 동물과 관련된 위험 요소들을 나열하는 데 초점이 맞춰져 있어서(내용은 대부분 '1. 몸집이 크다, 2. 동물이다'를 반복하고 있었다), 내가 직면한 문제들을 해결하는 데는 전혀 도움이 되지 않았다. 지금도 당시에 느꼈던 엄청난 짜증과 좌절감이 생생하다.

결국 말을 구출하는 데는 성공했지만, 다리가 부러져서 안락사를 시켜야만 했다. 그 멋진 생명체를 안락사시키는 광경은 사고 현장에서 내가 목격했던 가장 슬픈 장면 중의 하나였다. 내가 무슨 생각을 하는지 눈치를 챈 수의사가 아마도 말의 다리는 추락하는 순간 부러졌을 것이라고 위로했다. 하지만 나는 우리가 더 잘 준비되어 있어서 말을 더 빨리 구조할 수 있었으면 결과가 어땠을까 하는 생각을 머리에서 지울 수가 없었다.

그 사건은 더 나은 의사 결정 방법을 연구하겠다는 내 결심을 더욱 굳힌, 또다른 '만일 그랬다면'의 예시였다. 내 연구의 가장 중요한 주제 중 하나는 소방관과 지휘관을 훈련시키는 방법이다. 긴급 상황에서 성공적인 의사 결정을 하는 데 필요한 요소들을 밝혀내는 것도 의미가 있었지만, 그 지식을 활용해서 소방관들과 지휘관들이 그들에게 필요한 기술을 연마하고 연습할 기회를 제공하고 싶었다.

우리는 서로 매우 다른 세 가지 훈련법, 즉 가상 현실, 전통 방식의 표준적인 지상 훈련, 모의 화재 훈련을 검토했다. 연구팀에서는 10가지 주요 의사 결정 요소들을 중심으로 한 다양한 시나리오를 개발했다. 인명 구조를 위주로 한 시나리오, 예측하지 않은 방향으로 사건이 전개되는 시나리오, 혹은 도덕적 딜레마에 빠지게 만드는 시나리오도 있었다. 예를 들어, 불이 난 집에 아이가 갇혀 있는 경우, 차 두 대가 충돌해서 다수의 중상 환자가 발생한 경우, 상점에 화재가 발생한 경우 등이다.* 영국 전역에서 일하고 있는 84명의 사건 총지휘관들이 연구에 자원했고, 다수의 훌륭한 소방관들이 나와 함께 이 시나리오들에 생명을 불어넣어 실전에 최대한 가깝게 느껴지도록 만들었다.

* 부록에 다양한 시나리오에 관한 더 자세한 정보를 포함시켰다.

가상 현실virtual reality, VR 실험은 소방학교 훈련실에서 이루어졌다. 바로 적응해서 충분히 활용하는 지휘관들도 있었지만, 그다지 열성적이지 않은 이들도 있었다. 한 지휘관은 '컴퓨터 게임'은 현실성이 떨어져서 아무것도 배울 수 없다고 고집을 피웠다. 그러나 10분 후 그는 허공(VR 스크린에 보이는 원뿔형 도로 표지)을 뛰어넘고 자기 지시에 잘 따르지 않는 가상 인물과 싸우고 있었다. 그의 마음을 돌리는 데 성공한 것이다. 하지만 나는 가상 현실이 신체에 미치는 부작용을 크게 과소평가했다는 사실을 깨달았다. 구토증을 느끼는 지휘관이 몇 명 있었다. 그래서 그 다음에 오는 사람들에게는 전날 술을 마시지 말라는 경고를 해야만 했다! 또 하나의 단점은 지휘관들이 혼자 훈련을 해야 한다는 사실이었다. 지시를 내릴 실제 대원들이 없이 컴퓨터 화면에 나오는 가상 인물들을 상대로 훈련을 했기 때문이었다. 가상 현실은 몰입감이 상당하지만, 완전히 시뮬레이션이 된 프로그램이기 때문에 앞에서 언급한 세 가지 훈련 방법 중 가장 현실성이 떨어졌다.

두 번째 방법은 표준적인 지상 훈련이다. 지휘관들과 소방관들을 준비시키는 데 항상 사용되어온 가장 전통적인 방법이다. 화재와 연기를 시뮬레이션할 수 있는 특수 시설에서 사고 현장과 유사한 상황을 만들어낸다. 우리는 가상 현실 실험과 동일한 시나리오를 사용했으며, 세부 사항까지 일치시키기 위해 엄청난 주의를 기울여 현장을 재연했다. 심지어 충돌 사고를 시뮬레이션하기 위해 부서진 차가 있는 고속도로를 만들었다. 지휘관들이 실시간으로 반응하는 실제 대원들을 지휘할 수 있었기 때문에, 이 훈련은 실제 상황에 더 가까웠다. 그러나 이 경험도 현실감이 떨어진다는 것은 불 보듯 뻔했다. 연구팀이 아무리 노력해도 실제 사고에서 경험하게 되는 불확실성을 만들어내는 것은 불가능했다.

나는 마지막 방법이 매우 현실적이기를 바랐다. 실제 화재 상황의 불확실성과 예측 불가능성을 그대로 살릴 필요가 있었고, 정말로 위험하다는 느낌이 필요했다. 나는 햄프셔 소방 구조대가 버려진 건물을 적극적으로 찾아 몇 달, 간혹 몇 년에 걸쳐 임대를 했다가, 건물을 철거하기 전에 그곳에 불을 내고 그 기회를 혁신적이고도 적극적으로 활용해서 대원들과 지휘관들이 실제 상황을 경험할 수 있도록 한다는 사실을 알아냈다. '라이브 번live burn'이라고 알려진 훈련법이었다. 완벽했다. 나는 햄프셔 소방 구조대의 허락을 받고 각 폐건물마다 우리가 개발한 서로 다른 시나리오의 상황을 장치하고 불을 질렀다. 전부 다.

지휘관들과 소방관들은 모의 화재 훈련이 마치 실제 상황인 것처럼 반응했다. 왜냐하면 (당연하게도) 실제 화재였으니까. 긴장감을 더욱 높이기 위해 나는 불에 타지 않는 재질로 만들어진 상자에 아이가 비명을 지르며 우는 소리를 녹음한 장치를 넣어서 건물 안에 설치했다.* 일부 지휘관들은 큰 충격을 받았다. 우리가 아역 배우를 불타는 건물 안에 남겨뒀다 생각했기 때문이다.** 불안해하는 모습으로 봐서 스트레스의 수위가 높아진 것이 확인됐다.

세 훈련 방법 모두에서 나는 사건 총지휘관의 절반에게는 5장에서 설명한 '결정 제어 프로세스'를 적용하라고 부탁했고, 다른 절반에게는 보통 때 하던 식으로 하라고 부탁했다. 결과는 가히 놀라웠다. 평소에 했던 것처럼 작전을 진행한 참여자들은 모든 훈련 환경에서 직관과 직감에 의존해 의사 결정을 내렸다. 실제 사건 현장에 대한 연구에서 밝혀졌듯이 말이다. 이것은 훈련 환경이 실제 상황에 대한 효과적인 비교군이라는 것을 보여준다. 또한 훈련이 실제와 더 유사할수록 직관적 의사 결정의 빈도가 더 높아진다는 가설을 뒷받침하는 일부 증거를 찾을 수 있었다. 스트레스가 높고 불안할 때 본능에 의존할 가능성이 높은 것이다. 이는 5장에서 자세히 다룬 우리의 연구 결과, 즉 지휘관들이 분석적 결정뿐 아니라 적절한 직관적 결정을 내리는 데도 훈련을 통한 준비가 절실히 필요하다는 결과를 다시 한번 확인해줬다.

이와 더불어, 연구팀은 지휘관들이 결정 제어 프로세스를 사용할 때 전체 작전 목표를 더 명확하게 고려하고 자신의 결정이 전체 그림에 도움이 되는지를 확인하는 빈도가 높다는 것을 알게 되었다. 또한 지휘관들은 자신이 내린 결정의 결과를 더 자주 예측

* 잠자리에 들기 전에 떼를 쓰는 딸아이의 울음소리를 녹음해준 동료에게 이 기회를 빌려 감사의 마음을 전한다!

** 정말 그런 시도를 했다면 윤리적으로 좀 문제가 있었을 것이라 생각한다.

하면서 점검했고, 그 정확도도 더 높았다.

연구팀은 훈련이 벌어지는 동안 사용한 단어들을 분석하고, 훈련이 끝난 다음 행한 면담을 통해 그들이 머릿속에서 맞춘 퍼즐 그림이 '지금, 여기'에 한정된 것인지, 앞일을 예측하면서 맞춰나간 것인지 확인하면서 상황 인식력을 측정했다. 나는 그들이 각 전략의 결과를 예측했는지, 혹은 상황이 어떻게 진행될 것인지를 예측했는지에 대한 증거를 포착하기 위해 노력했다.

그 결과 결정 제어 프로세스를 적용한 지휘관들은 그렇지 않은 지휘관들에 비해 최고 수준의 상황 인식을 달성할 확률이 다섯 배나 높다는 결론을 내릴 수 있었다. 중요한 사실은 그 프로세스를 적용해도 의사 결정의 속도가 느려지지 않았다는 점이다.

이 같은 연구 결과는 긴급 구조 부문에서는 최초로 나온 것이었다. 우리가 훈련하는 방법에 관해 처음으로 증거에 기반을 두고 제대로 관찰한 결과였다. 스트레스를 많이 받고 감정적으로 힘든 실제 상황을 충분히 접해보는 것이 얼마나 중요한지, 그리고 그 경험이 지휘관들을 단련시켜 가혹한 현장에 대처할 수 있도록 준비시키는 데 얼마나 필수적인 요소인지는 이미 알려진 사실이었다. 그러나 우리는 지휘관 훈련 시뮬레이션 프로그램이 실제 상황에서 관찰되는 것과 유사한 의사 결정 과정을 불러일으킨다는 사실 또한 알게 되었다. 우리 두뇌가 같은 방식으로 반응한 것이다. 따라서 우리는 훈련 시뮬레이션이 소방 구조 대원들이 경험을 쌓도록 돕는 일반적인 전략의 일부분을 담당할 수 있을 정도로 효과적이라는 결론을 내렸다.

소방 구조대는 현장에서 고군분투하는 소방관들뿐 아니라, 다수의 기관에서 파견되어 매우 심각하고 어려운 사고를 원격으로 지휘하는 수많은 지휘관들과 협력해야 한다. 가장 직급이 높은 전략 담당 수석 지휘관들(가장 복합적이고 복잡한 사건들을 다루는 지휘관이다)의 일과는 믿을 수 없을 만큼 바쁘고 어려운 일로 가득 차 있다. 따라서 시간이 많이 드는 심층적인 집중 훈련을 받을 틈을 내기가 힘들다. 그래서 기회가 주어질 때 그것을 최대한으로 활용해야 한다.

이 장 맨 앞에 나왔던 훈련 프로그램만 해도 경찰, 구급 대원, 소방관 등 다양한 기관의 긴급 구조 대원들이 등장했다. 각 긴급 구조 기관의 전략 담당 지휘관들도 관여했고, 그들은 '전략 조정 그룹'을 구성했다. 전략 조정 그룹은 현장에 출동한 모든 긴급 구조 기관들이 사건에 어떻게 대응할 것인지를 협의해서 결정할 책임이 있다.

결정 과정에 빠지기 쉬운 함정을 피하기 위해 조너선 크레고가 고안한 훈련 프로그램(2장에서 나온 터널 안 폭발 사고 같은 것 등)은 지휘관들로 하여금 경력 전체에서 한 번 있을까 말까 한 사건에 맞닥뜨렸을 때 필요한 기술을 연습하도록 만들어졌다. 그러나 연습에 참여하는 사람마다 내가 그랬듯 조너선과 마주 앉아서 포도주를 마실 수는 없다. 그래서 그는 매우 정교한 컴퓨터 프로그램과 훈련 시나리오를 접목한 '하이드라Hydra'라는 시스템을 개발해서 지휘관들이 훈련할 수 있도록 했다. 거기에 더해 그는 영국에서 활동하는 긴급 구조 대원이라면 누구나 이 최첨단 기술을 무료로 이용할 수 있도록 개방했고, 비영리 재단인 '하이드라 재단Hydra Foundation'을 운영하고 있다.

조너선은 이 훈련 모델을 다수의 기관이 함께 의사 결정을 해야 하는 상황에도 적용해서 단독으로 내리는 결정뿐 아니라 여럿이 협의해서 내리는 결정에 필요한 기술도 연마할 수 있도록 돕기를 원했다. 그리고 그런 책임을 맡은 직급의 지휘관들, 특히 사건을 원격 지휘해야 하는 사람들을 어떻게 훈련시킬 것인가에 초점을 맞췄다. 나는 농담을 섞어서 이 프로그램을 '아마겟돈 훈련'이라고 부른다.

이 훈련을 위해 여러 대의 컴퓨터들이 서로 다른 방에 설치되고, 그 컴퓨터들은 모두 주 훈련실에 설치된 '브레인'이라고 부르는 중앙 컴퓨터에 연결된다. 다수의 전략 담당 지휘관들(모두 전략 조정 그룹을 구성해서 일한 경험이 이미 있거나, 얼마 가지 않아 그런 일을 하게 될 사람들이다)이 함께 브리핑을 듣는다. 예를 들어 화학 공장에서 화재가 발생해서 유독 가스가 인근 여러 개의 주에 영향을 끼치고 있는 상황이 묘사된다. 그런 다음 지휘관들은 대여섯 명으로 이루어진 작은 그룹으로 나뉘어 각자 방으로 들어간다. 각 방에는 더 많은 정보와 몇 개의 영상, 그리고 팀 내에서 협의를 통해 결정해야 하는 임무 목록이 기다리고 있다.

우선순위를 정하는 것처럼 단순한 임무도 있다. 하지만 유독 가스에 대응해서 어느 지역 주민들을 대피시켜야 하고, 어느 병원의 운영을 중단시켜야 하고, 대피 주민들을 어디에 수용할 것인지 등을 정해야 하는 더 복잡한 임무도 있다. 이에 대해(전략 조정 그룹에서 그렇게 하듯) 토론과 갑론을박을 거쳐 대응 전략에 대한 합의가 나오면 각 팀은 컴퓨터에 '결정 기록서'를 입력한다.

정해진 시간이 되면 모든 팀이 주 훈련실로 다시 모이고, 각 팀의 결정 기록서는 '브레인' 화면에서 볼 수 있다. 훈련 보조자는 참가자들이 각 결정을 하나하나 분석할 수 있도록 돕는다. 팀에 따라 완전히 다른 접근을 하는 경우가 많다. 이성적인 토론을 통해 결정을 내린 팀이 있는 반면에, 팀 내의 평화를 유지하기 위해 제일 목소리가 큰 사람의 의견에 동의해버리는 이른바 '집단 사고groupthink'로 결정이 내려지는 팀도 있다. 팀이 내린 결정이 자신과는 무관한 듯 행동하는 데 아주 익숙한 참가자도 있고, 팀의 결정에 대한 지적을 자신에 대한 공격으로 받아들이는 참가자도 있다. 이런 반응들은 각 참가자의 리더십 스타일을 판단하는 데 많은 도움이 된다.

'아마겟돈 훈련'은 지휘관들에게 자신이 내린 결정들을 사후에 평가할 수 있는 기회를 제공한다. 그러나 그보다 더 중요한 것은 그 결정들을 어떻게, 왜 내렸는지를 검토할 수 있다는 점이다. 모두가 자신의 타고난 성향을 스스로 발견하도록 장려하는 환경이 조성되는 것이다. 다른 사람의 말을 막고 자기 말을 하는 성향인가? 대립을 피하기 위해 타인의 말에 고개를 끄덕이면서 동의를 해버리는 성향인가? 이런 훈련을 수행한 사람은 실제 상황에서 스스로의 성향에 대한 정보를 토대로 자신의 반응과 기여 내용에 의문을 제기하고 비판적으로 검토할 수 있다. 나도 전략 담당 지휘관 훈련을 받을 때 이 시스템을 사용했고, 큰 효과를 거뒀다. 이 훈련법을 통해 어려운 대화를 이끌어나가는 방법, 자부심 강한 인물들에게 의문을 제기하는 방법, 크게 다른 시각들 사이에서 균형을 찾는 방법 등을 배웠다.

*

2016년, 런던 소방대는 '통합 대응 훈련Exercise Unified Response' 프로그램을 시행했다. 영국 소방 역사상 규모가 가장 크고, 가장 복잡한 대형 사고 대응 훈련이었던 이 프로그램은 EU에서 100만 유로를 지원받아 이루어졌다. 우리 카디프 대학교 연구팀도 다른 훌륭한 몇몇 연구팀들과 함께 초청받아, 이 훈련을 평가하고 데이터를 수집 및 분석해서 연구에 활용할 기회를 가졌다. 그것은 구두 브리핑과 미리 준비된 서류, 그리고 연기자들이 녹화한 영상으로 구성된 상황이 아니라, 실제 상황에 가깝고 실시간으로 발전하는 시나리오로 구성된 아마겟돈 훈련에 지휘관들이 어떻게 반응하는지를 연구할 최초의 기회였다.

이 훈련에서는 런던의 워털루 역이 붕괴되는 상황을 시뮬레이션했다. 켄트에 있는 폐발전소에 터널망을 재현하고, 수백 톤의 건물 잔해 밑에 지하철 객차 8량을 묻었다.* 훈련이 진행된 4일 동안 2000명이 넘는 배우들이 부상자 역을 해냈다. 실물 크기의 마네킹이 출산을 하는 장면도 연출했고, 지휘관들이 외국에서 자원을 조달받는 것이 가능한 'EU 시민 보호 절차EU Civil Protection Mechanism'를 가동할 수 있는 시스템도 마련했다. 이탈리아, 헝가리, 키프로스 등지에서 파견된 대원들이 훈련 도중 나타나서 영국 대원들과 함께 작전을 수행했다.

훈련은 현장 대응팀, 원격 지휘를 하는 전략 조정 그룹 모두에서 실시간으로 진행됐다. 전략 조정 그룹은 현장 활동에 대한 책임을 질 뿐 아니라, 검시관이 이끄는 대규모 사상자 대책반, 그리고 부상자들이 가능한 한 최선의 돌봄을 받을 수 있도록 하는 인도주의적 지원 조정팀에서 들어온 정보를 취합, 분석하는 임무도 수행했다. 전략 조정 그룹의 최우선 목표는 인명을 구조하는 일이다. 그러나 위기감 해소와 정상 회복에도 초점을 맞춰야 하고, 법

* 현실감을 강조하기 위해 런던 지하철역에서 많이 사용하는 익숙한 모양의 타일과 비슷해 보이는 벽지까지 사용하는 열의를 보였다.

적, 재정적, 환경적 영향과 사회 하부 구조, 기업, 복지, 공동체 등에 전반적으로 미치는 영향도 고려해야 한다.

훈련은 임시로 만든 워털루 역에 긴급 구조대 출동 명령이 내려지면서 시작됐다. 역이 부분적으로 붕괴했다는 신고가 들어온 직후다. 상황은 곧바로 '대형 사건'으로 분류됐다. 긴급 구조 대원들은 현장의 위험 요소를 제거하고 최대한 많은 사람들을 잔해에서 구조하는 데 훈련 첫날을 바쳤다. 파묻힌 열차에 갇힌 사람들을 구조하기 위해 더 깊이 파 들어갈 계획도 세웠다.

둘째 날에는 정상 상태로 회복하는 방법을 모색하기 위해 더 큰 그림으로 눈을 돌렸다. 지방 당국은 전문가들을 투입해 사건에 연루된 모든 사람들에게 당장 필요한 실질적, 정서적 지원을 하고 이 서비스와 복지 지원이 유지되도록 노력을 기울였다. 사망자 수가 너무 많아서 '런던 대규모 사상자 계획'이 가동됐다. 이 프로그램을 이끈 현장 검시관은 구조대가 미처 도울 수 없었던 사람들에 대한 정보를 정리하는 슬픈 임무를 수행해야만 했다.

파묻힌 객차들을 꺼내는 것과 관련된 문제가 너무 커서 추가 지원이 필요했다. 이탈리아, 헝가리, 키프로스에서 도시 수색 및 구조 전문가로 구성된 증원팀이 파견됐다.* 사건 3일째와 4일째

* 이탈리아 구조팀의 장비가 보관된 유닛 중 하나에 커피머신이 있다는 소문이 돌았다. 한 번에 여러 날 집을 떠나 있어야 하니 누가 이탈리아 대원들이 제대로 된 커피를 못 마시게 할 수 있겠는가?

에는 제일 깊이 파묻힌 객차들을 파내는 길고도 힘든 작업을 하면서 마지막 생존자들과 운이 따라주지 않았던 사람들의 시신을 회수하는 데 초점이 맞춰졌다.

'통합 대응 훈련'은 엄청난 의미를 지닌 프로그램이었다. 나는 롭 허니 교수, 박사과정 학생인 바이런 윌킨슨과 함께 전략 담당 지휘관들의 임무 수행 내용을 평가했다. 우리는 대부분의 시간을 전략 조정 그룹과 함께 보내면서 정보를 수집하고, 결정이 내려질 때마다 하나하나 세세히 순서대로 기록하고 모든 것을 영상에 담아 나중에 자세히 검토하고 분석할 수 있도록 준비했다. 믿을 수 없는 기회였다. 모든 것이 실시간으로 벌어지고 있었고, 가상 훈련의 한 지점에 훈련 대상자를 낙하산에 태워 투하하는 것이 아니라 사건이 실제로 진행되는 큰 그림 안에서 지휘관들이 의사 결정을 하는 것을 관찰할 수 있었기 때문이다. 엄청난 양의 데이터를 모을 수 있었을 뿐 아니라, 관련 긴급 구조 기관들이 협력을 통해 어려움을 극복하고 교훈을 얻을 수 있는 좋은 기회였다. 이런 훈련이 아니었다면 실제 사건 후의 뼈아픈 공청회를 통해서나 얻을 법한 그런 교훈 말이다.

나는 항상 소방관과 소방관을 믿고 구조를 기다리는 사람들을 돕는다는 목표야말로 우리 연구의 근간이 되어야 한다고 주장해왔다. 현실에 적용할 수 있는 결과를 낳는 연구여야만 했다. 우리는 대부분이 시뮬레이션으로 이루어진 하이드라 훈련을 받은 지휘관들과 더 현실적이고 실제 상황처럼 전개되는 통합 대응 훈련을 받은 지휘관들이 의사 결정을 하는 방식이 놀라울 정도로 유사하다는 것을 발견했다. 하이드라 훈련이 실제 상황에서 지휘관들이 경험하는 의사 결정 과정을 시뮬레이션하는 데 매우 효과적이라는 것이 명백했다.

그러나 이와 함께 우리 연구팀이 최초로 발견한 사실은, 동일한 원칙에서 출발해도 각 그룹이 의사 결정을 하는 방식은 매우 다양하고, 다른 선택지에 대한 평가는 다소 제한적이었다는 것이다. 결정 과정에서 빠질 수 있는 함정이다. '긴급 구조 기관 간 협업 원칙'에 따라 긴급 구조 대원들은 이제 (개인이 아니라) 그룹이 결정을 해야 할 경우에 적용되는 새로운 결정 제어 프로세스를 사용할 수 있게 됐다. 이 새로운 프로세스는 지휘관들이 만일에 일어날 수 있는 사태를 더 일관성 있게 고려하고, 특정 결정을 행동에 옮기기 전에 그 결정을 뒷받침하는 근거를 잊지 않고 평가하는 것을 돕도록 고안되었다.

우선, 지휘관은 상황에 대한 집단적 이해와 입장에 도전하도록 권장된다. 그 다음에는 집단이 내린 결정이 자신의 전문적 판단과 경험을 정확히 반영하는지를 개인의 입장에서도 확인해야 한다. 집단의 결정이 적절한 것이었다면 이 엄격한 프로세스를 통과할 수 있다.

이 기법은 수천 명의 직장이 걸린 수십억 원짜리 결정을 내려야 하는 기업 이사회에서부터, 다음 휴가를 어디로 갈 것인지 상의하기 위해 모인 가족회의에 이르기까지 다양한 맥락에서 활용될 수 있다. 이 접근법은 가장 영향력이 큰 사람의 기분을 거스르지 않고도 그가 행사하는 암묵적 압력을 벗어나는 데 도움이 된다. (상사나 성질 나쁜 친척의 비위를 맞추기 위해 결정에 동의하는 일이 없도록 말이다!)

우리가 개발한 결정 제어 프로세스는 이제 규모가 크고 복잡한 사건에 복수의 기관이 합동 대응할 때 준수하는 전국 가이드라인에 포함되어 있고, 전략 담당 지휘관들도 이 기법을 훈련 기간 내내 연마하고 있다('긴급 구조 기관 간 협업 원칙'에 포함되어 있다). 이제 각 긴급 구조 기관의 모든 지휘관은 주머니에 결정 제어 프로세스를 포함해서 주요 프롬프터가 적힌 작은 카드를 가지고 다닌다. 이 카드는 의사 결정이 학습을 통해 배울 수 있는 기술이라는 것을 상기시키는 중요한 증거다. 리더십, 의사 결정, 상황 인식력, 의사소통 등은 타고난 능력이 아니라 약간의 연습과 많은 노력을 통해 얻을 수 있는 기술이다.

우리는 왜 이 일을 하고 있는가?	이 결정으로 얻고자 하는 목표는 무엇인가?
	이 결정의 근거는 무엇인가, 그리고 이 결정은 합의 하에 도출된 것인가?
	이 결정이 함께 일하고, 인명을 구하고, 피해를 줄이는 목표에 부합하는가?
어떤 일이 벌어질 것이라 예상하는가?	이 조치의 결과는 무엇이라 예상하는가, 특히 전체적 목표와 다른 조치들에 끼칠 영향은 무엇이라 예상하는가?
	이 조치로 인해 상황이 어떻게 변화할 것인가, 그리고 어떤 결과를 예상하는가?
이런 것들을 고려할 때, 거둘 수 있는 이득은 감수해야 할 위험을 정당화할 수 있는가?	취하고자 하는 조치로 거둘 수 있는 이득은 받아들여질 위험을 정당화하는가?
다음 사항들에 대한 공통의 이해와 입장이 형성되어 있는가?	현재 상황과 취해지는 조치로 예상되는 영향과 결과.
	손에 넣을 수 있는 정보, 중요하지만 불확실한 요소들, 주요 추정들.
	대응에 참여한 모든 대원들 사이에 용어와 측정 단위 통일.
	개별 기관들의 작업 관행이 합동 대응과 조화를 이루는지 여부.
	결정이 내려지고 의사소통이 되었는지 여부.
개인의 입장에서:	집단적으로 내려진 결정이 내 개인적인 판단과 경험에 부합하는가?
	개인의 입장에서, 그리고 팀의 입장에서 이 결정이 최선의 해결책이라는 데 동의하는가?

THE HEAT OF THE MOMENT

8장
인간됨의 대가

"사람이 과거를 내려놓지 못하는 것이 아니라,
과거가 사람을 내려놓지 못하는 것이다."

정신적 외상trauma은 드문 일이 아니다. 우리들 대부분은 약하게든, 심하게든 정신적 외상을 겪은 경험이 있다. 인구의 최소한 삼분의 일 이상이 일생에 한 번 이상 상당한 정신적 외상을 겪는다는 주장은 전혀 과장이 아니다.* 생명 혹은 삶 자체를 위협받는 상황을 겪어본 사람이라면 대부분 그랬겠지만, 나도 정신적 외상을 입은 경험을 통해 극도로 예측 불가능한 것이 바로 삶이라는 것을 절감했다.

정신적 외상이 우리의 사고와 감정에 영향을 주는 것, 특히 그 경험을 한 직후 몇 주 동안 외상의 영향을 받는 것은 지극히 정상

* Mental Health and Wellbeing in England Adult Psychiatric Morbidity Survey (2014).

이다. 고통스러운, 혹은 충격적인 사건은 우리가 세상을 보는 눈을 바꾸고, 그로 인해 불안감과 불편함을 느끼는 것이 당연하다. 그러나 이렇게 큰 위협을 받은 경험으로 인해 정신 건강에 더 심각한 영향을 받는 사람들도 있다. 그리고 그런 영향이 장기간에 걸쳐 심리적, 육체적 증상으로 나타나서, 약간 불안하고 불편한 데서 그치는 것이 아니라 매우 두렵고 불안정한 상태를 초래하는 경우도 있다.

긴급 상황에 대응하는 이들은 정신적 외상에 반복적으로 노출된다. 그것이 이 직업을 선택한 우리의 일상이다. 어쩌면 이 직업군의 사람들이 정신 건강 문제로 고통받는 경우가 평균보다 비정상적으로 많은 것도 놀라운 일이 아닐 것이다. 이 사실은 긴급 구조 대원의 90퍼센트가 자신의 정신 건강에 대해 우려하고 있다는 영국의 정신 건강 자선 단체 마인드Mind의 연구 결과에도 잘 나타나 있다. 또한 마인드 연구팀은 직장에서의 경험을 정신 건강 문제의 원인이라고 생각하는 긴급 구조 대원의 비율이 일반 직장인들보다 두 배나 많았다고 밝혔다.*

인명을 다루는 일선에서 일하는 사람들의 대부분은(긴급 구조 기관이든, 의료계든, 군대든 상관없이) 인명 손실을 목격하는 것을 직장 생활의 피할 수 없는 일부로 받아들인다. 그러나 그중에서도

* Mind Blue Light Research Programme (2016).

항상 머리를 떠나지 않고 남아 있는 기억들이 있고, 삶에 대한 시각에 영향을 주는 사건들이 있다. 어떨 때는 혼자서, 혹은 친구와 가족들의 도움을 받아 헤쳐 나갈 수도 있지만, 그것이 불가능한 경우도 있다.

*

나는 칼바람을 맞으며 도로변에 서 있다. 살을 엘 듯 추운 날씨다. 고속도로 양방향 모두 차량 통행이 폐쇄된 상태다. 차들이 웅웅거리며 지나가는 소음이 끊기자 으스스한 정적이 흐른다. 이전에도 경험해본 정적이지만 매번 낯설다.

20분 전, 작은 트럭 한 대가 중앙 분리대를 뚫고 넘어가 마주 오던 차와 충돌했다. 지금 그 트럭은 도로 저쪽에 반대편을 보고 서 있다. 운전자는 경상을 입었고, 적재 화물도 없었다. 그러나 트럭이 박은 승용차는 보닛이 운전자 발밑 공간까지 파고들 정도로 심하게 파손된 채 소방관들에 둘러싸여 있다. 은색 옆판은 알루미늄 호일처럼 구겨져 있고, 도로 위는 파손된 자동차의 잔해로 어지럽다. 플라스틱과 금속 조각들이 사방에 널려 있다.

소방관들이 소리쳐서 신호를 주고받으며 차량의 구겨진 지붕을 들어올린다. 유리 조각들이 비처럼 쏟아지지만 지붕을 땅에 안전하게 내려놓는 데 성공한다. 지붕을 들어올린 후에야 조수석에 있던 삼십대 초반으로 보이는 젊은 여성을 구출하는 것이 가능해졌다. 대원들이 조심스럽게 그녀를 차에서 꺼낸다. 나는 발생할 수 있는 문제를 예측하려고 애쓰면서 사고 차량 쪽으로 다가간다.

젊은 여성은 구급 대원들이 정맥을 찾아 주사 바늘을 꽂으려고 애쓰는 동안 통증으로 몸부림치고 있다. 그녀의 길고 붉은 빛이 감도는 머리카락은 응고된 피로 범벅되어 있다. 머리에 깊은 상처가 난 것이 보인다. 아마 충돌 순간 머리를 대시보드에 찧은 것이리라. 내가 보기에는 조수석 에어백이 없는 것 같다. 개방 골절된 그녀의 왼팔은 부서진 뼈들이 너덜너덜해진 피부를 뚫고 날카롭게 튀어나와 있다. 귀에서 맑은 액체가 흘러나오는 것으로 봐서 두개골 골절도 의심된다. 심각한 상태여서 바로 수술실로 들어가야 한다. 도로변에서 가능한 조처로는 역부족이고 큰 병원에서만 가능한 치료다. 놀랍게도 그녀는 사고 순간부터 지금까지 의식을 잃지 않았고, 심지어 999(영국의 구조 요청 번호—옮긴이)에 전화해서 구조 요청까지 했다.

운전석에 아무도 없다. 조금 더 가까이 다가가자 마른 쇠를 연상 시키는 짙은 피냄새가 진동한다. 정육점에 들어서면 나는 냄새다. 달큰하면서도 씁쓰름한 그 냄새는 코보다 목젖 뒤쪽을 먼저 강타한다. 뒷좌석을 들여다본다. 피가 묻은 뼛조각과 딸기 우유로 만든 젤리처럼 보이는 연분홍색 덩어리들이 몇 개 보인다. 좌석 하나에 찢어진 피부 조각이 보인다. 귀와 검은 곱슬머리가 붙어 있는, 사람 얼굴의 일부다. 발밑 공간에 모래가 묻은 비치타월이 구겨진 채 던져져 있다. 'Mr & Mrs'라는 무늬가 새겨진 타월이다. 신혼여행에서 돌아오는 신혼부부다.

도로 쪽을 되돌아본다. 갈가리 찢겨나간 채 길 한가운데 누워 있는 남편의 시신이 너무도 잘 보이는 곳에 있다. 머리 부분이 거의 남아 있지 않고, 그나마 남아 있는 부분도 심하게 훼손되어 있다. 남아 있는 눈은 아직도 공포에 질려 부릅뜬 채다. 나는 재빨리 시신을 시트로 덮는다.

나중에 안 사실이지만 트럭 운전자는 졸음운전을 하다가 중앙분리대를 넘어서 마주 오는 차를 정면으로 받았다. 운전석 쪽이 충격을 거의 대부분 흡수했고, 남편은 즉사했다.

*

그 사건은 내 뇌리를 떠나지 않았다.

그 길은 내가 자주 다니는 길이었다. 퇴근길에 지나가는 곳이었기 때문이다. 하지만 그 사건 후로 나는 나도 모르게 그쪽을 피했다. 그리고 그 도로를 지나거나 그와 비슷한 도로를 운전할 때마다 나는 그녀가 보았을 남편의 마지막 모습을 떠올렸다. 그러고는 두 사람이 처음 만난 순간부터 시작하는 영화 같은 러브 스토리를 상상하고, 얼굴이 훼손되고 피부가 떨어져나가기 전 그 남자의 모습을 그려보려 애썼다. 그러고 나면 그녀 생각이 다시 나고, 그때까지 가졌던 희망과 꿈과 계획이 모두 한순간에 무너져버리면 어떤 느낌일까 상상하다가 깊은 절망감에 빠져들곤 했다.

나는 심지어 트럭 운전사에게도 연민을 느꼈다. 그렇게 피곤한데 운전대를 잡은 것은 안전불감증 때문이었을 수도 있고, 혹은 상사의 압박과 먹여 살려야 할 가족들 때문에 불필요한 위험을 감수했던 것일 수도 있다. 이유야 어쨌든, 사고 현장을 돌아보고 그 순간부터 자신의 삶이 절대 이전과 같을 수 없다는 것을 깨달았던 그의 떨리는 입술을 잊을 수가 없었다. 그의 얼굴을 뇌리에서 지울 수가 없었다.

때는 마이크와 내가 결혼하기 직전이었다. 나는 결혼식 준비를 하느라 바빴지만, 그러다가도 갑자기 아무 이유 없이 불안감에 사로잡히곤 했다. 둘이서 손을 잡고 산책을 하다가도, 바보 같은 일로 낄낄거리다가도 우리가 얼마나 운이 좋은지에 관해 생각하고 곧바로 그 신혼부부를 떠올리며 걷잡을 수 없는 슬픔에 잠겼다.

돌이켜보면 수백 건의 다른 사고를 목격했음에도 불구하고 왜 유독 그 사고가 그토록 내게 부정적인 영향을 끼쳤는지 확실하다. 당시 사랑하는 사람과 함께할 미래를 계획하고 있던 내가 나와 비슷한 인생 단계에 있는 두 사람의 사고를 목격했기 때문이었다. 나와 비슷한 처지의 여성이 말도 안 되는 사고로 미래를 송두리째 빼앗겨버린 장면이었다. '영원히'라는 개념에 대한 내 이해가 변했고, 나는 그 새로운 정보를 어떻게 받아들여야 할지 몰랐다.

몇 주 동안 잠을 제대로 자지 못했다. 툭하면 신경질을 부리고 불평을 해댔고, 우울하고 비관적인 기분이 자주 들었다. 보는 사람이 없다는 생각이 들면 혼자 울었고, 그러다가 들키면 슬픈 책을 읽어서 그렇다고 둘러댔다. (〈니모를 찾아서〉를 보고도 우는 사람이니 매우 신빙성 있는 핑계였다.) 인정하고 싶지는 않았지만, 마음 속 깊은 곳에서는 미래를 위해 내가 세우는 계획들이 더이상 가치가 없고, 의미도 없다고 느꼈다. 그 사건으로 내가 세상을 보는 눈이 바뀌었고, 나는 그 경험으로 인해 잃어버린 내 세계관을 애도하고 있었다.

내가 우울하다는 것을 눈치챈 마이크는 내 기분을 북돋워주기 위해 어느 날 DVD와 큼지막한 초콜릿으로 나를 놀라게 했다.* 영화는 감상적이고 낭만적일 것이라 생각하고 고른 듯했다. 〈P.S. 아이 러브 유〉라는 영화를 본 적이 있는지? 듣기에는 너무도 낭만적이다. 하지만 영화는 뇌종양으로 사랑하는 남편을 잃은 여자의 이야기였다(게다가 뇌종양은 내 아버지가 앓았던 병을 상기시켜주는 병이기도 하다). 남편은 자기가 죽을 것을 알고 아내의 슬픔을 달래고 과거에 집착하지 않도록 돕기 위해 일련의 편지를 남긴다.

나는 통곡을 했다. 그리고 내가 그렇게 울어댄 것에 대해, 그리

* 그때는 아직 결혼 전이었다. 왜 이런 달콤함은 결혼 후에 모두 사라져버린 것일까!

고 마이크의 영화 선택 솜씨에 대해 둘이서 함께 웃었다. 그러고 나니 최근 어떤 감정을 느꼈는지에 대해 조금씩 이야기할 수 있었다. 누군가에게 털어놓고 나니 그렇게 안도가 될 수가 없었고, 내게 무슨 일이 벌어진 것인지, 왜 그토록 우울했는지를 생각해볼 계기가 됐다.

나는 말을 꺼내기를 두려워하고 있었다. 내가 약하다거나 사건 현장에서 흔히 노출되는 충격을 잘 극복하지 못하는 사람이라는 인상을 주기 싫었다. 하지만 말을 하고 나니 큰 도움이 됐다.

얼마가지 않아 내 부정적인 감정들이 많이 약해졌고, 나는 세상을 보는 이 새로운 시각에 적응했다. 보장된 삶이란 없다는 것을 알게 됐지만, 동시에 그걸 깨닫고도 살아갈 수 있다는 사실도 발견했다. 몇 주 후에 사고를 당한 그 여성이 사망했다는 소식을 들은 것이 내게는 전환점이 됐다. 이상하게도 그녀가 그 끔찍한 장면을 계속 떠올리며 여생을 살아가지 않아도 된다는 사실에 안도감을 느꼈다. 그러면서 그 장면도 더이상 나를 괴롭히지 않았다. 그 소식을 접하지 않았어도 결국은 상황을 받아들이고 어느 정도 회복했겠지만, 시간이 조금 더 걸렸을 것이다.

*

나는 그 사건에 불안감을 가지고 대응했을까? 그렇다. 그런 내 반응이 비정상이었을까? 그렇지 않다고 생각한다. 내가 경험한 감정들은 오래 가지 않았고, 합당한 것이었으며, 짧은 기간 지속된 후에 완전히 사라졌다. 긴급 구조 분야의 일선에서 일하는 사람들 대부분은 직장 생활을 하는 동안 이와 비슷한 순간들을 경험한다. 아무도 보고 있지 않다 생각할 때 가끔 혼자 눈물짓지 않는 사람이 없다고 해도 무리가 아닐 것이다. 그러나 그런 감정을 소화해 내고 평범한 일상으로 돌아가는 길을 찾는 노력은 절대적으로 중요하다.

이 장 첫 부분에서 나는 인구의 삼분의 일 이상이 평생 한 번쯤은 정신적 외상을 겪는다고 언급했다. 대략 성인 5명 중 1명은 '외상 후 스트레스 장애Post-Traumatic Stress Disorder, PTSD' 증상을 경험하고, 20명 중 1명은 실제로 이 질환을 앓는다.* 외상 후 스트레스 장애를 앓는 이에게는 심신을 약화시킬 만큼 강한 감정, 과민 반응, 플래시백, 악몽 등의 증상이 나타나고, 경우에 따라서는 구토증, 발한, 심계 항진 등의 육체적 증상이 나타나기도 한다. 나는 아주 경미한 정도여서 가끔 강한 감정을 겪고 불쑥불쑥 원치 않는 생각이나 장면들이 머리에 떠오르는 정도였지만, 외상 후 스트레스 장애를 가진 사람들에게는 이런 증상들이 극도로 심하게 나타날 수 있다. 사실 긴급 구조 대원들에게 이것은 언제든 일어날 수

* Mental Health and Welbeing in England Adult Psychiatric Morbidity Survey (2014).

있는 현실적인 문제다. 외상 후 스트레스 장애는 우리 삶과 안녕에 상당한 영향을 줄 수 있고, 우리 삶이 무너져내리면 그 여파에서 벗어날 수 없는 가족들에게까지도 큰 영향을 끼친다.

내가 아는 론이라는 아주 경험 많은 소방관이 있다. 그는 끔찍한 화재 현장에 출동한 후 외상 후 스트레스 장애를 심하게 앓았다. 오랫동안 보지 못하다가 어느 날 그가 일하는 소방서 밖에서 우연히 그와 마주쳤다. 그는 담배를 피우고 있었는데 굉장히 피곤해 보였다. 이전에 일을 같이 했었고, 내가 무척 좋아하는 동료였다. 그의 표정을 보니 걱정이 됐다. 평소 그답지 않은 표정이어서 뭔가 잘못됐다는 직감이 들었다. 문 앞에 서서 안부 인사나 나누는 것만으로는 충분치 않을 것이라는 느낌이 든 나는 론과 함께 건물 안으로 들어가 커피를 뽑아서 의자에 앉았다.

"여기 커피." 내가 커피가 든 잔을 건네며 그렇게 말했지만 그는 바로 옆에서 내가 하는 말도 듣지 못한 듯 아무런 반응이 없었다.

"론…." 이번에는 그와 눈을 마주치면서 다시 말했다. "커피."

"고마워. 딱 지금 내게 필요한 거였어." 그는 커피 잔을 받아들고 잠시 눈을 감았다. "아, 좋다." 그가 중얼거렸다.

그는 손을 얼굴 바로 앞까지 들어올리고 펼친 다음 손가락들을 자세히 들여다보았다.

"이것 좀 봐." 그는 천천히 자기 손을 돌리면서 말했다. "꼭 얼음장처럼 하얗네. 이렇게 손이 차가워본 적이 없어. 진단 받은 뒤부터 계속 이래."

"진단?" 내가 물었다.

"외상 후 스트레스 장애." 그가 말했다. "솔직히 말해서 오히려 마음이 편해졌어. 난 내가 미쳐가고 있는 줄 알았거든."

외상 후 스트레스 장애의 예상치 못한 증상 중 하나가 손발이 차가워지는 현상이다. 이 장애를 겪는 사람은 과도하게 분비되는 '투쟁-도피fight-or-flight' 호르몬에 반응해서 몸이 고도의 경계 태세를 유지한다. 뇌는 자신이 위험에 처해 있다고 생각하고 혈액을 생명 유지에 필요한 중요 기관으로 더 많이 보낸다. 따라서 손과 발로 가는 혈액이 감소하고, 더운 날에도 춥게 느껴진다.

만나지 못한 지 1년 정도 밖에 지나지 않았지만 론은 엄청나게 늙어 있었다. 한때 짙은 갈색의 풍성했던 머리는 짧게 밀었고, 흰 머리가 많이 보였다. 피부는 창백하고 얼룩져 보였다. 키가 크고 근육질이어서 거인처럼 보였던 체형도 극적으로 달라져서, 근육이 많이 없어지고 배가 나오기 시작했다. 이것도 외상 후 스트레스 장애의 반갑지 않은 증상 중의 하나다. 코르티솔(주요 스트레스 호르몬)의 수치가 높아져서 근육 세포에 들어가는 단백질의 양을 제한하기 때문이다.* 이 때문에 근육을 만들거나, 이미 있는 근육을 유지하는 것이 거의 불가능해진다. 또한 코르티솔은 지방이 저

* 이 현상을 진화학적으로 설명하자면, 단백질을 근육으로 보내는 대신 바로 사용할 수 있는 에너지로 변환해서 직면한 위협에 대항하거나 도주하는 데 사용할 준비를 하는 것이다.

장되는 과정에 개입해서 배 주변에 지방이 축적되도록 한다.

“네가 생각하는 것보다 훨씬 더 흔한 일이야, 론. 여하튼 다시 돌아와서 좋다.”

“고마워, 사브리나. 어려웠어. 굉장히. 사람들이 이해를 못하더라고…. 사실 나도 이해를 못했어.”

나는 커피를 한 모금 마셨다. “이야기하고 싶으면 나한테 해.” 내가 말했다. “이야기하기 싫다 해도 괜찮고.”

“한 1년 전쯤 시작됐어.” 그가 마음속에 담아두었던 말들을 꺼냈다. 론은 8개월 배기 여아와 그 아이의 오빠가 목숨을 잃었던 악몽 같은 화재 사건에 출동했다.

아이들의 부모는 외출한 상태였다. 딸이 태어난 후 처음으로 하는 외출이었다. 베이비시터는 잠들지 않으려고 버티는 아기를 재우느라 안간힘을 쓰다가 겨우 아기 눈이 감기고 잠든 것을 확인했다. 그러고는 아래층으로 내려가, 자기 방에서 놀고 있는 첫째 아이에게 먹일 감자튀김을 만들기 시작했다. 그러다가 아기가 깨어나 우는 소리가 들리자 아기를 달래려고 위층으로 올라가면서 튀김기를 끄는 것을 잊었다. 베이비시터가 아기를 달래느라 위층에서 한참을 보내는 사이 튀김기에 불이 붙었다. 집에 연기 경보기가 없었기 때문에 마침내 그녀가 연기 냄새를 맡고 서둘러 아래층으로 내려갔을 때는 사태가 너무 심각해져 있었다. 아이들을 데리러 위층으로 다시 올라가려고 했지만 숨 막히는 연기를 뚫고 올라갈 수가 없었다. 그래서 밖으로 뛰어나가 도움을 구했다.

그날 밤 근무를 하고 있던 론은 팀원들과 함께 현장으로 출동했다. 이미 숨을 거둔 아기를 집밖으로 안고 나온 것은 론이었다. 그는 심폐소생술을 실시해서 아기를 다시 살려보려고 했지만 소용없었다. 생명이 떠나가 버린 아기의 작은 몸을 시체 운반용 부대에 담은 것도 론이었다. 지퍼를 올리기 전 아기의 예쁜 얼굴에서 그을음을 닦은 것도 론이었다.

그리고 그는 다시 소방서로 돌아갔다.

늦은 시간이었다. 새벽 두 시 정도. 보통 같았으면 그 시간에 출동을 나갔다가 돌아오면 사람들은 바로 기숙사로 향한다. 이번에는 달랐다. 팀원 모두가 식당으로 가서 둘러앉았다. 누군가가 차를 만들었고, 혼자 있지 않아도 된다는 사실에 안도했다. 일부는 말을 하고 일부는 듣기만 했다. 상상을 초월하는 비극 앞에서 블랙 유머라는 갑옷 뒤에 숨는 경우도 많지만, 그날은 그렇게마저 하지 못했다고 론은 회상했다. 그는 거기 앉아서 동료들의 대화를 듣지도 않고, 말도 하지 않고, 그냥 생각에 잠겼다. 목이 너무 조여와 차를 마시는 것도 고통스러웠다. 목구멍에 뭐가 걸린 것 같다는 표현이 있지 않은가. 론은 그 순간 덩어리가 아니라 태산이 목에 걸린 느낌이었다고 말했다.

그날 근무가 끝날 때까지 그는 자동 조종 장치를 가동한 로봇처럼 움직였다. 모든 것이 낯설고 동떨어진 느낌에 약간 멍했지만 잘 자고 나면 나아질 것이라고 생각했다. 그것이 그 주의 마지막 근무였으니 집에 가면 제대로 쉴 수 있을 터였다. 하지만 론은 쉬지 못했다. 그의 마음은 계속해서 화재 현장으로, 자신이 시체 운반 부대의 지퍼를 올리고 아기의 얼굴이 지퍼 뒤로 사라지던 그 순간으로 되돌아갔다.

그후 몇 주 동안 그의 증상은 점점 더 나빠졌다. 생생한 악몽을 꾸다가 한밤중에 식은땀을 흘리며 깨어나보면 침대보가 글자 그대로 축축하게 젖어 있었다. 그가 경험하는 정서적 공포에 그의 몸이 반응하고 있었다. 안전한 침대에 누워 있지만 마음은 매우 위험한 어딘가에 가 있었던 것이다.

론은 계속해서 자기가 무엇을 달리할 수 있었을까, 어떻게 했으면 다른 결과를 얻을 수 있었을까 자문했다. 오른쪽으로 도는 대신 왼쪽으로 돌았으면 아기를 더 빨리 발견하지 않았을까. 복도를 더듬거리는 대신 바로 계단으로 올라갔으면 어땠을까. 호스가 문틀에 걸려서 소중한 몇 초를 낭비하지만 않았어도.

그 경험에 대해 이야기하는 것이 어려웠다. 여자 친구가 물었지만 그는 대화를 거부했다. 자신을 압도하는 감정들에 대처하기 위해 그는 아무 감정도 갖지 않는 쪽을 선택했다. 그래서 무감각하고 멍해졌다. 그전까지 규칙적으로 운동을 했었던 그는 체육관에 가서 웨이트 트레이닝을 하면서 그 생각을 잊으려 시도했지만, 더 이상 운동하는 것이 즐겁지가 않았다. 그동안 단련해서 만들어왔던 근육이 사라져가는 것을 보면서 더 우울해졌다. 그는 고립되었고 내성적으로 변했다. 체육관에도 더이상 가지 않았다.

그러다가 결국 집밖으로 나가는 것 자체를 멈췄다. 그리고 집에서 술을 많이 마시기 시작했다. 일종의 자가 치료 시도였다. 수시로 머리에 떠오르는 원치 않는 생각과 감정들을 차단하려고 술을 마신 것이다. 그는 늘 신경이 날카로웠고, 퉁명스럽고 신경질적이었다. 사람들은 그의 그런 성향이 알코올 때문이라고 추측했다. 그러나 사실 그는 '과다 각성' 상태에 있었다. 그의 몸은 끊임없이 주변에 위협이 있는지 살피고 있었고, 이는 전반적인 기분과 집중력에 악영향을 끼쳤다. 그는 사람들에게 툭툭거렸다. 그리고 자신이 왜 그런지 이야기하고 싶어 하지 않았다. 약해 보이고 싶지 않았기 때문이다. 도움을 구할 준비도 되어 있지 않았다. 그의 동료들은 그와 함께 있는 것을 불편해했고, 론은 따돌림당하는 기분이 들었다.

몇 달 동안 상황이 계속 악화되면서 플래시백 증상이 더 심각해졌고, 정신병 증상까지 나타나기 시작했다. 플래시백은 너무나 선명했다. 연기 냄새가 나고 입에서 검댕이 맛이 느껴지는가 하면, 소방차에서 나는 소음까지 들렸다. 그리고 환영이 보이기 시작했다. 주차장을 걷다가 차 유리창에서, 쓰레기를 버리러 나갔다가 쓰레기통에서, 뉴스를 보다가 텔레비전에서 그 아기의 얼굴을 봤다. 그는 공포에 질렸다. 마침내 론은 자기 혼자서는 도저히 감당할 수 없다는 것을 깨달았다.

직장 정기 검진을 받던 론은 의사 앞에서 울음을 터뜨리고 말았다. 염려스러웠던 의사가 조금씩 캐묻자 론은 비로소 누군가에게 자신의 문제를 털어놓을 용기를 냈다. 그것은 론에게 전환점이 되었다. 마침내 그는 그토록 절박하게 필요로 했던 도움을 받을 수 있게 되었고, 회복을 향한 긴 여정을 시작했다. 그는 9개월 동안 휴직을 했다.

"이번 주가 복직 첫 주야." 그가 말했다. "아직도 쉽지는 않아."

론은 여전히 동료들과의 관계를 어려워했다. 사실 긴급 구조 분야 종사자들 중 정신 건강에 문제가 생기는 빈도가 매우 높음에도 불구하고, 그 문제는 아직 오명을 벗지 못한 상태다. 최근 조사에 따르면 설문 조사에 참여한 긴급 구조 대원들의 71퍼센트가 직장에서 정신 건강 문제에 대해 이야기하기 편한 분위기가 아니라고 응답했다. 일반직 종사자들의 경우 비율은 이보다 훨씬 낮은 45퍼센트다.*

사실을 말하자면, 론의 동료들 입장에서는 정신 건강 문제라는 현실을 마주하기보다 그가 남의 관심을 끌기 위해 그런다고 치부해버리는 쪽이 마음이 더 편했다. 정신 건강 문제는 본인뿐 아니라 친구, 가족, 동료들에게도 정말로 두려운 문제일 수 있기 때문

* Mind Blue Light Research Programme (2016).

이다.

긴급 구조 대원들이 정신 건강에 위기를 겪는 사람들에게 자주 노출된다는 것도 문제의 일부다. 그것도 그들이 인생에서 최악의 시기를 보내고 있을 때 말이다. 우리는 다리에서 뛰어내려 스스로 목숨을 끊으려는 사람들, 연쇄 방화범들의 범죄 현장, 화학적 자살*의 현장에 제일 먼저 도착하는 사람들이다. 최악의 상황을 자주 목격하면 우리는 그 정보를 정신 건강에 대한 내면의 기준에 반영하고 그에 맞는 심적 모형을 만든다. 자기 정신 건강에 문제가 있다거나, 외상 후 스트레스 장애 혹은 우울증 진단을 받았다고 동료가 말하면 우리는 자동으로 이전에 목격했던 최악의 상황들을 머리에 떠올린다. 그러나 심리적인 거부감 때문에 그런 극단적인 경우에 스스로를 대입할 수가 없다. 그 결과 너무 늦기 전에 정신 건강 문제로 도움을 구하기는커녕 자신의 경험을 인정하기조차 더욱 어려워진다.

또다른 문제는 우리가 '해결사'라는 사실이다. 우리는 자신을 재난 지역에 낙하산을 타고 들어가 생사를 가르는 구출 작전을 벌이는 사람으로 간주한다. 우리는 스스로를 '보호자'로 생각하고, 그것은 정체성의 중요한 요소로 자리 잡는다. 이 때문에 스스로가 취약하다는 사실을 인정하기가 매우 힘들고, 다른 사람들에게 그

* 화학적 자살은 목욕탕 혹은 자동차처럼 밀폐된 공간에 채운 유독 가스에 스스로를 노출시켜 자살하는 방법을 말한다.

것을 인정하는 일은 더더욱 힘들다. 특히 상대방이 다른 '보호자' 일 경우 그들이 나를 약하다고 생각하지는 않을까 하는 두려움까지 더해진다.

마인드의 연구 결과 소수 인종 출신의 구급 대원들 사이에 이 문제가 더 심각하다는 사실이 드러났다. 그들이 도움을 요청할 확률이 더 낮다는 이야기다. 인종, 젠더, 성적 지향 등 '다르'다는 꼬리표가 일단 붙고 나면 '다르'지 않기 위해 안간힘을 쓰는 경우가 많다. 소방관으로 일하면서 지낸 대부분의 기간을 차별에 맞서 싸워야 했던 나도 이 문제를 체감하고 있다. 내가 이 자리에 있는 것이 내 능력 때문이 아니라 상상 속의 '여성 고용률'을 채우기 위해서라는 암시는 정말이지 싫다.* 과거에는 다른 사람보다 두 배로 열심히 일을 해야 다른 사람의 절반 정도 인정을 받는 느낌이 들었었다.

이런 경험을 한 사람들에게 '다름'이라는 꼬리표는 부정적인 연상 작용을 일으킨다. 다르다는 소리를 듣지 않기 위해 자신의 행동을 스스로 검열하는 것은 드문 일이 아니다. 직장에서 정해진 규칙 없이 알게 모르게 통용되는 복장 규정을 모두들 지키는 현상이라든지, 아이들이 최신 인기 장난감을 가지고 싶어 하는 현상이 그 예일 것이다. 사람들이 '다르'지 않기 위해 그토록 많은 시간과

* 홍미 위주의 신문 기사들에서 주장하는 것과는 달리 영국의 소방 구조대는 여성 혹은 소수 집단에 대한 의무 고용을 시행한 적이 한 번도 없었고 지금도 그렇다.

노력을 기울인다는 것을 감안하면 정신 건강 문제에 대한 지원 서비스에 소수 인종 출신 직원의 등록률이 매우 낮다는 것은 어쩌면 놀라운 일이 아닐 수도 있다. 현재까지는 젠더나 성적 지향에 관해서까지 연구가 확대되지는 않았지만, 여성과 성소수자 대원들도 비슷하지 않을까 생각한다.

마인드와 같은 단체들과 그들이 운영한 블루 라이트 프로그램Blue Light Programme은 긴급 구조 부문 종사자들의 정신 건강 문제에 대한 의식을 개선하는 데 큰 공을 세웠고, 이제는 전국의 소방서에 '챔피언'이라는 담당자들이 있어서 정신 질환을 둘러싼 낙인의 담을 무너뜨리고 있다. 그 높은 담을 완전히 무너뜨리는 데는 많은 시간과 노력이 들어가겠지만, 우리는 언젠가 그 담을 완전히 없애는 데 성공할 것이다.

현재까지 소방관들은 정신 건강을 유지하는 문제를 팀 안에 존재하는 강한 유대감에 크게 의존해왔다. 우리는 기본적으로 매주 48시간을 함께 산다. 같이 먹고, 같이 훈련하고, 같이 웃고, 때때로 같이 울며 지내는 것이다. 그 과정에서 만들어지는 동지애는 없어서는 안 될 요소다. 우리는 블랙 유머를 주고받으면서 서로의 옆구리를 쿡쿡 찔러, 다시 정상적인 정신 상태를 되찾도록 돕는다. 말로 형언할 수 없는 사건을 경험한 후 동료들과 앉아서 차를 마시다가, 누군가의 머그 바닥에 써진 웃긴 낙서를 읽고 다 같이 웃음을 터뜨릴 때 느껴지는 안도는 무엇과도 비교할 수 없다. 나는 웃음은 명약이라는 옛말이 진리라 굳게 믿는다.*

댄과 제임스라는 동료와 함께 장례식에 참석한 적이 있다. 모두들 울음을 터뜨리기 직전이었고, 충혈된 눈을 감추기 위해 짙은 색안경을 끼고 있었다. 더운 날이라 우리는 가져온 백합 꽃다발을 입구에 있는 화병에 꽂기로 했다. 내가 식물 영양제 포장을 뜯으려고 낑낑대자 댄이 기사도 정신을 발휘해 이빨로 포장지를 뜯었다. 그런데 봉지가 열리면서 영양제가 그의 입으로 몽땅 튀어 들어가버렸다. 그때까지만 해도 울음이 터지기 직전이었던 우리가 이제는 터져 나오는 웃음을 참기 위해 애를 써야만 했다. 웃음은 그냥 긍정적인 마음을 가지는 데 도움이 되는 것에서 그치지 않는다. 웃음 자체가 스트레스 호르몬을 감소시키고 엔도르핀의 분비를 촉발한다는 연구 결과들이 나와 있다. 팀원들 사이의 동지애는 가장 어두운 순간에 빛을 찾는 데 필요한 매우 중요한 요소다.

물론 외상 후 스트레스 장애의 증상을 초기에 포착해서 신속하고 효과적으로 대처하기 위해 더욱더 많은 노력이 필요하다. 그러나 동시에 나는 외상 후 스트레스 장애를 애초에 예방할 수 있는 방법들이 있다고 믿는다. 소방관들이 통찰력과 결단력, 자신감을 갖추도록 격려하고 훈련시키는 것도 중요하지만, 동시에 그 훈련의 내용 안에 회복 탄력성을 키우는 부분도 포함시켜 긴급 구조

* 유성색연필은 각자의 공기호흡기에 이름을 쓰거나, 건물 안에 누가 들어갔는지를 기록하라고 마련된 것이지만, 모두들 머그 바닥에 낙서를 하는 것이 훨씬 더 재미있는 용도라 생각한다.

대원들이 업무에 수반되는 극도의 스트레스에 대처할 수 있도록 도와야 한다. 여러 직급을 거치면서 직장 생활을 하는 동안 나는 사건이 주는 감정적 충격에 대한 나 자신의 반응을 미리 알아차리고 대책을 세우는 데 훨씬 능숙해졌다. 압박감이 점점 커져서 내가 압도당하기 시작한다는 느낌이 들면, 나는 지휘실에서 나와 사고 현장을 돌면서 5분 정도 시간을 보낸다. 그렇게 함으로써 나는 잠시 동안의 침묵 속에서 큰 그림을 보는 눈을 되찾고, 내 머릿속의 퍼즐 그림뿐 아니라 내 마음 상태도 재정비할 기회를 가진다.

대원들과 지휘관들이 사건이 끝난 후에 올 수 있는 자신의 감정적 반응을 미리 알아차리고 대처할 줄 아는 것 또한 중요하다. 예를 들어, 이 장 앞에서 소개했던 도로 충돌 사고 이후, 나는 사고 자체뿐 아니라 나 자신의 감정적 반응 때문에도 많이 괴로웠다. 수많은 죽음을 목격했고, 그보다 더 끔찍한 사고 현장에도 출동해 봤기 때문에 그 특정 사고로 내가 그렇게 휘청했다는 사실 자체가 충격이었다. 나는 내 반응이 정상적이라는 것을 몰랐다. 어떤 감정적 반응이 올 수 있는지 예측하지 못했던 것이다. 알았다면 훨씬 덜 괴로웠을 것이다.

2018년 초에 롭 허니 교수와 나는 긴급 구조 기관에 종사하는 대원들이 갖춰야 할 필수적 기술과 각자 맡은 역할에 맞는 최고의 훈련을 제공하는 분야로 연구를 확장하기를 원했다. 그래서 우리는 바로 그 주제로 뛰어난 박사 논문 프로젝트를 진행하고 있는 카디프 대학교의 학제간 연구팀에 합류했다. 이 연구 프로그램에서는 1000명 이상의 경찰관들에게 정신적 외상에 대한 회복 탄력성을 기르는 훈련을 시킬 예정이다. 그리고 그 훈련을 받은 경찰관들과 훈련을 받지 않은 경찰관들로 이루어진 '대조군'의 회복 탄력성을 측정할 것이다. 이 연구의 일차적인 목표는 훈련의 효과성을 입증하는 것이다. 하지만 또한 연구팀은 이 훈련을 통해 정신적 외상에 반복적으로 노출되면서 받을 수 있는 악영향에 대한 회복 탄력성을 기르는 방법을 경찰관들이 습득하기를 바라고 있다.

회복 탄력성 훈련은 대원 개개인뿐 아니라 긴급 구조 서비스에 의존해야 하는 모든 사람에게 혜택을 준다. 정신 건강을 잘 관리하는 긴급 구조 대원들이 직장 생활을 오래하는 경향이 있고, 따라서 더 많은 경험을 쌓을 수 있기 때문이다. 실험의 성공이 먼저이지만, 이론대로만 된다면 앞으로 널리 활용될 수 있는 방법이 될 것이다.

*

소방관이라는 직업이 내 정신 상태에 부정적인 영향을 끼친 것은 확실하다. 정신적 외상에 반복적으로 노출되면 때로 정말 지칠 때가 있다. 그리고 그런 경험은 삶과 죽음, 고통 등에 대한 내 시각에 불가피하게도 큰 영향을 끼쳤다. 그러나 매우 긍정적인 부분도 있다. 나는 날마다 내 삶과 내 삶 안에 든 모든 것에 고마움을 느낀다. 일상 속의 작은 행복을 지나치지 말아야 한다는 사실을 자주 나 자신에게 상기시키기도 한다. 힘든 날에는 꽃향기가 좀더 달콤하다. 내가 살아 있고, 내가 사랑하는 사람들이 살아 있다는 사실을 생각하면 꽃이 더 선명해 보인다. 나는 그 누구도, 그 어떤 것도 당연하게 받아들이지 않는다.

그러나 상실에 대한 두려움에 온몸이 움츠러드는 순간이 전혀 없다고 하면 거짓말이다. 그럴 때면 나는 내가 가진 것에 집중함으로써 두려움을 극복하려고 한다. 그리고 그 노력은 대부분 효과가 있다. 나에게는 내 주변 사람들과 내 가족이 두려움 없이 긍정적인 인생관을 가지는 것이 무척 중요하다. 매일 밤 가브리엘라를 재우면서 마이크와 나는 똑같은 일을 반복한다. 가족이 모두 모여 우리가 감사하고 싶은 세 가지, 우리 삶을 정말 행복하게 하는 세 가지를 서로에게 이야기한다. 어떨 때는 가족의 건강이나 집처럼 큰 것일 때도 있고, 드라마 〈피키 블라인더스〉의 새 시리즈처럼 살짝 덜 중요한 것일 때도 있다(〈피키 블라인더스〉는 매슬로우의 욕구 단계설에서 와이파이와 음식 사이 어디쯤 위치한다).

이 방법을 내가 좋아하는 이유는 무엇보다 두려움과 부정적인 생각을 긍정적인 것으로 바꿀 수 있기 때문이다. 친척이 아프면 우리는 당연히 건강에 대해 걱정하게 된다. 하지만 그래도 우리는 건강하잖아… 이런 식이다. 완전한 해결은 아니지만 감정적 동요가 어느 정도 해소된다. 그런 다음 우리는 하루 동안 자신을 행복하게 한 것에 대해 서로에게 이야기한다. 가브리엘라는 아주 자세히 이야기하는 편이다. 그 행복한 순간을 아이가 반복해서 이야기할 때 우리도 중요한 부분을 같이 거들곤 한다.

마지막으로, 우리는 날마다 누구에겐가 친절을 베푸는 일을 한 가지 하기로 약속했다. 무거운 쇼핑백을 들고 쩔쩔매는 사람을 도와주는 작은 일에서부터 아주 대단한 일까지 다양하다. 머쓱하지만 딸 자랑을 좀 하자면, 가브리엘라가 생일 선물을 받는 대신 그 돈을 말라위의 한 마을에 자전거 구급차를 살 기금을 마련하는 데 기부하겠다고 했을 때 무척 자랑스러웠다. 나는 보통 그 정도로 사심 없는 친절 근처에도 가지 못한다. 나는 그저 교차로에서 길을 양보한다든지, 내가 미워하는 사람이 내 뒤를 따라 들어올 때 문을 잡아서 그가 다치지 않도록 하는 것 등의 작은 일들을 실천하곤 한다. 어떤 날은 너무 한 일이 없어서 마트에서 내 뒤에 서 있는 사람에게 할인 쿠폰을 주는 일을 '그날의 친절'로 보고할 때도 있다.

소방관이라는 직업은 쉬운 직업이 아니다. 그리고 그것이 쉬운 척하는 것은 동료들에게 몹쓸 짓을 하는 것이나 마찬가지이다. 그러나 단 한 가정에서라도 삶의 비극을 딛고 긍정적인 시각을 가진 다음 세대를 키워나가는 것을 목격하면 마음이 따뜻해지곤 한다.

THE HEAT OF THE MOMENT

9장 두뇌와 행동

"영혼의 유리창"

-영어 속담

나는 뜨거운 커피 잔을 손에 쥐고 지나가는 사람들을 바라보며 몇 시간이고 카페에 앉아 있을 수 있다. 그들에 대해 생각해보는 것이 좋다. 그 사람들은 어디로 가고 있는지, 오늘 해야 할 일들은 무엇인지, 흥미로운 사람인지 아닌지 궁금하다. 아마 그들도 뭔가를 생각하고 있을 것이다. 하지만 그들이 하는 그 생각은 긍정적인 것일까, 부정적인 것일까, 혹은 매우 개인적이어서 아무에게도 들키지 않아야 하는 것일까? 내가 그런 것을 알 방법은 전혀 없다.

그러나 누군가의 비밀을 알아낼 방법이 있다면 어떨까? 다른 사람의 마음을 들여다볼 수 있는 유리창이 있다면? 나쁘지 않게 들린다. 그렇지 않은가? 배우자, 동료, 친구들이 나에 대해 정말로 어떻게 생각하는지를 알면 참 좋을 것 같다. 하지만 이 창문이 안쪽을 들여다보는 창문이 아니라 프로젝터처럼 바깥으로 향한 창문이라면 어떨까? 누군가 내 쪽을 쳐다만 봐도 나의 내밀한 생각을 다 들켜버린다면? 갑자기 더이상 재미있게 느껴지지 않을 것이다.

다행히도 우리는 모든 지저분한 세부 사항을 안전하게 마음속 깊이 감출 수 있다. 그러나 다른 사람이 하는 생각을 투명하게 들여다보지는 못할지라도 그들이 생각하는 것 혹은 느끼는 것을 감지하는 것은 얼마든지 가능하다. 앞선 장들에서 나는 '미세 표정'을 언급했었다. 미세 표정은 마음속에서 무슨 일들이 벌어지고 있는지를 알 수 있는 훌륭한 단서다. 그러나 우리의 행동에도 사고 과정이 드러난다. 예를 들어 어떤 문제를 표현하는 방식을 보면 그 사람이 어떤 형태의 의사 결정 경로를 택할지 추측할 수 있다.

한 친구가 내게 와서 직장에 문제가 있다고 말한다. 동생이 병원을 가는데 같이 가줘야 해서 화요일에 하루 휴가를 내야 한다. 그렇게 하면 중요한 회의에 빠져야 하고, 그 때문에 회사가 새로운 계약을 따지 못할 수도 있다. 하지만 가족의 일이 우선이지 않을까….

그녀는 나에게 자기 앞에 놓인 선택지들을 나열한다. 동생과 같이 가지 않기 또는 회의에 빠지기. 그런 다음 그녀는 사람들에게 부탁해서 회의를 오후로 옮기고, 동생과는 아침에 병원에 가는 쪽으로 노력해보겠다고 스스로 결정한다.

나는 문제를 해결하기까지의 과정을 들으면서 그녀가 분석적 사고 과정을 택했다고 확신할 수 있다. 그러나 만일 그녀가 화요일에 회사에 나오지 못한다고 말하면서 곧바로 병가를 내기로 결정했다고 말을 한다면? 나는 그녀가 직관적 사고 과정을 택했다고 결론지을 것이다. 우리의 결정, 언어, 행동 등은 의도치 않게 많은 것을 드러낸다.

다른 사람이 하는 말과 그 말을 하는 방식, 취하는 자세, 그리고 변화하는 상황에 따라 보이는 반응 등으로 그 사람의 마음 상태를 분석할 수 있는 능력은 내가 일하는 분야에서 놀라울 정도로 유용하다. 그런 행동 하나하나를 통해서 그 사람이 정보를 어떻게 소화해내고 있는지, 머릿속 퍼즐 그림을 어떻게 맞춰나가고 있는지, 얼마나 자신이 있는지, 그리고 얼마나 효과적으로 의사 결정을 할 수 있는지를 짐작할 수 있다.

*

모든 것을 태워버릴 듯이 더운 8월의 오후다. 집결 지점으로 운전해서 가고 있는 내 앞에 펼쳐진 아스팔트길이 뜨거운 공기 때문에 쭈글쭈글해 보인다. 나는 소방차와 또다른 대원의 차 사이에 주차한다. 검은 테 선글라스를 대시보드에 툭 던져두고 내가 도착했다는 것을 알리기 위해 무전기로 손을 뻗는다. 내 상태 표시를 '현장 출동'이라고 바꿔야 다른 현장에 호출되는 것을 방지할 수 있다.* 차에서 내리면서 손이 닿은 차 문의 금속 부분이 너무 뜨거워 델 것 같다. 방화부츠를 신는데 햇빛이 너무 밝아서 눈을 제대로 뜰 수가 없다. 하지만 선글라스를 끼고 현장에 거들먹거리며 나타날 수는 없기 때문에 눈 위에 손으로 그늘을 만드는 방법을 쓴다. 진입 저지선 테이프 밑으로 몸을 굽혀서 사건 지휘실로 향하는데 소방관들이 호스를 끌고 서둘러 내 옆을 지나간다.

대형 창고의 지붕에서 검은 연기가 소용돌이치며 솟아오르고 있다. 영국에서 가장 큰 소매업체들의 전자 제품을 보관하는 그 물류 창고에는 2백만 파운드 상당의 상품이 보관되어 있다. 벌써 불길이 건물의 왼쪽으로 삐져나와 바깥벽을 핥고 있다. 화재는 적재 구역에서 후진을 하던 트럭이 건물과 충돌하면서 시작됐다. 불길이 이미 트럭 9대 중 6대, 그리고 건물의 상당 부분을 집어삼켰다. 스프링클러가 있었으면 피해가 그다지 크지 않았을 것이다.

지금 화재 현장에서 가장 직급이 높은 사람은 나지만, 이번에는 사건 총지휘관의 멘토 자격으로 나와 있다. 그러나 불길이 더 번지면(사실 그렇게 될 확률이 높다는 것이 내 판단이다) 총지휘관 역할을 넘겨받아야 한다. 현재까지 출동한 소방차는 10대다. 나는 소

* 이 외에도 현장으로 가는 도중이라는 뜻의 '이동 중', 그리고 차를 타고 움직이고 있으며 다른 긴급한 현장에 출동할 수 있다는 뜻의 '기동 출동 가능'이라는 상태 표시가 있다.

방차가 적어도 11대 이상 출동하기 전에는 개입하지 않을 것이다. 이미 건물 안에 들어갔다가 나온 소방관이 내 옆을 지나간다. 헬멧이 까매졌고, 얼굴도 그을음이 묻어 얼룩덜룩하다. 아직까지 여성 소방관의 수가 너무도 적기 때문에(영국 전체 소방관의 5퍼센트도 채 되지 않는다) 성공적으로 경력을 쌓아가는 여성 소방관을 보면 항상 반갑다. 소방관은 남자여야 한다는 낡은 편견이 너무 팽배해서 여성들은 소방관이 될 생각조차 하지 않는 경우가 많다.

"상황이 어때?" 내부 상황을 파악할 만한 좋은 정보를 얻을 수 있을까 하는 희망으로 그녀에게 묻는다.

"빌어먹을 정도로 덥죠, 대장." 그녀의 솔직함이 신선하다.

나는 미소를 지으며 내 방화복 각반에 넣어뒀던 물 한 병을 건넨다.

"물 잊지 말고 마셔." 내가 말한다. "뜨거운 날이니까. 안에 있으나 밖에 있으나."

그녀는 고개를 끄덕이고 고마운 표정으로 물을 꿀꺽꿀꺽 마신다. 그러고는 이마에서 땀을 닦고 그을음 범벅이 된 머리카락을 귀 뒤로 넘긴다.

"고맙습니다, 대장님." 그녀가 웅얼거린다.

나는 사건 지휘실에 들어서서 헬멧을 벗는다. 화재 현장 근처에 가지도 않았는데 벌써 땀범벅이다. 사방에서 치직거리는 무전기 소리가 들리고, 온갖 색깔의 마커로 범벅된 화이트보드들이 벽 전체를 가득 메우고 있다. 누군가 내 팔꿈치를 살짝 건드리는 것을 느끼고 뒤를 돌아보니 사건 총지휘관이 인사를 한다. 지휘관인 레스 브라이트먼은 잘 아는 사람이고 몇 번 함께 일한 경험도 있다. 나는 그의 판단력을 믿는다. 붉은 빛이 감도는 콧수염을 잘 다듬어 양쪽 끝이 빼죽하게 위를 향해 있다. 나는 수염을 다듬는 데 사용하는 왁스가 화재 위험물이니 요주의 대상 목록에 올려야 한다고 농담을 하곤 했다.

그가 내 손을 부여잡고 활짝 웃으며 발까지 진동이 느껴질 정도로 세차게 악수를 한다.

"대장님, 대장님이라 정말 다행이에요. 그 사람이 왔으면 어쩔 뻔…"

"레스." 나는 헛기침을 한다.

"오늘도 제 정신을 분석하려고 오신 건 아니죠?" 그가 씩 웃으며 말한다.

"정말이지 레스, 당신을 이해하려면 박사학위 정도로는 안 되지. 자, 상황이 어때?"

레스가 상황 보고를 한다. 불길이 건물 내부에서 번지고 있는데, 트럭에서 트럭으로 불씨가 튀면서 이제 건물 바깥까지 퍼지고 있는 실정이다. 대부분의 직원들은 건물 밖으로 대피했지만 아직 두 명이 실종 상태다. 처음 불이 난 트럭의 운전자와 그를 찾으러 들어갔다고 알려진 동료 한 명이다.

자신이 아끼는 사람을 살리기 위해 불길도 마다하지 않는 사람들의 용감함이 감탄스럽지만, 그런 행동은 삼가줬으면 좋겠다는 것이 내 솔직한 심정이다. 현실은 영화에 나오는 것과는 다르다. 불타는 복도를 헤치고 들어가서 사랑하는 사람을 구한 뒤, 영웅처럼 타오르는 붉은 화염을 뒤로 하고 건물에서 나오는 그런 장면은 실제로는 불가능하다. 현실은 그렇게 멋지지 않다. 유독 가스를 한두 차례 마시고 나면 의식을 잃고 쓰러진다. 그렇게 쓰러진 후에도 호흡을 더이상 하지 못할 때까지 뜨거운 유독 가스가 계속해서 기도를 태우고, 독성이 강한 일산화탄소와 시안화물이 몸 전체에 퍼진다. 보통 불길이 닿기 훨씬 전에 질식하고 만다.

레스는 창고를 두 개의 구역으로 분리해서 각각 담당 지휘관을 임명하고 자신에게 직접 상황 보고를 하도록 했다. 실종자를 찾고, 고가 품목들이 저장된 곳으로 불이 번지지 않도록 진화 작업을 하느라 대원들이 건물 안에 들어가 있다. 건물 밖에서도 트럭에 붙은 불을 끄고 불길이 더 번지는 것을 막기 위해 대원들이 고군분투하고 있다. 한 저장고에 지게차의 연료가 담긴 실린더들이 가득 차 있다는 보고를 들은 레스는 실린더들을 즉시 제거하라는 지시를 내렸다. 불길이 번질 경우에 대비해서 폭발 위험을 낮추려는 의도다. 레스의 지시는 명확하고 체계적이면서 포괄적이다. 안도가 된다. 사고에 대한 대처가 아주 적절하고, 모든 것이 계획대로 진행되고 있기 때문이다.

지금 가장 큰 문제, 즉 계속 주시해야 할 문제는 물 공급이다. 레스가 급수 압력을 높여달라고 수도 회사에 요청을 했는데도 소화전에서 나오는 물의 양이 말도 안 되게 적다. 필요한 것보다 적은 수의 관창을 사용할 수밖에 없다는 뜻이다.

나는 상황이 잠시 안정적인 틈을 타서 내 퍼즐 그림에 들어갈 조각들을 찾기 위해 화재 현장을 둘러본다. 한쪽에서만 불길을 봤을 뿐이기 때문에 현장 전체를 내 눈으로 볼 필요가 있다. 나는 헬멧을 쓰고 끈을 조인 다음 후덥지근한 여름의 더위 속으로 나선다. 1구역은 건물 외부 진화 작업이 진행되는 구역으로 건물 앞쪽을 포함하고 있다. 1구역의 지휘관이 무전기로 누군가와 통신을 하다가 나를 보고 고개를 끄덕여 인사를 한다. 말을 마친 그는 손을 내밀며 내게 다가온다.

"죄송합니다, 대장님. 꼭 받아야 할 무전이었습니다. 구역 지휘관 존 필딩입니다."

여윈 체구에 갸름한 얼굴을 한 그의 짙은 갈색 눈은 튀어나온 눈썹이 드리운 그늘 때문에 거의 검은색으로 보인다. 강하게 보이는 턱에는 수염이 거뭇거뭇하다.

"사과할 필요 없어." 나는 그렇게 대답하고 내 소개를 한다. "처음 만나는 건가?" 대형사고 현장에서 처음 만나는 사람과 일하는 것은 아주 흔한 일이다. 이 현장에만도 70명 이상의 소방관과 지휘관이 출동해 있다.

존은 1구역의 상황을 간략하게 설명한다. 그는 건물 외부의 화재 진압에 주력하면서 트럭에 붙은 불도 끄려고 애쓰고 있다. 그러나 물이 부족해서 곤란을 겪고 있다. 공급되는 물로 가동할 수 있는 관창은 모두 동원한 상태다. 답답하고 불만스러운 빛이 역력하기는 해도 상황에 잘 대처하고 있는 것 같다.

나와 대화를 나누다가 그의 시선이 내 뒤쪽을 향하더니 트럭 쪽을 손으로 가리킨다. 트럭 중 한 대에서 디젤 연료가 흘러나와 은은한 빛을 발하며 다른 트럭 쪽으로 위험할 정도로 가까이 뻗어 나가고 있다. 불길이 번져나갈 통로가 완벽하게 열린 것이다.

"대장님, 연료 누출입니다. 트럭에서요. 잠깐만요."

그가 다른 대원에게 무전을 보낸다. "트럭에 붙은 불길부터 잡아야겠어." 그가 말한다. "그리고 거품형 진화제로 전환해. 오염 위험이 적으니 폭발 위험을 낮추는 게 우선이야." 그가 단호하게 말한다.*

존의 행동은 직관적 의사 결정의 가장 모범적인 예라고 할 수 있다. 그는 여러 가지 선택지를 고려하면서 각각의 장단점을 가늠하는 데 시간을 보내는 대신 시각적 단서, 이 경우 새어 나온 연료에 직관적으로 대응했다. 그런 다음 그는 결정 제어 프로세스를

* 거품형 진화제는 수생 식물과 동물에게 해롭다. 거품형 진화제를 사용할 때는 하수구와 수로 쪽으로 진화제가 들어가지 않도록 특별한 주의를 기울여야 한다. 그러나 이 진화제는 화재 진압, 특히 유류 화재를 진압하는 데 매우 효과적이다. 사고 현장에서는 항상 환경 오염 위험과 다른 위험 사이에서 균형 잡힌 판단을 해야 한다.

적용해서 자신의 직관적 대응이 합당한지 확인했다. 그리고 작전의 목표와 화재 진행 예측, 위험 요소 등을 명확히 해서 자신의 직관적 느낌을 논리적으로 뒷받침했다. 존이 보여주듯이 직관적 대응이 모두 아무 생각 없이 나오는 무조건적 반사 행동은 아니다. 그의 결단력 있는 접근법은 아주 인상적이다. 그는 내 허락을 받기 위해 나를 쳐다보지 않았다. 자기 권한으로 충분히 내릴 수 있는 결정이라는 것을 알고 있었기 때문이다. 어떠한 망설임도, 복지부동의 태도도 없다.

2008년 스트래스클라이드에서는 한 여성이(그녀의 이름은 앨리슨 흄이었다) 사용하지 않는 수직 갱도에 떨어지는 사고가 있었다. 구조되기까지 여섯 시간이 소요됐고, 그 사이 그녀는 심각한 저체온증에 빠졌다. 그리고 지상으로 들어올려지는 도중 심장마비를 일으켜 슬프게도 숨을 거뒀다. 현장에 출동한 지휘관들은 사후 조사에서 지나치게 망설였다는 비판을 받았다. 망설임으로 인해 구조가 지체되면서 그녀의 증상이 더 악화되었다는 것이다. 조사에서는 구조 대원들이 갱도 구조 전문팀이 도착할 때까지 너무 오랜 시간을 기다렸다고 지적했다. 다른 선택지를 고려하는 대신에 아무 행동도 취하지 않은 것이다. 의사 결정 마비 현상이 선택 연기로 나타났다.

그러나 지금 이 현장에는 망설임도, 의사 결정의 부재 문제도 없다고 판단하면서 나는 발길을 옮긴다. 건물 앞쪽에서 진화 작업을 하는 대원들과 이야기해보니 그들의 상황 인식이 존과 일치하고, 결국 레스의 그림과도 맞아떨어져서 만족스럽다. 나는 1구역의 경계를 따라 한 번 쭉 돌았다. 그런 식으로 현장의 규모와 지리를 파악해놓으면 지휘실로 돌아갔을 때 화이트보드에 마커로 그려진 현장 지도를 더 쉽고 빠르게 이해할 수 있다.

트럭에 난 불은 거의 꺼져가고 있지만 건물 안의 불길은 계속 퍼지고 있다. 벽에 난 틈으로 시꺼먼 연기가 고동치면서 솟아 나오고 있고, 화염이 이미 지붕까지 점령한 상태다. 실종자들이 걱정된다. 무전기 소리를 키워서 들어보지만 아직 찾지 못한 듯하다.

나는 두 번째 구역에 도착한다. 헷갈리겠지만 이곳은 3구역으로 분류되어 있다.* 3구역 지휘관이 대원 책임자에게 열띠고 흥분된 목소리로 상황 설명을 하고 있다. 주변에서는 대원들이 호스를 더 가져오고, 생존자 구조에 대비해서 부상자 처치 구역을 준비하는 한편, 또다른 소화전에 장비를 부착해서 물을 더 확보하기 위해 분주히 움직이고 있다. 소방차 펌프에서 나는 날카로운 소리로 다른 소리가 하나도 들리지 않는다.

뒷문은 건물의 오른쪽에 나 있어서 불이 난 트럭들이 있는 곳과 반대편이다. 나는 물로 가득 차서 빵빵해진 채 문 안쪽으로 이

* 이는 건물을 나눈 구역에 시계 방향으로 번호를 붙였기 때문이다. 진화 작업을 하는 구역이 두 개뿐이면 앞쪽은 1구역, 뒤쪽은 3구역이 된다. 상황이 변해서 건물의 옆쪽까지 작업 구역으로 추가해야 할 경우 2구역, 4구역으로 부를 수 있기 때문에 원래의 구역 번호를 바꾸지 않아도 된다. 처음 들으면 이상하게 들릴지 모르지만 합리적인 방법이다!

어져 있는 주황색 호스 세 개를 넘어선다. 호스 하나에 적어도 두 명의 대원이 매달려 있을 것이다. 현장 출입구 쪽을 흘낏 보니 쇠로 된 삼발이 위에 플라스틱 보드가 서 있다. 현장 진입 담당관이 뭔가를 보드에 쓰고 있다. 어느 대원이 언제 들어갔는지, 들어가는 순간 각 대원의 공기통에는 공기가 얼마나 남아 있었는지, 공기가 떨어질 때까지 몇 분이 걸리는지 등의 중요한 정보가 보드에 기입된다. 그는 이 작업을 재빨리, 솜씨 좋게 해내는 동시에 건물 안에 들어간 대원들과 무전 연락까지 하고 있다.

비상 대기팀도 어려움을 겪는 동료가 있으면 언제라도 들어가기 위해 공기호흡기를 장착하고 만반의 준비를 한 채 대기 중이다. 비상 대기팀은 건물 안에 진입한 팀들 중 가장 수가 많은 팀과 같은 수로 이루어져 있어서 도움이 필요한 팀을 언제라도 대체할 수 있다. 오늘은 비상 대기팀이 세 명으로 이루어진 것을 보니 건물 안에 진입한 팀 중 적어도 하나는 세 명짜리 팀이라는 것을 짐작할 수 있다. 따라서 건물 안에는 적어도 7명, 많으면 9명의 소방관이 들어가 있는 것이다.

나는 내게 등을 보이고 있는 구역 지휘관에게 다가간다. 그와 대화하던 대원 책임자는 이제 소방차를 작동하는 대원에게 말을 하고 있다. 두 사람 모두 누군지 모르겠다. 대원 책임자는 방어적인 자세로 팔짱을 끼고 눈썹과 이마를 온통 찡그리고 있다. 짜증이 잔뜩 난 모습이다. 소방차의 소음 때문에 잘 들리지는 않지만,

조금씩 들리는 말은 "… 저 사람 나한테 한 번만 더 그런 식으로 말하면, 맹세컨대…" 같은 내용이다.

느낌이 좋지 않다. 그때 구역 지휘관이 몸을 돌리자, 나는 문제가 뭔지 즉시 알아차린다. 3구역을 책임지고 있는 사람은 솔 모티머다. 이 세상에서 내가 진심으로, 죽었다 깨어나도 참지 못하는 사람은 그야말로 몇 사람 되지 않는데, 그중 한 명이 바로 솔 모티머다.

그는 동료들을 괴롭히는 깡패 같은 성격으로 유명한 동시에 그의 나쁜 행실을 두둔해주는 고위급 인물을 배경으로 가지고 있다는 소문도 도는 인물이다. 그에게 이의를 제기하면 인생이 더 힘들어지거나 승진에 지장을 받는다고 믿는 사람들이 많다. 사실이 아닐 가능성이 매우 높지만, 사람들이 보는 것은 나무가 아니라 나무의 그림자다. 그 말은 그와 대결을 할 배짱을 지닌 사람이 거의 없다는 뜻이다.

나는 제외다. 나는 그에게 이의를 제기했던 적이 있다. 그리고 실패했다. 그가 소방관 한 명에게 한 행동을 내가 문제 삼았지만, 증거가 거의 없었기 때문에 그는 무사히 빠져나가고 말았다. 그후로도 나와 몇 번 부딪친 적이 있지만 사실 이런 종류의 인간들은 자기보다 강한 사람에게 못되게 굴 용기가 없다. 대신 그는 자신의 권력을 남용해서 자기보다 직급이 낮은 대원들을 멸시하고 무시하고 겁주는 일을 밥 먹듯 했다.

그와 다시 한번 대결해서 본때를 보여줄 기회가 있다면 언제라도 환영이다. 소방 구조대에 처음 들어왔을 때 솔 같은 사람들에게 너무도 자주 당한 경험이 있기 때문이다.

나는 한숨을 쉬고 그쪽으로 걸어간다. 분명히 시작될 장광설에 대한 마음의 준비도 단단히 한다.

"솔." 나는 미소를 지으며 묻는다. "상황이 어떻지?"

그의 얼굴 전체를 덮은 깊은 여드름 자국이 마치 달 표면 같다. 작고 단단한 체격의 그는 러시아 인형을 생각나게 한다. 그는 인상을 쓰면서 나와 마주친 눈을 돌리지 않고 빤히 마주본다. 대결 국면을 예상한(혹은 기대한) 것이리라. 하지만 지금은 그럴 때가 아니다. 창고가 불길에 타들어가고 있고, 실종된 사람들이 있다. 그래서 나는 계속 미소를 지으며 손을 내민다. 나의 예상치 못한 행동에 그가 당황할 것이라는 계산도 있다.

딱 보기에도 놀란 표정으로 그가 얼굴에 지었던 인상을 어색한 미소로 바꾼다. 내게 상황 보고를 하면서 그는 말을 더듬는다. 나와 눈 마주치는 것을 피하면서 자기 손이나 현장 쪽으로 눈길을 계속 돌린다. 말투도 매우 딱딱하고, 목소리가 크다. 불편한 기색이 역력하다. 속으로 재미있다는 생각을 하지 않을 수가 없다. 하지만 역시 지금은 그런 생각을 할 때가 아니다. 그를 더 놀리고 싶은 유혹을 꾹꾹 눌러 참는다.

나는 늘 하는 질문들을 해서 그가 상황을 어떻게 이해하고 있는지, 그의 머릿속에 든 퍼즐 그림은 어떤 것인지, 그의 상황 인식은 어떤지를 확인한다. 그는 무전기에 대고 지시 사항을 전달하기 위해 상황 보고를 몇 번 중단한다.

"추가 대원 어디 있어? 이것 봐! 대원 한 명 더 보내라고 했잖아!" 나는 이빨을 드러내며 소리치고 얼굴을 일그러뜨리는 그를 관찰한다. 그의 말투는 단순히 무전기로 의사소통을 할 때 많이들 쓰는 무뚝뚝한 어투 정도에 그치지 않고 적대적이다.

의사소통은 중요한 기술이지만 머리를 많이 써야 하는 일이다. 의사소통을 효과적으로 하려면 머리를 더 많이 써야 한다. 과도한 스트레스를 받으면 능률이 떨어지기 마련인데 의사소통도 예외가 아니다. 압박감이 큰 상황에서는 의사소통이 평소보다 힘들어지고, 자기가 말하려는 바를 명확하게 전달하기도 어려워진다. 이 말은 듣는 상대방, 즉 불타고 있는 위험한 건물 안에 목숨을 걸고 들어가기 직전의 대원이 지시 사항을 제대로 이해하는 것이 더 어려워진다는 의미다.

의사소통은 뇌의 다양한 부위가 동원되는 매우 복잡한 과정이다. 상대방의 말을 듣기 위해서는 소리를 처리하는 능력(청각 피질), 그리고 그 소리에 의미를 부여하는 능력(전두엽 피질과 두정엽 피질 등)이 필요하다. 말을 하는 사람도 원하고자 하는 의미를 전달할 수 있는 말을 생각해내서(전두엽 피질, 측두엽 및 두정엽), 입으로 그것을 말해야 한다(전두엽의 운동 피질).

2008년부터 프린스턴 신경과학 연구소의 심리학자 우리 하슨 교수는 의사소통을 하는 뇌에 관한 일련의 실험을 진행했다. 이야기, 기억, 아이디어 등과 결부된 신경 패턴이 다른 사람의 뇌로 어떻게 전달되는지 탐구한 것이다. 그와 연구팀은 화자와 청자가 효과적인 의사소통을 할 때 '신경 동조화neural entrainment'가 일어난다는 사실을 발견했다. 음파가 화자와 청자 양쪽 모두에서 유사한 두뇌 활동을 촉발한다는 것이다.

의사소통 체계의 와해는 3장에서 언급했던 두 사건 모두에서 지적된 문제였다. 이스트서식스 말리 농장의 화재 및 폭발 사고와 고층 건물인 셜리 타워의 화재는 모두 사망자가 발생했다. 말리 농장 사건에서는 긴급 구조 기관들 사이에 절차에 대한 명확한 합의가 이루어지지 않았다. 긴급 대피 신호가 발령됐지만 사람들은 해당 지역을 떠나지 않았고, 그 때문에 폭발이 났을 때 인명 피해가 컸다. 셜리 타워에서는 의사소통 체계가 무너졌고, 출동한 대원들은 때로 누가 실제 지휘관인지도 잘 모른 채 구조 작업을 해야만 했다. 두 사건 모두 의사소통 문제가 핵심 원인이라고 말할 수는 없지만, 복합적으로 작용한 여러 요인들 중 일부였다. 많은 우연과 필연이 겹쳐서 인명을 앗아가는 결과를 초래하게 된 것이다. 우리는 이런 사건들에서 교훈을 얻었고, 그 결과 이제는 다른 방식으로 일을 한다. 원활한 의사소통이 얼마나 중요한지를 우리는 항상, 그리고 명확히 이해하고 거기에 큰 가치를 두게 됐다.

솔은 효과적으로 의사소통을 하지 못하고 있다. 무전으로 하는 말의 표현과 어투가 공격적일 뿐 아니라 내가 말할 때도 귀를 기울이지 않는다. 내가 무슨 말을 할 때마다 중간에서 자르고 자기 말을 해버리기 때문에 내 제안을 이해하기는커녕 듣지도 못한다. 맨스플레인*과 대화를 장악하려는 성격이 합쳐져서 짜증나는 상황을 연출하고 있는 것이다. 그는 내가 말을 한마디도 하지 못하도록 하는 데 모든 에너지를 쏟고 있다. 내가 말을 시작하면 길어야 1~2초 듣다가 바로 딴 데를 보면서 다른 사람에게 뭐라고 소리를 치거나, 내 어깨 너머에 있는 무엇인가를 보는 척하면서 고개를 뺀다. 나도 점점 흥분하기 시작한다. 나는 잠깐 숨을 돌리고 나 자신을 돌아본다. 내가 혹시 확증 편향의 우를 범하고 있지 않은지, 다시 말해 솔이 바보라는 내 견해를 확증하는 정보만을 내가 선택적으로 받아들이고 있지는 않은지를 확인한다. 잠깐 동안 현실 점검을 한 후 나는 내 의혹이 맞다는 것이 그의 행동으로 증명됐다고 결론을 내린다. 그 의혹에 반대되는 행동을 아무리 찾으려고 애써도 하나도 찾을 수 없다는 사실도 내 결론을 강화해준다.

"솔, 집중하자고. 담당 구역의 몇 퍼센트나…."

"네, 작전에 진척이 있어요. 처음 도착했을 때부터 제가…."

나는 그의 말을 끊는다. 그는 자기가 처음 도착한 후부터 지금

* 누군가가(주로 남성이) 마치 아이에게 설명하듯(주로 여성에게) 깔보는 태도로 설명하려고 들 때 쓰는 표현이다.

까지 자기가 한 일을 내게 모두 이야기하려고 한다. 그러나 나는 지금 벌어지고 있는 일에 대해 파악해야만 한다. 나는 대화를 다시 내가 원하는 쪽으로 돌리려고 시도한다.

"솔, 3구역에서 수색을 이미 마친 곳이 얼마나 되는지 이 보드에서 보여줘."

완전히 신물이 난 나는 그를 보드가 있는 쪽으로 끌고 간다. 간단하고 직접적인 이런 질문 하나에도 대답을 못한다면 나는 그가 자기 팀원들에게 안전과 직결된 중요한 정보를 제대로 전달할 능력이 있는지 심각하게 의심하지 않을 수가 없다.

행동(기질, 어투, 행위 등)이 생각을 드러내는 예가 바로 이런 것이다. 나는 솔에게서 서투른 의사소통, 공격성, 다른 사람의 감정을 감지하고 적절하게 대응하지 못하는 현상, 집중력의 부재 등을 모두 목격했다. 솔직히 말해서 그는 문장 하나도 제대로 말을 하지 못하는 상태다.

나는 지휘실로의 전략적 후퇴를 선택한다. 화재 규모가 아직 크지 않아서 내가 지휘권을 넘겨받지 않아도 되지만, 지휘 체계에 관해서 짚고 넘어가야 할 문제가 있다. 레스와 대화를 해야 한다. 솔에게 지원을 보내든지 3구역 지휘관을 교체해야 한다. 그것도 빨리.

계단을 올라 지휘실로 들어가자마자 그 사이 완전히 달라진 분위기가 곧바로 느껴진다. 차분하고 고요했던 곳이 이제는 완전히 혼란에 빠져서 방을 꽉 채운 사람들이 저마다 레스와 말을 하기 위해 와글거리고 있다. 무전기가 시끄럽게 울려서 사람들의 목소리를 덮는다. 사람들은 무전기 소리 위로 자기 목소리가 들리게 하기 위해 목소리를 더 높인다.

레스는 동시에 두 명과 대화를 하고 있다. 당연히 굉장히 허둥댈 수밖에 없는 상황이다. 생각할 여유가 전혀 없다. 레스는 압박감이 점점 커지고 있다는 것을 알아차리지 못하고 있다. 누구나 그런 경험을 하는 순간이 있다. 그리고 그 순간은 미처 알아차리기도 전에 매우 빠르게 다가올 수 있다.

나는 인파를 헤치고 지휘실 지원팀이 있는 곳으로 다가간다. 출퇴근 시간의 지하철역만큼이나 붐빈다. 나는 지원팀에게 무전기 소리를 낮추고 꼭 필요한 사람만 남기고 모두 지휘실에서 나가게 하라고 요청한다. 그리고 레스를 만나기 위해 밖에서 기다리고 있는 사람들의 용건을 재빨리 확인하고, 그들이 가진 정보가 대원의 안전이나 작전 운용에 핵심적인 경우만 가려내서 안에다 알리라고 지시한다. 이렇게 하면 레스는 잠깐이나마 생각할 여유를 가질 수 있고, 가장 중요한 정보를 우선적으로 처리할 수 있다.

사건 지휘실을 정리하는 데 2~3분 정도 걸린다.

레스가 한숨을 쉰다. "모두 어디로 갔지?" 그는 어리둥절한 표정으로 묻는다.

"숨 좀 돌릴 필요가 있어 보였어." 내가 말한다.

"정신을 차릴 수가 없었어요, 솔직히 말해서."

지휘실 지원 요원이 문을 열고 고개를 들이밀며 묻는다. "아직 밖에서 기다리는 사람이 몇 있습니다. 들여보낼까요?"

"안전과 관련된 문제인가?" 내가 묻는다.

"급한 일은 아닙니다. 이제 막 도착한 대원들이라 상황 설명이 필요합니다."

"고마워. 잠깐만 기다리라고 말해줄 수 있을까? 문 앞에 화이트보드를 가져다 놓고 기다리는 사이에 상황을 대략 설명해줘. 한 5분이면 돼."

"넵, 대장님." 그는 그렇게 대답하고 문을 닫으며 바깥으로 다시 나간다.

나는 레스 쪽을 보고 말한다. "3구역에 조금 문제가 있어. 하지만 그 이야기를 하기 전에, 지금 상황이 어떻지? 변한 게 뭐지?"

"어… 추가 인원과 자원이 도착했어요."

"잘됐군. 오기로 한 소방차 10대 중 몇 대나 도착했지?"

레스는 얼굴이 순간 멍해진다.

"모두 다 도착했습니다." 지휘실 지원 요원이 말한다.

"좋아. 지휘관급 대원은?" 나는 레스를 똑바로 보면서 묻는다.

그는 손가락으로 숫자를 세기 시작한다.

"모두 도착했습니다." 지원 요원이 다시 대답한다. "문밖에서 브리핑을 기다리는 대원이 셋 있습니다."

"고마워. 레스, 추가로 도착한 소방차와 대원들을 어떻게 활용할 계획이지?"

레스가 크게 숨을 들이마신다. 그는 나와 눈이 마주치는 것을 피하면서 위아래, 좌우로 불안하게 눈길을 돌린다. 아직 계획을 세우지 않은 상태고, 가능한 지휘 체계를 지금 이 순간 머릿속에서 구상하고 있는 듯하다.

"앞으로의 계획을 내게 설명해봐." 나는 그를 격려하고픈 마음을 담아 부드러운 말투로 말한다.

'인지적 계획cognitive planning'은 정말 중요한 기술이다. 특히 압박감이 크고 감정이 많이 개입될 수밖에 없는 상황에서는 더욱 그렇다. 그는 자신의 목표를 상기하고 거기에 맞는 적절한 행동 전략을 선택한 다음 어디서부터 시작해야 할지를 판단해야 한다.

레스가 목표, 즉 두 명의 실종자를 찾고 화재가 번지는 것을 막는다는 목표를 잊지 않았고, 이 목표에 도달하기 위한 계획을 가지고 있다는 것을 확인해야 할 필요가 있다. 그는 누가, 어떤 일을, 언제까지 마쳐야 할지 모두 파악하고 있어야만 한다. 그의 머릿속에 계속 변화하는 퍼즐 그림이 존재하고, 그 그림이 5분 후, 10분 후, 30분 후에 어떻게 변화할지를 예측하면서 거기에 대처할 수 있어야만 한다.

그러나 그의 행동은 100퍼센트 믿음을 주지 않는다. 내 생각에 그는 자신이 도달하고자 하는 목표가 무엇인지는 알고 있지만, 자신이 가진 퍼즐 그림을 이용해 그 목표까지 도달하는 경로를 아직 찾지 못한 것 같다.

"좋아, 레스." 내가 말한다. "상황이 갑자기 급박해지기 시작했으니, 상황을 내게 좀 설명해주겠어?" 나는 사건 총지휘관인 그의 영역을 침해하고 싶지 않다.

나는 보드로 걸어가서 열거된 목표들을 차례로 가리킨다.

"이것들을 하나하나 내게 설명해줘, 레스. 조금 전에는 어땠고, 지금은 어떤지. 뭐가 달라졌지?"

"최우선 목표는 여전히 인명 구조지요." 그가 말한다. "실종자는 한 명으로 확인됐어요. 트럭 운전자. 구하러 들어갔다고 생각한 사람은 현장을 떠났다고 합니다."

"좋아. 실종자가 한 명으로 줄었군. 진척이 있네."

나는 남아 있는 지원 요원에게 우리가 보는 보드와 바깥의 보드에 표시된 내용을 수정하도록 지시한다.

"실종자에 대해서는 어떤 작전이 진행되고 있지?" 내가 묻는다.

"그 문제는 3구역에서 담당하고 있습니다."

"얼마나 진행이 되었지?"

레스가 머뭇거린다. "아직도 수색 중입니다."

"건물의 몇 퍼센트나 수색했는지 보고가 들어와 있나? 수색을 아직 하지 못한 부분이 얼마나 되는지는? 공기호흡기를 착용한 대원들은 얼마나 자주 교체를 하고 있지? 인원이 충분한지, 아니면 인원을 추가해줘야 하는지 파악됐어?"

"잘 모르겠습니다." 레스가 대답한다.

나는 지휘실 지원 요원 쪽에 대고 묻는다. "3구역에서 들어온 최신 상황 보고에서 실종자 수색에 관한 업데이트나 충원 요청 등이 있었나?"

"아니요, 대장님."

"그에 대한 보고를 요청했나?"

"네, 대장님."

"그런데?"

"그게… 솔직히 말해서…" 할 말이 있는데 마음 편히 못하는 듯한 표정이다. 그의 반응은 내 의혹을 다시 한 번 확인해준다. 솔이 의사소통을 제대로 하지 못해서 우리의 상황 인식에 지장을 초래하고 있는 것이다. 내 확증 편향의 문제가 아니다.

"다시 한번 확인해봐." 내가 그렇게 부탁하자 무전기 담당 요원이 무전기에 손을 뻗는다.

나는 다시 레스에게 말한다. "솔이 제대로 대처하지 못하는 것 같아 염려되는군. 아무리 물어도 수색을 얼마나 했는지 제대로 된 답을 듣지 못했어. 지원을 하든지 교체를 하든지 해야 한다는 게 내 의견이야."

레스가 고개를 끄덕인다.

"새로 도착한 지휘관급 대원들 중 한 명을 수색 담당으로 보내는 건 어떨까. 3구역 내에서 작업하도록. 실종자 수색을 전담하는 사람이 있으면 숄이 받는 압박감이 좀 줄어들겠지."

레스가 다시 고개를 끄덕인다.

우리는 계속해서 목표들을 하나씩 점검해나가면서, 그간 변화된 것은 무엇인지, 다음은 어떤 조처를 취해야 할지 생각해본다. 그런 다음 위험 요소들이 나열된 리스트를 점검한다. 다행히도 새로 생긴 위험 요소는 없다. 레스가 다시 상황을 장악했다고 느끼기까지는 단 7분밖에 걸리지 않는다.

나는 조금 뒤로 물러서고, 레스가 문을 연다. 이제 그는 미칠 듯이 돌아가는 혼란스러운 상황을 다시 마주할 준비가 되어 있다.

*

레스의 두뇌가 홍수처럼 쏟아지는 정보를 처리하고 효과적으로 대응하는 데 어려움을 겪고 있다는 징후는 레스의 행동에서 명확히 읽을 수 있었다. 나는 그의 태도, 보디랭귀지, 표정 등에 온 변화를 감지하고 현장에서 가장 직급이 높은 대원이자 그의 멘토로서 개입하지 않을 수가 없었다. 그 일환으로 생각할 수 있는 공간(실제적 공간과 비유적 공간 모두)을 확보해서 레스가 흥분을 가라앉히고 침착성을 되찾을 수 있도록 도왔다. 관리자와 리더들이 자기가 이끄는 팀원들의 상태를 파악하는 것은 중요한 일이다. 위험이 높은 상황에서 그런 능력은 생명을 구하는 것과 (솔직히 말해서) 누군가의 죽음을 사실상 방치하는 것을 가르는 결정적 요인이 될 수 있다.

우리 연구는 이 능력이 지휘관들에게 얼마나 중요한지를 입증했지만, 실제 상황을 개선하기 위해서는 리더들이 끊임없이 팀원들의 상황에 대해 인식하고, 그들과 상호작용하도록 만들 방법을 찾아야만 했다. 체계적인 방법이 필요했던 것이다. 추락하는 것을 어쩌다 한 번씩 방지하는 것으로는 충분치 않았다. 아무도 추락하지 않도록 해야만 했다. 그리고 그 방법은 단순해야 했다. 심리학자의 기술과 경험이 없이도 약간의 훈련으로 누구나 활용할 수 있어야만 했다.

내 박사 과정 학생이자 친구인 필 버틀러와 롭 허니 교수, 그리고 나는 그런 방법을 개발하는 작업을 시작했다. 재난 현장 지휘에 관한 전국 지침을 마련하는 팀에서 함께 일했던 필과 나는 그 후에도 여러 차례 공동 연구를 수행했다. 항공, 수술, 핵에너지, 원유 시추 등 다른 산업 분야에서는 인적 오류를 줄이기 위해 이미 '행동 표지 체계behavioural marker scheme'를 사용하고 있다는 것을 감안하면 소방 구조 분야에서 이런 접근법을 사용하지 않는다는 것이 오히려 의아한 일이었다. 약 6개월에 걸쳐 우리는 영국 전역에서 모든 직급의 지휘관 80여 명을 만나 위기 상황에 어떻게 임무를 수행하는지, 즉 어떻게 사고하고, 느끼고, 행동하는지에 관해 인터뷰를 했다.

인터뷰를 끝낸 후 우리는 자료를 분석하기 시작했다. 우리는 소방관들 사이에 반복되는 행동 패턴이 있는지 살폈다. 그리고 그런 행동에 대해 지휘관들이 어떻게 반응하는지를 검토했다. 그런 다음 경험 많은 지휘관들로 이루어진 전문가 집단을 구성해 넓은 범위의 행동과 반응들을 더 구체적인 목록으로 좁히고 다듬었다. 소방관 혹은 지휘관이 효과적으로 대응하고 있다는 것을 입증해주는 행동을 식별하고 인적 오류를 조기에 감지하는 시스템을 마련하는 것이 우리의 목표였다.

이 연구는 행동 표지 체계의 뼈대가 되었다. 결국 우리는 핵심 기술과 관련된 행동들을 명확히 정의한 목록을 마련할 수 있었다. 여기서 말하는 핵심 기술 여섯 가지는 리더십, 의사 결정, 의사소통, 회복 탄력성(압박감 속에서의 임무 수행), 상황 인식력, 그리고 팀워크다. 그리고 거기서 파생되는 20가지 부수적 기술들이 있다.

본격적인 작업은 그 다음부터였다. 우리는 이 목록이 타당한 것인지, 적절한 기술과 거기에 해당하는 행동들을 제대로 포착한 것인지를 확인해야 했다. 그에 더해 이 목록의 신뢰도에 대한 확신도 필요했다. 이 목록에 나오는 행동들을 기준으로 업무 평가를 했을 때 누가 해도 비슷한 결론에 도달할 수 있는지 확인할 필요가 있었다. 그리고 '조심스러움'도 잊어서는 안 됐다. 이 목록은 '좋다', '나쁘다'를 가르는 것이 아니라 지휘관이나 대원의 업무 수

핵심 기술	부수 기술
단호하고 효과적이며 안전한 리더십	업무 수행 기준을 정하고 유지하기
	팀원들의 가치를 인정하고 지원하기
	리더십 스타일
	능숙한 업무 수행
	팀원들의 안전을 보장하는 리더십
효과적인 의사 결정과 계획	직관적 의사 결정
	분석적 의사 결정
	계획 수립
대인 의사소통	듣기
	의사소통 스타일
	상황 보고
회복 탄력성	생각할 시간 벌기
	스트레스와 피로에 대한 대처 및 관리
	자신감
상황 인식력	정보 수집
	정보 이해
	상황의 전개에 대한 예측
팀워크 및 타 기관과의 상호 운용성	협동
	팀 결성
	인간 중심

행을 편견 없이 평가하는 것이 목적이기 때문이다.

우리는 소방 구조대의 지휘관들에게 대원들과 지휘관들이 현장에서 일하는 장면을 담은 수십 개의 영상을 보여주고 그들의 지휘 기술을 평가해달라고 요청했다. 그렇게 얻은 점수를 비교하고 기술과 행동 목록을 수정한 다음 다시 영상을 보고 평가하는 과정을 거쳐서 또다시 수정했다. 이 작업은 우리가 만든 목록이 기준을 만족한다는 확신이 들 때까지 반복됐다.

필은 이 목록에 THINCs(**TH**e **IN**cident **C**ommand **S**kills Behavioural Markers, 사건 지휘 기술 행동 표지)라는 이름을 붙였다. 이제 이 목록은 영국 소방대장 위원회에서 채택됐다. 영국 전역의 소방 지휘관들은 간단한 앱을 사용하는 훈련을 받고 있다. 자신의 행동을 기록해서 체계적으로 평가할 수 있는 앱이다. 이 방법은 조심해야 할 행동에 대한 주의를 환기시키고, 스트레스와 압박감이 큰 상황에서 임무 수행을 더 잘할 수 있도록 지휘관들을 훈련시키는 데 도움이 될 것이다.

*

나는 3구역으로 다시 돌아간다. 7시간 전 레스가 소방차를 10대에서 15대로 늘리면서 내가 사건 총지휘를 맡게 됐다. 지금은 새벽 한 시가 조금 지난 시각이다. 사실 지휘관 역할을 수행하기에는 너무 긴 시간이었다. 그러나 나는 감정적으로 몰입되어서 중단할 수가 없었다. 건물 내부의 벽돌로 지어진 칸막이벽이 방화벽 역할을 한 덕분에 불길이 번지는 것을 막을 수 있었다. 건물 앞쪽과 트럭들은 전소했지만 건물 뒤쪽은 크게 손상되지 않았고 거기 있던 재고품도 무사했다.

내 앞의 콘크리트 바닥에는 검은색의 시체 운반용 부대가 놓여 있다. 뻣뻣한 재질이라 안에 들어 있는 시체의 모양이 잘 드러나지 않는다. 트럭 운전사는 끝내 바깥으로 나오지 못했다.

나는 고개를 젓는다. 익숙한 손길이 내 팔꿈치에 살며시 와 닿는다. 레스다. 그는 지난 몇 시간 동안 내 작전 지휘관 역할을 훌륭하게 해냈다.

"모든 사람을 다 구할 수는 없어요." 그가 내 팔을 다독이며 말한다.

"알아." 내가 말한다. "하지만 이런 일이 있을 때마다 조금씩 아픈 건 사실이야. 지금도 저 사람이 집에 돌아오기를 기다리는 사람이 있겠지. 어쩌면 애들을 먼저 재우고 자기는 안 자고 기다리고 있을지도 모르고. 그런데 이제 그야말로 최악의 소식을 듣겠지. 오늘 아침에도 다른 날처럼 일어나 시리얼을 먹고 늘 하던 일상을 시작했을 텐데. 이제는 그 지루한 일상을 되찾을 수만 있으면 뭐라도 포기할 수 있을 거야."

레스가 고개를 끄덕인다. 내 입장이 되어본 적이 많은 레스는 내 마음을 너무도 잘 안다. "가여워라." 그가 말한다.

맞다. 가엽기 그지없다.

집에 돌아오니 새벽 6시다. 가능한 한 조용히 현관문을 열고 들어간다. 마이크나 내가 돌아올 때마다 기뻐 날뛰며 짖어대곤 하는, 털이 없는 우리 강아지 지미 츄를 조용히 시킨다. 화재 현장의 연기 냄새가 나를 따라왔다. 보통 같으면 목욕탕으로 직행해서 샤워를 제일 먼저 하지만, 오늘은 가브리엘라의 방으로 살금살금 들어간다. 내가 이마에 입을 맞추자 아이가 몸을 뒤척인다.

"엄마, 냄새 고약해." 아이가 웅얼거리며 몸을 돌리더니 담요를 어깨까지 올려 덮는다. 절로 미소가 지어진다.

같은 도시 어디에선가는 이제 막 미망인이 된 여성 한 명이 아이들의 침실 문턱에서 눈물을 닦고 있을 것이다.

우리의 매일이 누군가에게는 최악의 날이다. 나는 그 사실을 절대 잊지 않을 것이다.

THE HEAT OF THE MOMENT

10장
다 끝난 뒤에 깨닫는 것들

"때늦은 지혜도 좋지만, 선견지명은 더 좋다."

-에반 에저Evan Esar

책상 위에 켜진 형광등이 따가운 빛을 발하고 있다. 몇 시간째 서류를 읽고 나니 눈이 따끔거린다. 나는 눈을 몇 차례 깜박여본다. 커다란 한 겹짜리 유리창이 한쪽 벽을 가득 채우고 있다. 창틀에 칠해진 지저분한 하얀 페인트가 군데군데 벗겨진 것이 보인다. 바깥으로 눈을 돌려보니 진눈깨비가 내리면서 자동차들과 땅을 질척한 얼음으로 덮고 있다. 책상 바로 옆에서 뜨거운 공기를 내뿜으며 내 다리를 덥혀주고 있는 라디에이터가 새삼 고맙다.

뜨거운 블랙커피를 한 모금 마신다. 그런 다음 펜을 집어 들고 내 앞에 쌓인 종이 더미를 휙휙 넘겨본다. 통신 기록, 대원들의 사후 보고 모음, 위험 평가 서면 보고서, 지휘관들의 임무 수행 영상

녹취록, 작전 효율성 인증 담당자들의 사건 보고서 등. 인쇄소에 발생한 대형 화재로 건물이 전소한 사건의 사후 검토 회의를 내가 주재할 예정이다.

매우 위험한 일을 해야 하는 것이 우리 직업의 일상이고, 화재마다 매번 다른 상황이 펼쳐진다. 모든 사건 하나하나, 모든 결정 하나하나를 배울 기회로 삼아 성장하는 것이 중요하다. 이 사후 검토 회의에는 다수의 지휘관들이 참석할 것이다. 모두 이번 사건의 어느 단계에선가 현장 전체를 책임진 경험이 있는 사람들이다. 나는 사건의 진행 순서를 파악해야만 하고, 그들이 개인적으로, 또는 집단적으로 취한 행동의 이유를 이해하고 싶다. 우리는 그 건물을 구하기 위해 최선을 다했는가?

나는 내 앞에 쌓인 서류 더미에 담긴 정보를 통해 사건의 전모를 머릿속에 퍼즐처럼 맞춰나가고 있다. 내가 찾고 있는 것은 미묘하게 다른 두 가지, 즉 증거와 관점이다. 통신 기록에 나오는 시간과 위험 평가 서면 보고서 등을 포함한 구체적인 증거는 사건을 재구성하는 뼈대가 된다. 지휘관들의 메모와 사후 검토 회의에서 진술하는 기억 등 현장에 참여한 사람들의 관점을 통해서 얻는 자세한 내용은 그 뼈대를 확장하고 살을 붙이는 역할을 한다. 이제 곧 소위 '개방형 질문'을 하고 싶은 만큼 충분히 던질 기회가 내게 주어질 것이다. 내 질문에 답을 하는 동안 지휘관들이 당시의 현장 상황과 그 현장에서 자신들이 해낸 역할에 대해 새로운 이해와 통찰을 얻을 수 있기를 바란다. 나는 서로 상반되는 기억, 모순된 감정들, 사후에 재구성된 이야기 속에서 길을 잃지 않도록 주의해야 한다.

나는 진실을 찾고 있다. 그러나 진실을 찾기 쉽지 않은 경우가 많다. 지휘관들이 의도적으로 상황을 잘못 전달하는 경우는 거의 없다. 하지만 기억이란 원래 오류에 쉽게 빠지기로 악명이 높고, 거기다가 사람은 또 얼마나 복잡한 존재인가.* 구체적인 증거를 보니 화재가 급속히 번졌다는 것을 알 수 있다. 자동 화재경보기가 울리자 세 대의 소방차가 매우 신속하게 현장에 도착했다. 신고가 들어온 지 6분 만에 첫 번째 소방차가 도착했고, 그후 3분 안에 세 번째 소방차까지 모두 도착했다. 첫 번째 도착한 소방차가 건물에 화재가 났다는 것을 확인하고 즉시 5대의 소방차를 추가로 요청했다. 화재경보가 울리면 관행적으로 출동하는 세 대의 소방차로는 역부족이었다. 그로부터 10분 이내에 요청된 소방차의 대수는 10대로 늘었다. 이것은 화재 신고가 들어온 후 16분 사이에 화재의 규모와 세기, 필요한 자원과 관련해서 중대 결정이 두 번 내려졌다는 구체적인 증거다. 화재 규모가 급속도로 커지는 것은 드문 일이 아니다.

* 라이브 영상 자료는 사건 현장을 다시 확인하고 구조팀의 대응을 직접 관찰하는 것을 가능케 한다. 그러나 이런 라이브 영상 자료는 어쩌다 한 번씩 제작될 뿐, 대부분은 현장에 있던 사람들의 기억과 기록, 관점을 통해 재구성한 자료에 의존할 수밖에 없다.

첫 번째 도착한 지휘관은 자기 앞에 펼쳐진 당장의 상황에 적합한 요청을 한 것일까? 아니면 사태의 추이를 미리 예측해서 지원팀이 도착할 즈음인 30분 후에 필요할 자원을 요청했을까?

우리가 한 연구에서는 지휘관들이 보통 '앞으로 어떻게 될까'보다는 '지금 당장' 일어나는 일에 근거해서 의사 결정을 한다는 것을 밝혀냈다. 이 현상은 두뇌가 압력을 받는 상황에서 어떻게 반응하는지를 고려하면 전혀 놀라운 일이 아니다. 그러나 이것이 사고에 대응하는 가장 효율적인 방법이 아닌 것도 사실이다. 우리가 개발한 결정 제어 프로세스는 바로 이 문제를 해결하는 것을 목표로 했고, 이 프로세스를 사용하는 지휘관은 앞으로 상황이 어떻게 전개될지를 예측하는 데 집중할 확률이 더 높다.

신고 후 16분이 경과한 시점에, 적어도 소방차 10대는 필요한 심각한 화재 현장에 소방차가 3대밖에 없었다는 사실은 확실해 보인다. 추가 지원을 요청한 것이 '앞으로 어떻게 될까'가 아니라 '지금 당장'에 근거한 것이었다는 생각이 든다.

더 자세한 정보가 필요하다. 그러나 정확히 이 시점에 해당하는 지휘관들의 사후 메모가 거의 없다. 상황이 너무 빨리 전개돼서 정보를 소화하기가 힘들었으리라 짐작한다. 나는 휴대폰을 집어 들고 트위터에 접속해서 화재가 난 후 최초 30분 이내에 공유된 사진들을 검색한다. 건물 전체가 불길에 휩싸인 사진은 아주 많지만 초기 사진은 단 한 장뿐이다. 화재가 발생한 후 1시간쯤 지난 뒤 트위터에 올라왔지만 사진 자체는 그보다 전에 찍은 듯하다. 맨 위층 유리창에서 연기가 치솟아오르고, 검은 기와지붕으로 불길이 삐져나오고 있다. 사진을 다운로드해서 내 이메일로 보낸다. 컴퓨터에서 열어보니 날짜, 시간, 장소 정보가 담긴 속성탭이 비어 있다.

통신 기록을 훑어서 첫 알림 메시지를 찾는다.* 거기에는 신고 후 7분 35초가 경과한 현재 화재가 확인되었고, 4층과 지붕의 20퍼센트가 화염에 휩싸여 있다고 기록되어 있다. 완벽한 알림 메시지는 아니다. 더 자세한 정보가 들어 있었다면 좋았겠지만 아마도 시간이 부족했을 것이고, 이 정도면 적어도 현장으로 향하는 대원들에게 상황에 대한 간략한 이해와 무엇을 예상해야 할지를 알리는 데는 충분하다.

트위터에서 찾은 사진은 통신 기록의 정보와 일치한다. 나는 사진을 확대해서 더 자세히 살펴본다. 인쇄소는 오래된 빅토리아 시대 벽돌 건물의 3개 층에 걸쳐서 자리하고 있었다. 건물 옆 벽에는 손으로 그린 옛날 담배 광고가 보존되어 있다. 사진은 해가 질 무렵 건물의 북서쪽 모습을 담고 있다. 아마 오후 6시 경에 찍은 것이리라. 날씨를 확인해보니 사건 대응 내내 폭우가 쏟아졌다. 대원들이 비에 젖고 추위에 떨었을 것이라는 의미다. 나는 대원들의

* 알림 메시지는 사건 대응이 이루어지는 내내 기록되며, 실행되고 있는 진화 작업의 순간순간을 포착하는 역할을 한다.

복지를 위해 어떤 조처가 내려졌는지를 확인하겠다고 메모한다.

통신 기록을 보니 소방용 급식차가 요청되었다고 나온다. 길고도 어려운 진화 작업 중 마시는 뜨거운 차 한 잔은 사기를 높이는데 놀라운 효과를 낸다. 그러나 명백한 증거 중에서는 더이상의 자세한 정보를 얻을 수가 없다. 현장 진출입 지점이 어디에 설치되었는지, 대원들이 진화 작업에 들어가기 전 어디에서 대기하고 있었는지를 알아야 한다. 대원들이 화재 현장에 들어가기 전 비를 피할 수 있는 젖지 않은 곳이어야만 한다. 진입하기 전 장비와 복장이 젖으면 불길 속 열기로 인해 빗물이 증기로 변해서 옷 속 피부에 화상을 입을 수도 있다.

나는 눈을 가늘게 뜨고 사진을 들여다보면서 어두운 그림자 쪽에 무엇이 있는지를 알아내려고 애쓴다. 창문 안쪽을 볼 수가 없다. 구경꾼 몇 명이 건물 근처에 서 있다. 진입 저지선이 아직 설치되지 않은 상태다. 처음 출동한 대원들은 처리해야 할 일들이 산더미처럼 쌓인 상태에서 실제 필요한 인력과 자원의 4분의 1 정도만 가지고 적절한 대응을 하기 위해 미친 듯이 뛰어다녔을 것이다. 내가 처음 출동한 지휘관이었으면 어떤 느낌이었을까? 나라면 어떻게 했을까?

현장에 최초로 도착한 지휘관 제스 오언스는 자동 화재경보기의 호출을 받고 출동했다. 화재경보기 호출은 보통 허위 경보인 경우가 많다. 별일 없을 거라고 생각하면서 현장에 도착한 그녀는 의외로 심각한 화재 현장과 맞닥뜨렸다. 예측이 완전히 빗나가서 매우 놀랐을 것이고, 정신없이 바쁘고 혼란스러운 현장에 신속히 대응할 준비가 되어 있지 않았을 수도 있다. 그녀의 뇌는 저마다 급하다고 소리치는 일들의 우선순위를 정하고, 서로 모순되는 수없이 많은 정보들을 모아 논리 정연한 하나의 그림으로 짜맞추느라 바빴을 것이다. 그러면서 동시에 배워온 규칙에 따라 그런 상황에서 취해야 할 조처를 모두 취하려고 시도했을 것이다. 현실과 이론이 어떻게 다른지를 아는 것은 대단히 중요하다. 나는 최초 몇 분 사이에 제스가 어떤 생각을 했는지 이해해야 한다. 그래야만 그녀의 행동이 적절했는지, 부적절했는지, 별 상관이 없었는지를 판단할 수 있다.

초동 대응 지휘관의 역할은 핵심적이다. 사건 대응의 분위기를 정하고, 그들의 결정을 기초로 해서 향후 결정이 이루어지기 때문이다. 오판으로 인한 행동이나, 빠뜨린 정보 같은 실수는 시간이 흐르면서 큰 영향을 끼칠 수도 있다. 초동 대응 지휘관의 결정은 심각한 사태 확산과 조기 '마침'을 가른다.* 심지어 소방차를 주차시킨 위치만 잘못돼도 사건이 악화되었을 때 특정 대원에게 물을 공급하는 것이 문제가 되는 등 나중에 골치 아픈 문제를 일으킬

* '마침'은 '메시지 마침'을 말하는 것으로 현장에 더이상 필요한 것이 없다는 것을 알리는 신호다. '메시지 마침' 신호는 화재가 거의 진화되어 마지막 불씨들을 끄고, 마감을 하는 단계에 들어섰을 때 보낸다.

수도 있다. 그러나 때로는 어떤 소방관도 통제할 수 없는 상황으로 인해 결과가 이미 정해져 있는 경우도 있다. 화재가 너무 심각하거나 인원과 장비를 제때 동원할 수 없을 때다.

나는 통신 기록을 샅샅이 살피면서 제스에게서 지휘권을 넘겨받은 사람이 누구인지를 찾는다. 두 번째 지휘관은 언제 현장에 도착했을까? 지휘권 인수 시각은? 지휘권을 넘겨받기 전 무슨 일이 일어났는가? 두 번째 지휘관은 얼마나 오래 현장 지휘를 했는가? 이 모든 정보는 매우 중요하다. 지휘관이 지휘권을 넘겨받기 전 현장에서 시간을 보내면서 상황 파악을 충분히 했는지, 훌륭한 퍼즐 그림을 맞출 가능성이 있었는지(혹은 아무리 노력해도 중간 정도밖에 못할 상황이었는지), 다른 결과를 낼 수 있는 기회가 있었는지, 그리고 (간혹 가다 있는 일이지만) 오랜 근무로 지쳐 있었는지 등을 모두 알아야 한다.

대원 책임자인 제스는 6분 만에 당직팀 지휘관인 스탠에게 지휘권을 넘겨줬다. 따라서 제스는 지휘권을 스탠에게 넘겨주기 전에 자신의 상황 인식력을 발전시킬 시간이 거의 없었다. 그녀는 간신히 시작할 시간밖에 없었을 것이다.

스탠은 지휘권을 넘겨받기 전 1~2분 정도 현장을 돌아볼 기회를 가졌고, 그가 지휘를 한 시간은 단 22분이었다. 그의 뒤를 이어 소방서 지휘관 마크 포츠가 60분 동안 현장을 지휘했다. 결국 19시 28분에 그룹 지휘관 토니 루이스가 현장에 도착해서 지휘 책임을 맡았다.

토니가 도착했을 때 불길은 여전히 거세게 타고 있었고 주황, 빨강 화염이 검은 하늘을 배경으로 넘실거렸다. 소방차 10대와 대원들은 불길이 번지는 것을 막기 위해 용감하게 싸우고 있었다. 화재 대응 작전의 기본 방침은 이미 정해져 있었다. 토니는 마지막 8시간 동안 지휘관 임무를 수행했다. 거의 10시간에 가까운 시간 동안 총 네 명의 사건 총지휘관이 지휘를 했다.

각 지휘관이 임무를 수행하고 있는 동안 도착한 소방차, 소방관 등을 포함한 모든 지원 현황을 검토하는 것도 중요하다. 그들이 세운 계획을 실행에 옮기는 데 적합한 장비를 가지고 있었는가? 앞서 지휘를 한 지휘관들은 사태를 미리 예측하고 계획을 세웠는가? 스탠이 처음 도착했을 때는 소방차가 3대 있었다. 그러나 그가 지휘권을 마크에게 넘길 때는 총 8대의 소방차가 있었고, 추가로 2대가 오고 있는 중이었다. 그리고 모든 대원은 이미 상황 설명을 듣고 임무를 수행하고 있었다. 그후 소방차 다섯 대(거기에 해당하는 수의 대원들과 세 명의 지휘관급 대원)가 추가로 도착했고, 마크는 새로 도착한 인원들에게 상황을 설명하고 각자에게 임무를 부여했다. 토니는 모든 대원들의 역할을 재검토했고 추가로 다섯 명의 지휘관급 대원들을 배치했다. 각 지휘관들은 대원들에게 어떻게 상황을 설명했을까? 그들은 어떻게 자원을 분배했을까? 적절한 의사 결정을 했을까?

각 지휘관 밑에서 작업한 대원들도 모두 사후 보고서를 작성했다. 지휘관들에게서는 직접 보고를 들을 예정이다. 일반 대원들의 시각을 내가 이해하고 있어야 모든 관계자가 제시하는 퍼즐 그림이 서로 잘 맞는지를 분석할 수 있다. 그렇지 않은 경우가 너무 많다. 바로 이 때문에 '근본 자료', 즉 직접 눈으로 보고 진실이라는 것을 확인할 수 있는 자료가 그토록 중요한 것이다.

현장에서 떨어진 곳에 설치되어 있는 사건 지휘실에 계속 머물러 있으면서 실제 눈으로 확인하는 대신 다른 사람들이 전해주는 말만 오래 듣고 있으면 현실감을 잃을 수밖에 없다. 정확할 수도, 정확하지 않을 수도 있는 상황을 머릿속에 상상하게 되는 것이다. 팀원들이 맞닥뜨리고 있는 어렵고 거친 현실을 경험하지 않고 있기 때문이다.

우물의 위와 밖을 보기 위해서 주기적으로 지휘실에서 직접 나와 차갑고 딱딱한 땅에 발을 딛는 것은 매우 중요하다. 소강 상태가 오거나 들어오는 통신이 잠시 멈추는 경우가 별로 없기 때문에 일부러 그런 기회를 만들지 않으면 안 된다. 약간의 핑계를 만드는 것도 괜찮다. 도저히 시간을 낼 수 없으면 걸어서 현장을 둘러보면서 상황 설명을 하거나 보고를 듣는 것도 괜찮다. 어떤 방법을 사용하든, 자신의 목숨을 지휘관의 손에 맡긴 수많은 사람들을 위해 일어나서 밖으로 나와 직접 눈으로 확인해야만 한다.

사후 보고서에는 서로 상충되는 내용이 무척 많다. 상황 설명이 언제 어디서 진행됐는지, 내용에 무엇이 포함되어 있었는지에 대해 대원들 사이에서 의견 일치가 되지 않고, 보고서마다 상황이 전개된 시각과 순서가 다르다. 나는 그중 어떤 것이 기억의 실수(사람들이 정확한 내용을 잊는 자연스러운 현상)이고, 어떤 것이 당시에 상황 인식을 방해했던 진짜 실수(잘못된 의사 결정 혹은 정보를 제대로 소화하지 못한 결과)인지를 가려내야 한다.

시계를 흘끔 쳐다보니 회의 참석자들이 도착하기 전에 커피 한 잔 더 만들 시간은 있다. 나는 늘 사후 검토 회의를 하기 직전에 자료를 검토한다. 회의 중에 사건의 내용을 생생하게 떠올릴 수 있기 때문이다.

문을 두드리는 소리가 나더니 나와 함께 일하는 대원인 브라이언이 문을 열고 빼꼼히 고개를 들이민다. 그는 키도 크지만 몸도 좋아서 몸의 가로 길이가 세로 길이와 거의 비슷한 거인 같은 친구다. 군인 출신으로, 짙은 갈색 머리를 짧게 자르고 다닌다. 처음 보면 좀 무섭게 생겼지만 사실은 온유한 거인이고, 면도날처럼 날카로운 두뇌를 가진 매우 효율적인 일꾼이다. 함께 일하는 것이 즐거운 사람이다.

"대장님, 조금 이른 시간이지만 모두 도착했습니다. 들어오라고 할까요, 아니면 조금 기다리라고 할까요?" 그가 묻는다.

"괜찮아, 조금 일찍 시작하지 뭐."

그는 내 빈 커피 잔을 흘끔 본다. "커피 더 필요하세요?" 그가 씩 웃는다. 나를 잘 알고 묻는 수사적인 질문이다. "한 주전자 만들어서 가져오겠습니다."

나는 서류들을 주섬주섬 모아서 닳아 헤진 내 가죽 서류철에 넣고 아래층 회의실로 향한다.

회의실 문을 열자 바로 실내가 조용해진다. 나는 미소를 지으며 사람들에게 인사를 한다. 이런 사후 검토 회의를 격식을 차려 진행하는 사람들도 많지만, 나는 참여한 사람들이 편안하게 느낄 때 대화가 더 잘된다고 믿는 편이다. 방에는 7명이 기다리고 있다. 대부분 처음 만나는 사람이고, 모두 불안한 표정이다. 사실 이런 반응은 드문 일이 아니다. 모두들 자기가 비판을 받을 것이라 생각하기 때문이다. 비판이 필요할 때도 있다. 그리고 어떨 때는 비판을 받아 마땅한 경우도 있다. 그러나 그런 비판이 개인에 대한 공격이 되는 경우가 너무 많다. 나는 창피를 당하거나 가혹한 비판을 받을까 봐 두려워하는 사람과는 솔직하고 열린 마음으로 대화를 할 수가 없다고 굳게 믿는다. 그런 분위기는 심리적 안정감을 없애고 사람들이 무시되고 소외당하는 느낌을 갖게 할 뿐이다. 마음을 열고 자신의 취약점이라고 생각되는 부분을 다른 사람과 공유할 수 없는 분위기가 만들어지는 것이다. 그런 취약점을 스스로 드러내지 않으면 그것을 대면하고 해결하는 것이 불가능해질 수 있다.

나는 아무도 마실 것을 가지고 있지 않다는 것을 깨닫는다. 내게만 커피가 올 것이라는 생각에 좀 창피해진 나는 브라이언에게 음료와 간식을 주문해달라고 부탁한다. 나는 참석한 지휘관들에게 주문한 것들이 도착할 때까지 자유롭게 대화를 나누라고 말한다. 사실 이것은 그냥 친절을 베풀기 위한 행동이 아니다. 이 짧은 시간은 사람들이 어떻게 상호작용을 하는지 관찰할 수 있는 기회가 될 것이다. 오늘 모인 사람들은 사실상 인쇄소 화재를 진압한 지휘팀이라고 할 수 있다. 그들 사이에 어떤 관계가 형성되어 있는지, 서로 얼마나 친한지 전혀 모르는 나로서는 이럴 때 어떻게 행동하는지를 보고 그날 밤 어떻게 상호작용을 했을지를 짐작할 수 있다. 누가 누구를 알고, 어떤 사람들 사이에 마찰이 있는지를 알고 싶다. 나는 가만히 앉아서 관찰한다.

그들도 조용하다. 나는 브라이언 쪽으로 고개를 돌린다. 내가 입을 여는 순간 그가 씩 웃는다. 그는 내 의도를 완전히 이해하고 있다.

"주말 잘 지냈어?" 내가 묻는다.

"평소와 비슷했지요." 그가 대답한다. 나머지 사람들도 웅성웅성 대화를 시작한다.

나는 서류를 서류철에서 꺼내고 내가 한 메모와 백지, 펜 등을 내 앞 책상에 나란히 정리한다. 사람들 사이의 관계가 점점 명료하게 보이기 시작한다. 참석한 사람들 중에 그룹 지휘관이 두 명 있다. 마지막으로 사건 총지휘관을 맡았던 토니 루이스와 조슈아와틀이다. 조슈아는 현장 작전 효율성 인증을 맡았었다. 그의 역할은 소방 구조 활동의 질을 살피는 것이었다. 모든 것이 계획대로 움직이는가, 아니면 좀 미진한 구석이 있는가? 그는 현장에 나가 있는 지휘관의 눈과 귀였다.

토니와 조슈아는 건성으로 잡담을 나누고 있지만 나는 둘 사이에서 약간의 긴장감을 감지한다. 조슈아는 토니에게 공손한 태도를 보이고 있다. 소방서 지휘관 마크가 토니와 조슈아의 대화에 끼어들려고 하지만 그보다 직급이 높은 두 사람은 별 관심을 보이지 않는다. 마크 이전에 지휘관 역할을 맡았던 스탠과 제스는 대화에 몰두하고 있다. 두 사람은 잘 아는 관계 같아 보이고, 오랜 친구처럼 함께 웃음을 터뜨린다.

그룹 내의 위계질서를 감지한 나는 이런 역학 관계가 사건 대응에 어떤 영향을 끼쳤을까 궁금해진다. 이 위계질서가 직급이 다른 대원들 사이의 의사소통에 영향을 끼쳤을까? 모든 구성원이 자신의 의견과 상황 인식을 공유할 수 있을 만큼 자신감을 가지고 있었을까? 아니면 직급이 낮은 팀원은 입을 열지 못하고 상관의 의견에 귀를 기울이기만 했을까? 확실한 정보가 전혀 없는 상태에서 새로운 확증 편향을 갖는 우를 범할 생각은 전혀 없지만, 이 문제를 확인해야겠다고 머릿속에 메모한다.

몇 분 후 음료가 도착하고 각자 컵에 마실 것을 따른다. 이제 시작할 수 있다. 나는 좌중의 주의를 집중시킨 다음 돌아가면서 자기소개와 사건 현장에서 자기가 맡은 역할을 설명해달라고 요청한다. 그런 다음 한 사람씩 차례로 사건이 발생했다는 소식을 들은 순간부터 다음 지휘관에게 지휘권을 넘긴 순간까지 진술을 되짚어나갈 계획이다. 나는 현장에 먼저 도착한 두 명의 지휘관들부터 시작하자고 제안한다.

화재 신고를 접수한 후 최초 20~30분은 매우 혼란스러웠던 것이 분명하다. 제스가 지휘관이었던 시간은 허위 경보가 아니라 실제 화재가 발생했다는 것을 겨우 확인하는 것으로 끝났다. 스탠은 불길이 어디에서 타고 있는지를 확인하고 공기호흡기를 착용한 팀을 최초로 건물에 진입시키는 동시에 근처 소화전에서 물 공급을 확보했다. 그때까지도 사건 지휘실이 없었기 때문에 현장의 혼란을 피해 조용히 심사숙고할 기회가 없었다. 그리고 그가 물리적으로 처리 가능한 일보다 해야 할 일이 훨씬 많았다. 스탠이 지휘한 시간은 해야 할 일은 가장 많은데 자원은 가장 적고 압박감도 가장 큰 상황이었다. 모든 것을 고려할 때 제스와 스탠 모두 임무를 훌륭히 수행했다.

나는 제스와 스탠 두 사람에게 몇 가지 질문을 한 다음 참석자들 모두에게 질문할 기회를 줬다. 그토록 감정이 많이 개입된 경험을 사후 검토 회의에서 회상하는 것은 차가운 수술대에 오른 듯한 느낌을 줄 때가 많다. 전문가로서 후회되는 일들을 포함해서 큰 스트레스를 안긴 경험을 다시 끄집어내는 것이 어떤 느낌인지 잘 알기 때문에 그 점에 신경써서 조심스럽게 접근하는 것이 중요하다. 마크는 추가 질문이 없다고 하고, 조슈아도 마찬가지다. 토니가 현장을 구역으로 나눌 생각은 하지 않았냐고 질문하자 스탠은 약간 불쾌한 표정을 짓는다. 나는 지휘관으로 일한 시간이 매우 짧았다는 것을 감안하면 스탠을 탓할 수 없지 않나 하는 생각을 한다. 내 생각에 그 질문은 토니의 자만심(그저 자신의 목소리를 내고 싶은 마음)에서 나온 것이지 진실을 알고 싶어서 나온 것이 아닌 듯하다. 나는 스탠이 지휘를 맡은 시간이 아주 짧았다는 사실을 모두에게 상기시키고 다음으로 넘어간다.

마크는 굉장히 초조해 보인다. 최근 승진한 그는 이런 규모의 화재 사건 사후 검토 회의에 한 번도 참석해본 적이 없다. 그는 출동 호출을 받았을 때 자기가 어디 있었는지를 설명한다. 막 소방서에서 퇴근해서 아이들에게 입을 맞추고 피자를 오븐에 집어넣은 직후였다고 한다. 직장 모드에서 가정 모드로 스위치를 바꾸자마자 다시 직장 모드로 전환해야만 했다. 집에서 현장까지 가는데 시간이 얼마 걸리지 않았고, 도착하자마자 그는 세차고 빠르게 번지는 불길을 마주해야만 했다.

그는 분명하지만 살짝 불안한 어조로 자신이 세웠던 전체적인 계획을 설명한다. 그는 화재가 더 악화되는 것을 막고자 했다. 건물 안에 사람이 없다는 사실은 그나마 위안이 되는 정보였다. 그는 건물이 전소하는 것을 막을 수 있다고 믿었다. 그는 건물 안에 대원들을 진입시켜 화재를 진압하는 작전을 펼쳤다.

그러나 30여 분 후에 현장에 도착한 그룹 지휘관 토니는 건물 안에서 대원들을 후퇴시키고 화재를 외부에서만 진압하는 '방어적' 작전을 선택했다.

마크와 토니 사이의 갈등이 느껴진다.

토니는 마크의 진술이 끝나자 질문을 던지기 시작한다. 그는 특히 '대응 강도'에 집중한다. 이 용어는 전략에 사용된 장비의 강도, 특히 불길에 뿜어 넣을 수 있는 물의 양이 얼마나 되는지를 의미한다. 소규모 화재에는 보통 간이호스를 사용한다. 간이호스는 가볍고 조작이 쉽다. 그러나 대응 강도를 높이기 위해서는 물을 더 많이 뿜을 수 있는 직경 45밀리미터 혹은 70밀리미터짜리 관창을 사용한다. 규모가 급속도로 커진 이번 화재의 경우 45밀리미터 관창을 사용하는 것이 가장 적절한 대응 강도였을 것이다. 간이호스만으로는 화재를 진압하는 데 필요한 충분한 양의 물을 뿜어내지 못한다.

"마크, 처음 건물에 진입시킨 대원들은 뭘 가지고 들어갔지?" 토니가 묻는다.

"직경 45밀리미터 관창 두 대입니다." 마크가 대답한다.

토니가 눈썹을 치켜뜨면서 조슈아를 바라본다. 조슈아는 고개를 끄덕이면서 자기도 간이호스를 봤다고 말한다.

"나는 간이호스를 봤어." 토니가 말한다. "관창이 아니라 간이호스를 들여보냈나?"

"아닙니다." 마크가 대답한다. "직경 45밀리미터 관창이 확실합니다."

"건물 안으로 간이호스들이 들어가 있는 걸 봤어. 간이호스를 들여보냈잖아." 토니는 방어적이다.

화재가 급속도로 악화되었다는 사실을 우리 모두 알고 있다. 토니는 그 원인이 화재를 공격적으로 진압할 만큼의 물이 공급되지 않았기 때문이라고 믿고 있다. 그는 그것이 마크의 책임이라고 생각하고, 잘못을 시인하는 답변을 받으려는 의도로 질문을 하고 있다. 그래서 갈등이 느껴진다.

마크는 경악한 표정으로 말을 잇는다. "아닙니다. 맹세컨대 건물 안에는 45밀리미터 관창만 들어갔어요."

"흠," 토니가 말한다. "나는 간이호스를 봤고, 조슈아도 봤어. 그럼 우리가 거짓말쟁이라는 건가?"

"아닙니다!" 마크가 항의하듯 부르짖는다.

내가 끼어든다. "좋아, 그만들 해. 고마워. 마크는 45밀리미터 관창을 썼다고 믿고, 토니는 간이호스가 사용됐다고 믿는다는 사실을 우리 모두 잘 알았어."

대응 작전에 직접적으로 영향을 준 사실에 대해 서로 다르게 기억하고 있다. 그중 어느 쪽이 사실인지 밝혀내야 할 책임은 내게 있다. 더 많은 양의 물을 사용했으면 상황이 호전돼서 불길이 번지는 것을 막을 수 있었을 것이라는 토니의 말은 맞다. 그렇다고 그렇게 해서 결국 건물을 구할 수 있었을지는 확신할 수 없다.

나는 토니에게 질문을 시작한다. "공격적 작전에서 방어적 작전으로 전환한 시기가 언제지, 토니?"

그는 잠시 멈칫한다. 자기가 이야기를 엮어내기 전에 마크에게 자신이 한 질문과 자기가 펼친 작전 사이의 연결점을 내가 먼저 알아차렸다는 사실을 깨달은 것이다.

"거의 바로 그렇게 했습니다." 그가 말한다. "초기 진압에는 실패했다는 것이 명확했고, 그래서…."

나는 그의 말을 가로막는다. "그러니까 자네는 19시 28분에 도착했지. 그런 다음 얼마나 있다가 지휘권을 넘겨받은 것 같나?"

"금방 넘겨받았지요. 불길이 이미 걷잡을 수없이 세서 안전이 우려되는 상황이었습니다. 아마 도착한 지 10분 이내에 지휘권을 넘겨받은 것 같아요."

나는 당시 현장에 있었던 조슈아에게 고개를 돌린다. "그 말이 맞나?"

"네, 맞습니다." 그는 그렇게 말하면서 고개를 끄덕이고 토니 쪽을 흘끔 쳐다본다. 나는 이 두 사람 사이에 연대감이 형성되는 기운을 포착한다. 조슈아가 토니를 존중하는 태도를 가진 것, 그리고 토니에게 지금 지원 사격이 필요한 상황이라는 점에서 확실히 유추할 수 있다. 나는 이런 감정이 그들의 기억을 방해할 수도 있겠다는 생각을 한다.

"토니, 본인 의견으로는 그렇게 빨리 지휘권을 넘겨받을 정도로 상황이 급속도로 악화됐나?"

"네, 그렇습니다." 그는 의기양양하게 대답한다.

"어떤 점이 우려됐지? 무엇을 봤나?" 내가 묻는다.

"불길이 확산되고 있었습니다. 제가 보기에 지붕의 70퍼센트에 이미 불이 붙어 있었고요. 그 정도면 돌이킬 길이 없지요. 인명 피해 위험이 없었고, 건물은 어차피 구할 수 없다고 판단했습니다. 결국 그렇게 됐고요. 간이호스가 건물 안으로 들어가 있는 것을 보고 어차피 적절한 강도의 대응이 이루어지지 않았다는 걸 알았습니다. 이미 너무 늦었다고 판단했고, 솔직히 말해서 다른 실수는 없었는지도 걱정이 됐지요."

마크는 완전히 풀이 죽은 표정이다.

"그러니까 판단 착오가 있었다고 믿은 건가? 그래서 지휘권 양도가 시급하다고 생각한 거고? 상황을 제대로 파악해서 혹시라도 있었을 판단 착오를 수정하는 것보다 지휘권 양도가 더 시급하다고 판단했나?"

"네, 대장님. 맞습니다."

나는 마크 쪽으로 고개를 돌리고 묻는다.

"동의하나?"

마크는 초조한 기색으로 몸을 뒤척인다. 뭔가 말하고 싶은 것이 있지만 그러지 못하는 빛이 역력하다.

"상관이 그렇게 기억하시면 그게 맞는 거겠지요." 그가 작은 목소리로 대답한다.

"나는 본인이 기억하는 내용이 듣고 싶은 거야. 토니가 도착했을 때 무슨 일이 있었는지 이야기해봐."

마크는 멋쩍은 표정으로 자기 손을 내려다본다. 손가락을 가만두지 못하고 계속 꼼지락거리고 있다.

"토니가 도착했고, 저는 상황 보고를 짧게 했습니다. 그후 토니는 현장을 제대로 살펴보기 위해 나갔고 약 30분 후에 돌아와서 지휘권을 넘겨받았습니다." 그는 전략이 토니가 도착한 즉시 바로 바뀌지는 않았지만 그가 지휘권을 넘겨받은 후 가장 처음 한 일이 전략을 바꾼 것이었다고 설명한다.

나는 내 앞에 쌓인 서류 더미에서 관련된 정보를 찾는다.

"토니," 내가 말한다. "19시 28분에 도착한 건 맞지만 마크의 기억이 정확해. 20시 12분까지 지휘권을 넘겨받지 않았어. 45분이 경과한 후야."

이제 토니가 불편한듯 몸을 뒤척인다. 시간에 대한 자신의 인식이 잘못되어 있다는 것을 깨달은 것이다.

"방어적 전략으로 전환하기로 한 결정에 대해 좀더 이야기해봐. 그렇게 전환하기로 한 계기가 무엇이었지?"

"간이호스를 봤어요." 토니가 말한다. "그때 알았죠."

"그게 언제였지?"

"정확히 언제였는지는 기억이 나지 않습니다만, 도착한 후 금방이라는 건 알아요."

마크는 다시 한번 분한 표정을 짓는다. 나는 조슈아의 의견을 묻고 그는 토니의 시각이 맞다고 재차 확인한다.

나는 그날 밤 사건이 상당히 상황이 진행된 후에 화재 조사관이 찍은 사진 몇 장을 꺼낸다. 불길이 거의 잡힌 상태다. 한 장은 00시 30분에 찍힌 사진이다. 건물의 입구와 대원들이 4층에 진입하기 위해 사용한 문이 보인다. 그러나 건물 안으로 간이호스가 들어간 것은 보이지 않고 45밀리미터 관창이 몇 개 보인다. 나는 그 사진을 테이블 위에 놓는다. 그리고 사진 더미를 뒤적여 두 번째 사진을 찾는다. 같은 문이고, 첫 번째 사진으로부터 1시간 반이 지난 시점에 찍힌 사진이다. 이번에는 간이호스들이 보인다. 나는 그 사진을 첫 번째 사진 옆에 놓는다.

나는 첫 번째 사진을 가리키며 마크에게 묻는다.

"이 사진의 내용이 기억과 일치하나?"

"네, 제가 지휘하고 있을 때는 간이호스를 사용하지 않은 것이 확실합니다."

나는 토니 쪽을 쳐다본다. 그는 고개를 젓는다. "아니요." 그가 말한다. "간이호스를 뺐다가 다시 넣었을 겁니다."

나는 구체적인 증거들을 모아놓은 서류 더미로 다시 손을 뻗는다. 그리고 그중에서 찾은 사후 보고서를 큰소리로 읽는다. “이제 타다 남은 불길만 잡으면 됐기 때문에 구역 지휘관은 간이호스로 교체하라고 지시했다. 간이호스는 가볍고 조작이 쉽기 때문이다. 게다가 불길이 거의 잡혔기 때문에 강도 높은 대응을 할 필요가 없어졌다.”

마크는 누명을 벗어 속 시원하다는 표정이 되고, 토니의 얼굴은 백지장처럼 하얘진다.

나는 자원 동원 기록지를 꺼낸다. 나는 조슈아에게 그가 후임과 교대한 시간은 23시 44분이었고, 그 시각은 간이호스가 사용되기 전이라는 사실을 상기시킨다. 그가 간이호스를 보지 못한 것이 확실하다. 조슈아의 얼굴도 백지장이 된다.

스탠은 활짝 웃음을 짓고 있고 제스는 터져 나오는 웃음을 참느라 입을 꾹 다물고 있다. 나는 누구를 모욕하거나 창피하게 만들 의도가 전혀 없다. 그러나 토니의 자신감 넘치는 주장을 믿어버렸다면 마크가 잘못된 결정을 내렸다고 추정했을 것이다. 토니의 설명을 뒷받침한 독립 증인까지 있었으니 아주 쉽게 범할 수 있는 실수였다. 그러나 그렇게 됐다면 너무도 불공평한 회의가 되었을 것이다.

그렇다고 하더라도 토니나 조슈아가 의도적으로 나를 속이려고 했다고 추정하는 것도 잘못된 생각일 수 있다. 우리의 기억은 극도로 부정확하다. 그들의 기억 자체에 문제가 있었을 확률도 높다. 예를 들어 우리가 한 경험을 뇌에 기록했다가 기억으로 불러내는 기억 형성 과정의 일부분이 잘못 작동했을 수도 있다. 우리는 스트레스를 많이 받는 환경이 두뇌 작용에 영향을 끼쳐서 정보 흡수를 어렵게 만들고 주요 정보를 처리하는 능력을 저하시킨다는 것을 잘 알고 있다. 현장에 도착한 토니의 두뇌는 그 모든 정보를 기억하고 처리하기 전부터 압도당해 버렸을 수도 있다. 그래서 그의 회상 내용이 달라졌을 수도 있는 것이다.

아니면 토니는 기억 검색에 어려움을 겪었을지도 모른다. 그가 간이호스를 본 것은 사실이다(비록 원래 말한 것보다 훨씬 나중에 본 것이지만). 자신의 행동을 정당화하기 위해 무의식적으로 자신의 이야기를 재구성하면서 간이호스에 관한 정보를 자기 이야기에 맞도록 끼워 맞췄을 가능성도 있다. 퍼즐의 빈 곳을 추정으로 메꾸는 것이다. 어쩌면 확증 편향이 작동한 것인지도 모른다. 토니는 마크가 진행한 초기 화재 진압이 충분히 공격적이지 못했다는 생각을 했고, 그래서 나중에 본 간이호스가 그런 의혹과 맞아 떨어지면서 그의 원래 기억 위에 새로운 기억을 덮어쓴 것일 수도 있다. 저장된 문서를 '불러오기' 하는 과정에서 편집, 덧쓰기가 가능한 것처럼 말이다. 기억은 고정된 것이 아니라 변화할 수 있다.

심지어 조슈아의 기억에도 이 '오정보 효과'가 작용을 했을 수 있다. 재판을 할 때, 목격자들이 경찰의 심문을 받은 후 범죄 현장에서 대한 자신의 기억을 수정하는 것은 드문 일이 아니다. 악의적으로, 혹은 고의적으로 그러는 것이 아니라 두뇌가 내·외부의 영향으로 변화하는 경향이 있기 때문이다.

이 현상을 연구하는 데 경력을 바친 엘리자베스 로프터스는 기억이 어떻게 변화하는지에 관한 연구 결과들을 발표했다. 그녀는 어떤 사건을 자기 눈으로 본 목격자일지라도 차후에 그 사건이 어떤 식으로 묘사되는지에 영향을 받고, 그렇게 들은 정보는 사진에서 용의자를 식별하는 능력에도 영향을 준다는 사실을 증명했다. 새로운 정보가 기억에 영향을 줄 수 있고, 따라서 자기가 보지 않은 것을 보았다고 생각할 수도 있다.

또한 기억은 심어지기도 한다. 로프터스는 다음과 같은 유명한 실험을 했다. 어린 자녀를 둔 부모들에게 실제 일어난 일(예를 들어 이사를 간 일)과 지어낸 일(예를 들어 쥐덫에 손가락이 낀 일)을 묘사해달라고 요청한다. 그런 다음 연구원들은 아이들에게 둘 중 한 상황을 상상해보라고 한다. 하지만 어떤 것이 실제 일어난 이야기이고 어떤 것이 지어낸 이야기인지 알려주지 않는다. 연구에 참여한 어린이들 중 절반 이상이 지어낸 이야기에 기초한 기억을 만들어냈다. 그리고 진실이 공개된 후에도 몇몇은 지어낸 이야기가 실제로 일어났다고 고집했다.

로프터스의 연구팀은 정밀한 연구를 통해 성인의 기억도 이와 비슷한 방식으로 작동한다는 사실을 증명했다. 실험에 참여한 사람들은 디즈니랜드에 방문한 경험을 바탕으로 디즈니랜드 광고의 효과를 평가한다는 설명을 듣는다. 실험 참가자들은 네 개의 그룹으로 나뉜다. A그룹의 사람들은 글씨만 나오는 광고를 본다. B그룹도 동일한 광고를 보지만 벅스버니(디즈니 캐릭터가 아니다)가 매직 킹덤(디즈니랜드의 첫 번째 놀이공원—옮긴이) 밖에 서 있는 사진이 추가된다. C그룹에게는 글씨만 있는 광고가 주어지지만 그들이 광고를 보는 방안에 커다란 벅스버니 모형이 서 있다. D그룹은 광고에 벅스버니 사진이 곁들여 있고, 그들이 있는 방안에도 벅스버니 모형이 서 있다.

그런 다음 각 참가자에게 디즈니랜드를 방문했을 때 벅스버니를 만났는지를 묻는다. 놀랍게도 벅스버니 사진을 보면서 광고를 본 사람들(B그룹)의 3분의 1이 벅스버니의 손(정확하게는 앞발)을 잡고 악수를 한 기억이 있다고 응답했다. 그러나 A그룹, 즉 그냥 글씨만 있는 광고를 읽은 사람들 중 벅스버니와 악수를 한 기억이 있다고 응답한 사람은 8퍼센트에 지나지 않았다. 방안에 벅스버니 모형을 세워둔 것은 별 효과가 없었는지 C그룹 중 허위 기억을 가진 사람은 4퍼센트밖에 되지 않았다. 그러나 이중으로 공략당한 D그룹, 즉 벅스버니의 사진과 모형 둘 다를 본 그룹은 40퍼센트가 허위 기억을 만든 것으로 조사됐다.

그들은 아주 작은 단서만 제공했을 뿐인데 완전히 허구로 이루어진 새로운 기억을 만들어냈다. 이 연구는 우리의 기억이 얼마나 취약한지를 보여주는 단적인 예다. 가족들과 옛 이야기를 하다가 오빠는 어느 사건이 벌어졌을 때 할머니가 거기 계셨다고 맹세를 해도 좋다고 하는데 나는 왠지 아닌 것 같은 생각이 들 때가 있지 않은가? 아니면 파티에서 그 사람과 이야기를 했던 기억이 분명히 있는데 정작 장본인은 그때 해외에 있었다고 미안한 듯 말할 때도 있을 것이다.

흥미롭게도 대원들이 45밀리미터 관창을 들고 건물에 진입했을 당시 지휘관은 스탠이었다. 그는 대원들에게 그렇게 하라는 지시를 내렸을 것이다. 하지만 사후 검토 회의에서 마크가 항의를 하는 동안 스탠은 침묵을 지켰다. 대신 힘 있는 사람(마크)이 더 큰 힘을 가진 사람(토니)의 조롱을 받고, 또 그 조롱이 다른 힘 있는 사람(조슈아)의 지지를 받는 것을 지켜봤다. 그가 자신의 의견을 발표할 권한이 없다고 느꼈거나 이 회의의 결과에 대해 우려했을 것이라고 추측해도 무리가 아닐 것이다. 내가 주재하는 회의 도중에는 하고 싶은 말을 할 수 있다는 분위기를 조성할 수 있지만, 그 방에서 나간 다음 거기서 한 말이 자기 경력에 앞으로 어떤 영향을 끼칠지를 고려하지 않을 수 없을 것이다. 자기 보존 본능이 이길 때가 많다.

이런 문제들을 극복하기 위해 조너선 크레고는 '1만 볼트 보고 회의'라고 알려진 기발한 사후 검토 시스템을 개발했다. 이 방법에서는 훈련받은 중재자가 회의를 주관하고 참가자들은 중재자의 질문이나 다른 참가자들 발언에 대해서 완전히 익명으로 답하고 발언할 수 있도록 한다. 권력, 사회적 관계, 보복에 대한 두려움(혹은 경력에 방해가 되는 발언도!)에 신경 쓰지 않을 수 있는 환경을 만들고, 가장 작은 목소리에서부터 가장 큰 목소리까지 모두 똑같은 크기로 들리도록 한 것이다. 나도 이 방법을 사용해본 적이 있고, 이 방법이 아니면 나오지 않았을 발언을 끌어내는 데 한몫했다고 확신한다.

이 책의 앞부분에서 소방관의 헬멧에 카메라를 부착했다는 내용을 기억하는 독자들이 있을 것이다. 그렇게 카메라가 사용된 경우, 녹화된 동영상은 사건을 기억해내는 시각적 단서를 제공한다. 요즘에는 헬멧 카메라로 얻은 동영상들이 사후 검토를 더 정확하게 만드는 기능을 한다는 사실을 인정하고 카메라를 일상적으로 사용하는 소방 구조대가 늘고 있다. 그러나 헬멧 카메라가 표준적으로 사용되는 관행으로 정착하기까지는 시간이 좀 걸릴 듯하다.

그때까지는 사람의 기억이 가진 한계로 인한 문제가 계속 존재할 것이다. 현장을 떠나기 직전 소방차 뒤에서 재빨리 사후 보고를 하는 당직팀 지휘관과 공식적인 사후 검토 회의를 주재해야 하는 나 같은 사람 모두에게 이 문제는 큰 도전이다.

검시관의 조사, 공개 청문회 등에서도 이 기억의 한계가 문제를 일으키기는 마찬가지다. 검시관은 사망자가 있을 때 사망 원인을 가려내는 임무를 주로 수행하는데, 희생자가 정확히 언제 어떻게 사망에 이르게 되었는지 밝혀내야 한다. 최초로 현장에 도착했던 구조 대원들이 검시관 조사에 불려가서 현장에서 본 것과 한 일에 대해 대답하는 경우가 빈번하다. 소방관이 사건 현장에서 목숨을 잃으면 거의 100퍼센트 검시관 조사가 행해진다. 검시관들은 보통 책임을 묻는 데 집중하지 않지만, 모종의 조치를 취해서 미래에 같은 일이 반복되는 것을 방지할 수 있다고 믿으면 이를 보고할 의무가 있다.* 따라서 검시관들은 소방 구조대에 개선할 점이 있고(가령 훈련 방법, 장비, 절차 등을 재검토할 필요가 있다든지), 비슷한 상황에서 또다시 사망자가 생기는 경우를 방지할 수 있다고 판단되면 소방 구조대에 보고한다.

사건이 일어난 곳이 더 공식적인 곳일수록, 그리고 결과와 여파가 클수록 정확한 기억을 확보하기가 더 힘들어진다. 걸린 것이 많고, 스트레스는 더 커진다. 그러나 이런 상황에서는 정확성과 진실이 그 어느 때보다 중요하다. 희생자의 유가족들이 고통받고 있을 때는 더욱 그렇다. 그들이 사랑했던 사람들의 마지막 순간을 이해하고 모종의 매듭을 지을 수 있도록 해주는 것은 우리가 할 수 있는 최소한의 의무다. 판례를 만들거나, 교훈을 찾거나, 책임자를 찾아 비난할 대상을 만들기 위해서가 아니라 진실을 찾기 위해서 노력해야 한다.

사건이 끝난 후 법의학적으로 잘잘못을 아무리 엄밀하고 자세

* 2009년 검시관 및 정의법에 따라 영국의 검시관들은 규칙 28조에 따른 보고서(이전에는 43번 규칙)를 발행한다.

히 따진다 해도, 결국 우리가 무엇을 배우는가 하는 것은 양심에 달려 있다. '만일 그랬다면…' 그리고 '만일 내가 그렇게만 할 수 있었으면…'을 되뇌며 각 상황을 머릿속에서 무한히 되풀이할 것이라는 불길한 예감 말이다. 우리 자신을 더 개발하고 향상시키도록 채찍질하고, 다음번에는 더 잘하려는 의욕을 북돋는 것은 바로 이런 것들이다.

일이 모두 끝난 다음 되돌아보면서 당시에 내려진 결정을 비판하는 것은 너무도 쉬운 일이다. 사실 비판하는 것이 옳다. 더 나은 결과, 즉 더 많은 사람을 구하고 소방관들에게 더 안전한 근무 환경을 제공하는 결과를 내기 위한 방법을 찾는 것은 옳다. 소방관으로서 우리는 항상 자기 자신을 비판한다. 현장에 가장 먼저 도착하는 사람이 바로 우리다. 우리의 대응에 대해 의문을 가장 먼저 제기하는 사람은 바로 우리 자신이다. 더 나은 결과를 내기 위한 길을 가장 먼저 닦는 사람도 우리 자신일 것이다. 우리가 이 일을 하는 것은 다른 사람들을 돕고 싶어서다. 우리에게 다른 사람의 안위와 안전은 매우 중요한 일이기 때문이다.

한마디만 덧붙이고 싶다. 나는 진정으로 훌륭한 소방관 동료들과 함께 일할 수 있는 특권을 누리고 있다. 그러나 그들도 인간일 뿐이다. 우리 모두 인간일 뿐이다.

나가는 말

이 책을 쓰는 것은 내게 매우 중요한 일이었다. 지난 10여 년 동안 연구를 하고, 20년 가까이 화재와 싸워오면서 배우게 된 소중한 교훈들을 독자들과 공유할 기회가 주어졌다는 것은 보통 고마운 일이 아니다. 소방 구조라는 직업의 특성상 고통스럽고 비극적이며, 종종 인생 자체를 뒤바꾸는 큰 사건 현장에서 교훈을 얻는 경우가 많다. 그렇게 배운 것을 낭비할 수는 없다.

내가 배운 것 중 가장 중요한 것은 공감의 중요함이었다. 나는 공감을 주제로 이 책을 시작했고, 공감을 주제로 이 책을 끝마치고 싶다. 소방 구조대에서 일하는 동안 성공적인 소방관이 되기 위해 필요한 수많은 자질들을 알게 되었지만, 공감이야말로 그중 가장 중요한 요소라고 믿는다. 체격이 좋든 좋지 않든, 몸집이 크든 크지 않든, 머리가 좋든 힘이 좋든 상관이 없고, 성별, 인종, 종교도 관계없다. 자기가 상상했던 한계를 깨고 좀더 앞으로 나아가게 만드는 것은 바로 공감이다. 공감은 사건 현장에서도 내게 핵심적이었지만, 내가 끊임없이 질문하고, 날마다 출근하고, 연구하고, 직장과 가정 사이의 균형을 찾도록 한 것(아니, 최소한 그러기 위해 노력하도록 한 것!)은 모두 공감의 힘이었다.

공감은 내가 대접받고 싶은 대로 다른 사람들을 대하도록 한다. 어느 정도의 공감은 대부분의 사람들이 본능적으로 느끼는 것이지만, 다른 사람의 머릿속으로 들어가서 끊임없이 그들처럼 생각하기 위해서는 큰 노력이 필요하다. 그 순간의 마음 상태와 상관없이, 타인에게 무관심하지 않고 늘 변함없이 연민과 온정을 보이는 것은 상당히 어렵다. 다른 사람의 입장에서 생각하는 것도 쉽지 않을 때가 있다. 그리고 일과가 끝나고 나면 그 입장에서 빠져나와 나 자신이 되는 것을 잊지 않는 것도 중요하다.

가끔 우리는 자신의 너무 많은 부분을 내준다. 그리고 그럴 때 우리는 스스로의 한계를 깨닫곤 한다. 삶은 스트레스로 가득 차 있고, 우리를 압도하고, 기진맥진하게 만들 때가 많다. 그런 삶 속에서 자신의 정신적 복지를 당연시하면 안 된다. 나는 일선에서 일하는 사람들에게 이 점이 특히 중요하다고 생각한다. 그러나 일선에서 일하든 그렇지 않든, 스스로에게 약간의 도움이 필요할 때 그 사실을 알아차리는 것은 무엇보다도 중요하다. 살다 보면 누구나 약간의 도움이 필요한 시점을 만나게 된다.

소방관 제복을 입고 있든, 양복을 입고 책상에 앉아 있든, 헤진 청바지를 입고 빈 백에 앉아 있든, 누구나 이 책에서 논의했던 의사 결정의 함정에 빠질 수 있다. 인간이라면 누구나 가진 약점이기 때문이다. 그러나 이제 그 문제들을 이해하게 되었으니 그런 문제들이 인적 오류로 이어지기 전에 인식하고 대응할 수 있을 것이다. 그리고 생사가 걸린 극한 상황에서 우리 뇌가 어떻게 정보를 처리하는지를 알게 됐으니 이제 더 효율적으로 의사 결정을 할 수 있을 것이다.

나는 우리가 개발한 기법들이 화재 진압을 더 안전하게 만들고 소방관들을 보호하는 데 기여했다는 사실이 너무도 자랑스럽다. 또한 이 기법들은 시민들의 생명과 재산을 더 잘 보호하는 데도 일조하고 있다. 그러나 이 방법이 효과를 발휘하려면 지금 하고 있는 것처럼 끊임없이 훈련해야 할 뿐 아니라, 이 방법이 제대로 작동하지 않는 경우와 개선해야 할 때를 알아차리고 적절하게 대응하는 것도 필요하다.

인적 오류를 살펴보는 것에서 시작한 이 작업은 의사 결정의 함정과 결정 제어 프로세스를 이해하는 과정을 거쳐 의사 결정의 기술과 행동의 측면까지 살펴보기에 이르렀다. 이는 모두 변화하겠다는 굳은 결심과 지속적이고 적극적인 비판이 건전하다는 믿음 덕분에 가능한 일이었다. 독자들도 자신이 알고 있다고 생각하는 현재의 상태에 의문을 제기하고, 전제를 감싼 여러 겹의 껍질을 벗긴 다음 새로운 관점과 시각, 새로운 아이디어를 이 책에서 얻었기를 바란다.

*

마지막으로 덧붙이고 싶은 것이 하나 있다. 세상에서 가장 강한 의지를 가지고, 사용되고 있는 모든 기법을 동원한다 하더라도 현실에서 인적 오류를 완전히 없앨 수는 없다. 그리고 그런 오류가 벌어지면, 사후에 아무리 조사하고 분석해도 모든 진실을 정확히 밝혀내는 것은 불가능하다. 집에 앉아서 아침 뉴스를 보거나 신문의 헤드라인을 읽는 사람에게는 무엇이 옳은 선택이며 행동인지 너무도 분명해 보일 것이다. 나도 안다. 나도 그럴 때가 있기 때문이다. '아무리 그래도…', '도대체 왜 저걸 못 봤을까…', 혹은 '저 전략을 선택하면서 도대체 무슨 생각을 한 거지?' 같은 생각을 할 때가 많다. 그러나 온갖 소음과 빛과 쏟아져 들어오는 정보, 그리고 자신의 결정에 사람들의 생사가 달려 있다는 사실이 주는 압박감으로 '모든 것이 뜨겁게 달아오른 그 순간the heat of the moment'에는 사후의 시각으로만 볼 수 있는 명확성을 가지고 사고하기가 쉽지 않다.

우리를 비판하고, 우리에게 책임을 묻고, 효율적이며 효과적인 소방 구조 서비스를 요구해도 좋다. 그러나 동시에 잠시라도 우리의 입장이 되어보길 바란다. 그리고 그때 좀더 나은 결과를 만들 길이 없었을까, 심지어 최선의 선택과 최선의 실행으로도 역부족이었을 상황이었음에도, 더 나은 길은 없었을까 하는 자문을 하면서 날이면 날마다 자책하는 것은 바로 우리 자신이라는 사실을 잊지 말아주길 부탁드린다.

*

그리고 정말로, 정말로 마지막으로 덧붙인다. 우리는 큰 향상을 이루는 데 성공했다. 그러나 아직도 갈 길이 멀다. 현재 우리는 전략 담당 지휘관들이 도시 전체에 영향을 주는 의사 결정을 해야 할 때 어떤 과정을 거치는지를 연구해서 최선의 선택을 할 수 있는 가능성을 가장 높게 만드는 방법을 찾고 있다. 또한 나는 뇌의 블랙박스를 열어서 긴급한 상황에서 의사 결정을 할 때 무슨 일이 일어나는지를 밝히는 신경과학 연구도 계획하고 있다.

나는 특정 결정을 하기 직전, 예를 들어 어떤 위험 요소를 최초로 감지했을 때 나타나는 생물학적 표지를 찾고 싶다. 심장 박동이 갑자기 치솟는지, 땀이 살짝 더 나는지, 혹은 눈동자가 흔들리는지 등의 징후는 우리가 의식하기 전부터 나타나는 증상일 수 있다. 나는 '직감'을 더 잘 이해해서 소방 구조 대원들을 위한 훈련 프로그램을 향상시키고 싶다.

점점 횟수가 줄어드는 현장 경험을 보충하고 실제 상황에서 얻을 수 있는 기술을 쌓는 혁신적인 방법을 찾는 데 내 연구가 도움이 되길 바란다. 이 훈련 프로그램들은 정신을 훈련하는 체육관이라고 보면 될 것이다. 적절하게 조절하면 이 프로그램을 높은 위험에 노출되는 산업 종사자 모두에게 적용하는 것이 가능하고, 큰 사건이 터졌을 때 우리의 대응을 더 기민하게 만들 수 있을 것이다. 최근에 런던, 맨체스터 등에서 벌어진 테러 및 화재 사건들처럼 이런 큰 사건은 언젠가는 터지게 마련이다.

나는 연구도 계속하고 소방관 일도 계속할 생각이다. 그리고 누가 알겠나? 어쩌면 책을 쓰는 일도 계속할지도 모른다! 살아오면서 내가 배운 한 가지 확실한 것은 다른 사람의 기대에 맞춰 자기 자신의 한계를 정할 필요가 없다는 사실이다. 그 깨달음은 나에게 뭔가 다른 것을 시도할 때 필요한 자유를 주었다. 나는 내 일을 사랑한다. 직업적으로, 그리고 개인적으로 큰 어려움을 겪은 순간들도 있었지만 소방직은 내 천직이고, 내 뼈에 새겨진 일이다. 나 자신이 최악의 상황에 빠져 있을 때에도, 누군가의 최악의 날을 좀 더 낫게 만들 수 있다는 믿음의 대상이 되는 것은 언제나 큰 축복이었다.

감사의 말

이 책을 쓰기까지, 그리고 책을 쓰기 전 연구를 완결하기까지의 여정은 희생으로 점철되어 있다. 잠을 줄이는 것처럼 뻔한 것들을 비롯해서 내 선택으로 인한 희생들도 있었다. 그러나 가장 큰 희생은 다른 사람들이 한 희생들이다. 본인의 의사와 상관없이 휘말려든 경우가 많았지만 그럼에도 불구하고 내가 이 프로젝트를 진행할 수 있도록 희생해주었고, 그 모든 희생을 말없이 인내와 사랑과 지원하는 마음으로 견뎌주었다. 그들에게 전해줄 좋은 소식은…, 만일 이 감사의 말을 읽고 있다면 그 모든 희생이 헛되지 않았다는 뜻이다.

다음 세 사람이 없었다면 이 책이 나오는 것은 불가능했을 것이다.

가브리엘라. 내가 하는 모든 일은 너를 위한 것이란다. 언제나 그랬고, 앞으로도 늘 그럴 거야. 내가 이 책을 끝내지 못하지 않을까 하는 의혹이 마음속에서 고개를 들었던 날, 너는 학교 교문 앞에서 친구들에게 "우리 엄마 작가 될 꺼다! 진짜 책 작가 말이야!" 라고 선언하는 것으로 그 의혹에 종지부를 찍고 말았지. 더 어렸을 때 "엄마 '시럼'은 맨날 실패야"라고 했던 데서 많이 발전했네. 생각해보니 너는 아기 때부터 나이보다 훨씬 직관력이 뛰어났었구나! 엄마는 너를 불을 뿜는 용이라 생각하며 키울 것이라 약속할게. 너는 네 앞을 막는 모든 의혹과 도전을 거침없이 태워버리고 앞으로 나아가렴. 엄마는 너를 전적으로, 무조건적으로 사랑해.

마이크, 우리가 처음 만난 그 순간부터 내가 떠올린 모든 미친 아이디어를 흔들리지 않고 지지해준 당신이 없었다면 그 아이디어들은 모두 당근 케이크 한 조각과 함께 커피를 마시면서 하고 지나가는 잡담으로 그쳤을 거예요. 당신은 내게 언제나 기댈 수 있는 든든한 바위 같은 존재예요. 그대 없이는 오늘의 나도 없었을 겁니다. 이 고마운 마음은 영원히 없어지지 않을 거예요. 사랑합니다.

아버지는 이 책을 읽지 못할 것이다. 운명이 너무도 일찍 아버지를 앗아가고 말았기 때문이다. 아버지, 제가 가진 신경과학에 대한 채울 수 없는 호기심은 아버지의 병에서부터 출발한 거예요. 아버지 같은 사람, 우리 같은 환자 가족을 위해 진단과 치료를 향상시키려는 노력이 끊임없이 이어져온 분야에 조금이나마 기여하게 된 것은 저에게 주어진 큰 특권이었어요. 영원히 사랑해요, 아버지.

롭 허니 교수는 내 지도 교수, 멘토, 그리고 연구 동료다. 그는 절대 자신의 주장을 강요하지 않는 좋은 안내자였고, 항상 내가 배움을 계속할 수 있는 영감을 주었다. 교수님, 이 연구를 할 수 있도록 허락해주신 것, 그리고 이 연구를 하는 동안 교수님과 카디프 대학교로부터 받은 놀라운 지지에 깊은 감사를 드립니다. 교수님은 제가 처한 상황만으로 저를 평가하지 않았고, 어디서 시작하는지가 아니라 어디로 가는지가 중요하다는 것을 아는 분이십니다. 교수님은 정말 너무나도 멋지고 놀라운 분이세요.

내 편집자 리지 구즈밋에게도 큰 빚을 졌다. 리지의 끝없는 참을성과 조언은 어린 묘목에 불과했던 아이디어들을 좀더 의미 있는 무엇인가로 키울 수 있게 해줬다. 나 혼자였다면 절대 불가능했을 성취다. 리지, 내게 준 모든 도움과 가르침과 지지, 정말 고마워요. 그리고 내 에이전트 커스티 매클라클런과 주고받은 짧은 이메일이 기억난다. 모든 것이 온통 잿빛이던 어느 날 그녀와 나눈 짧은 이메일은 그날 전체를 밝혀줬고, 이 모든 것의 단초가 됐다. 한 번도 경험해보지 못한 이 분야에 발을 딛도록 나를 인도해준 커스티의 도움은 견줄 데 없이 소중했다. 늘 새로운 시각으로 내 글을 살펴준 레베카 라이트의 전문적 편집 조언은 이 책을 완성하는 데 없어서는 안 될 화룡점정이었다. 세상에서 제일 훌륭한 홍보담당 베키 쇼트, 마케터 엘라 혼, 표지 디자이너 베키 켈리 등에게도 감사의 마음을 전한다. 숙녀 여러분, 깊은 감사와 함께 경의를 표합니다!

그 외에도 이 책이 나오는 데 없어서는 안 될 핵심적인 역할을 해준 사람들이 있다. 내가 처음 연구를 시작했을 때 국가 지휘 및 통제부National Command and Control Lead 사령관이었던 사이먼 필링은 내가 하려던 새로운 시도의 잠재력을 알아봐줬다. 그는 매우 전통적인 이 분야에서 혁신이 꽃필 수 있는 환경을 마련해주었다. 사이먼의 후임 제이미 코트니도 사이먼의 정신을 이어받아 새로운 지평을 개척하도록 격려해줬다. 현 영국 소방대장 위원회의 위원장인 로이 윌셔는 우리 연구에 끊임없는 지원을 아끼지 않고 있으며 그의 리더십은 타의 모범이 되고 있다. 그는 우리 연구 결과를 다른 나라에 확산시키는 것을 허락해서 전 세계 긴급 구조 대원들의 안전을 향상시키는 데 큰 역할을 했다. 소방학교의 짐 클라크, 커크 콘월, 바이런 윌킨슨, 키스 스미스와 더불어 ICS 팀의 성원들인 존 베인스, 필 버틀러, 케빈 헤플, 에이드리언 브라운, 사이먼 베리 등은 소중하고 훌륭한 동료 연구자들이었다. 이에 더해 우리 연구에 참여해준 모든 사건 총지휘관들에게 감사의 마음을 전한다. 익숙한 것에서 벗어나 기꺼이 새로운 시도를 해준 그분들이 없었으면 연구는 불가능했을 것이다.

나를 런던으로 데려와준 론 돕슨에게도 감사하고 싶다. 나는 런던과 사랑에 빠졌고, 이 멋진 도시는 이제 나와 내 가족의 보금자리가 되었다. 런던에서 나는 그야말로 놀라운 경험을 하고 있다. 이와 더불어 아주 초기 단계부터 내 연구를 굳건하게 지지해준 휴 제이크웨이에게도 심심한 사의를 표하고 싶다. 그는 내가 소방관과 박사학위 과정을 함께 하면서 고군분투하던 시절부터 지금까지 한 번도 나를 저버린 적이 없다. 햄프셔 소방 구조대, 특히 앤디 바우어스에게 마음 깊은 곳에서부터 우러나오는 감사의 마음을 보낸다. 햄프셔 소방 구조대의 직원, 간부, 대원은 한 사람도 빠짐없이 변함없고 적극적이며 혁신적인 태도로 훈련에 임해줘서 내 연구의 '라이브 번' 단계를 무사히 마무리하는 것이 가능했다. 그리고 대원들 전원을 내 연구에 빌려준 닐 오딘에게도 감사드린다!

내가 소방 구조대에서 근무하는 동안 내 멘토가 되어주었던 사람들을 언급하고 싶다. 어떤 사람들은 내가 어려운 시기를 잘 넘기도록 손을 잡아주었고, 어떤 사람들은 고마운 친구가 되어주었다. 친애하는 조너선 크레고나 사이먼 필링처럼 이미 언급한 사람도 있지만 그 외에도 데이브 이스리지, 브라이언 프레이저 등이 있다. 신사 여러분, 고마운 마음을 영원히 잊지 않을게요!

또 우리의 연구가 가져올 영향을 긍정적으로 평가해준 '생명공학 및 생명과학 연구 위원회Biotechnology and Bioscience Research Council, BBSRC'에게도 감사드린다. BBSRC는 우리 연구팀을 2018년 '올해의 혁신가'로 지명해서 부분적으로 재정 지원을 해주기도 했다. 더불어 행동 지표와 전략적 의사 결정에 대해 우리 팀이 진행하고 있는 연구에 필요한 재정 지원을 해준 '경제 및 사회 연구 위원회 Economic and Social Research Council, ESRC'에게도 이 기회를 빌어 감사의 마음을 전한다.

마지막으로 언급할 이 두 사람이 없었다면 이 책을 쓰는 것은 불가능했을 것이다. 바로 대니 코튼과 스티브 앱터다. 내가 문을 두드리고 '저… 제가 아이디어가 하나 있는데요…'라고 말한 그 순간부터 지금까지 나를 지원해준 데 대해 진심으로 감사드린다. 두 분의 지원과 조언이 내게 얼마나 큰 의미였는지 말로 다 표현할 수 없다. 정말 마지막으로 한 분 더. 바쁜 와중에 시간을 내고 신경을 써서 내게 현명한 조언을 아끼지 않았던 글렌 세브라이트에게 감사드린다.

영국 소방 구조대 직급

- 소방대장 Commissioner/Chief Fire Officer
- 국장 Deputy Commissioner/Chief Officer
- 부국장 Assistant Commissioner/Chief Officer
- 경무관 Deputy Assistant Commissioner/Chief Officer
- 지역 지휘관 Area Commander
- 그룹 지휘관 Group Commander
- 소방서 지휘관 Station Commander
- 당직팀 지휘관 Watch Commander
- 대원 책임자 Crew Commander
- 소방관 Firefighter

사건 현장에서 각 대원의 역할

책 전체를 통해 나는 현장에 출동한 구조 대원들의 다양한 역할에 대해 이야기했다. 아래에 그 역할을 정리해보았다. 물론 빠짐없이 열거한 것은 아니다(그러려면 몇 페이지가 될 것이다!). 여기서는 재난 현장에서 구조 임무를 할 때 영국 소방 구조대가 어떤 구성으로 일을 하는지를 간략하게 설명하는 것을 목표로 했다.

사건 총지휘관 Incident Commander 사건 총지휘 및 현장에 출동한 소방 구조대의 모든 인원과 자원을 책임진다.

작전 지휘관 Operation Commander 규모가 크고 복잡한 사건에서 작전 지휘관은 사건 총지휘관의 지시 아래 구역 지휘관들을 감독해서 임무 수행이 작전대로 정확히 진행되도록 한다.

구역 지휘관 Sector Commander 작전 지휘관의 지시를 받는다(혹은 작전 지휘관이 없는 소규모 사건인 경우 사건 총지휘관의 지시를 받는다). 현장을 여러 구역으로 나누고, 맡은 구역 내의 소방 구조 활동을 책임진다.

물류 지원 담당관 Logistics Officer 일종의 구역 지휘관으로, 사건 현장에 장비, 특수 자원, 기구, 대원 등이 원활하게 조달되도록 한다.

공기호흡기 현장 진입 담당관 Breathing Apparatus Entry Control Officer 공기호흡기를 장착한 대원들을 구성하고 관리한다. 대원들의 장비에 남은 공기량을 모니터해서 언제 현장에서 빠져나와야 하는지도 계산한다.

사건 지휘실 지원팀장 Command Support Team Leader 사건 지휘실에서 지원팀을 지휘한다. 모든 정보를 최신으로 업데이트하고, 들어온 정보를 기록하고, 의사소통이 원활하게 유지되도록 해서 사건 총지휘관을 돕는다.

지휘실 지원 요원 Command Support 사건 지휘실 지원팀에 배치되어 있다. 현장 지도 제작, 정보 기록, 무전기 작동 등 다양한 임무를 수행한다.

무전기 담당 요원 Radio Operator 보통 사건 지휘실 지원팀의 일부(항상 그런 것은 아니다)로 사건 총지휘관을 도와 상황실 Control(현장에서 멀리 떨어진 원격 상황실)과의 의사소통을 담당하고, 무전기를 통해 지휘관들과 사건 총지휘관 사이의 의사소통을 원활하게 유지한다.

상황실 담당 요원 Control Officer 긴급 구조 요청 전화를 받고 현장에 적절한 소방 구조 서비스를 파견하는 원격 상황실에서 일한다.

사건 현장에서 사용되는 장비들

공기호흡기Breathing Apparatus, BA 멜빵으로 소방관의 등에 지도록 되어 있는 공기통으로, 얼굴에 쓰는 면체와 연결되어 있다. 소방관들은 연기, 일산화탄소, 화학물질 등으로 인해 호흡이 곤란한 현장에 진입할 때 공기호흡기를 사용한다. 공기호흡기를 착용하면 매우 불편하고, 육체적, 심리적으로 힘들다. 특히 온도가 높고 연기로 가득 찬 곳에서는 정상적인 감각의 작동을 방해한다. (가장 대표적인 것은 후각이다. 고무 냄새밖에 맡을 수가 없다!)

소방차Pump 영어로 'pump'라고 할 때는 화재 진압에 필요한 물을 뿜어낼 수 있는 펌프가 장착된 소방차를 말한다.

간이호스Hose-reel 고압에 견딜 수 있는 튜브형 호스로 보통 직경이 19밀리미터다. 소방차에 실린 물이나 거품을 불길에 공급하는 데 쓰인다.

45밀리미터 관창 Forty-five 직경이 45밀리미터 가량 되는 화재 진압용 호스의 일종이다. 물이나 거품을 불길에 쏘는 데 사용되고 고압, 저압 모두 가능하다. 간이호스보다 더 많은 양의 물을 공급할 수 있지만 더 무겁고 조작이 불편하다. 이보다 더 큰 직경 70밀리미터 관창은 45밀리미터짜리보다 더 많은 양의 물을 공급할 수 있지만 엄청나게 무겁고 조작이 매우 힘들다.

연구 시나리오들

7장 '정신적 준비'에서 나는 '전국 의사 결정 실험National Decision Trial'에서 사용한 몇 가지 시나리오들을 언급했다. 이 시나리오들은 우리가 새로 개발한 기법들이 얼마나 효과적인지를 시험하기 위해 사용되었다. 다음은 이 특정 시나리오들의 상세 내용들 중 일부다.

주택 화재

이 시나리오에서 지휘관들은 심각한 주택 화재에 봉착해 있다. 일곱 살 난 아이가 불길에 갇혀 있다. 아이의 아버지가 현장에 있다. 완전히 제정신이 아닌 그 아버지의 존재가 사건 총지휘관이 취해야 할 선택에 도덕적 압력을 가중시키고 있다. 이 시나리오는 사안이 중대하고(인명이 걸려 있음) 압박감이 큰(상황이 매우 빨리 악화될 수 있음) 상황을 재현하도록 고안되었다.

우리는 지휘관들이 얼마나 잘 대응하는지를 시험하기 위해 몇 가지 변형을 가미하기도 했다. 예를 들어, 그중 한 가지 변형 시나리오에서는 온도가 급격히 올라가서 플래시오버 현상의 징후가 보이는데 그 순간 구조해야 할 아이의 소리가 들린다. 이런 식의 정보 유입은 서로 상충되는 목표를 제시해서 지휘관이 대원의 안전과 인명 구조라는 목표 사이의 균형을 찾아야 하도록 고안되었다.

그 상황에서 어떤 결정을 내려야 할까? 불길이 곧 방 전체를 삼켜버릴 것이라는 것을 알고 있다. 그런 상황에서 대원에게 목숨을 건 구조 작업을 지시할 수 있을까? 그러나 어쩌면 플래시오버가 일어나기 전에 누군가가 뛰어들어가 도움을 찾아 비명을 지르고 있는 아이를 데리고 나올 수 있을지도 모른다. 그러면 모두의 생명을 구할 수도 있다. 그러나 대원에게 어린이 구조를 명령하면 대원마저 죽을 가능성도 있다.

차량 충돌 사고

차 한 대가 다른 차와 충돌해서 심하게 파손되는 사고가 일어났다. 차 안에는 목과 허리에 중상을 입은 사람이 갇혀 있다. 부상자 구조를 특히 어렵게 만드는 것은 그 차가 위장 근무 중인 경찰차였기 때문이다. 부상자를 꺼내기 위해 쓰는 보통 절단기를 사용하면 위장 감시 카메라에 연결된 전선을 잘라 중요한 증거를 모두 잃게 된다.

이 시나리오는 시간적으로 다급한 상황을 만들어서 압박을 주는 것이 아니라 하나같이 중요한 여러 개의 선택지를 제시함으로써 선택의 압박을 주기 위해 고안되었다. 어떻게 해야 할까? 부상자를 구하는 것을 우선으로 해야 할까? 아니면 범죄자를 잡아 정의를 구현하는 것을 더 중요하게 생각해야 할까? 우리는 절단기의 주요 부속이 고장난다거나 하는 예상치 못한 변형을 추가해서 이런 사고 현장에서 자주 접하게 되는 예측 불가능한 상황에 지휘관들이 어떻게 대응하는지를 보고자 했다.

상가 화재

사건 총지휘관이 상가 건물에 난 화재 신고를 받고 출동한다. 도착해보니 불은 가게 뒤쪽에 있는 폐기물 운반용 대형 용기에서 난 것으로 확인된다. 그러나 그 용기가 있는 쪽은 접근하기가 힘들고 무슨 이유에서인지 불길이 잘 잡히지 않는다. 타고 있는 물질이 평범한 폐기물이 아닌 듯하다. 그러다가 순식간에 불길이 퍼져 상가 자체도 큰 불길에 휩싸인다. 그에 더해 상가와 딱 붙은 여러 채의 저층 아파트들이 있고, 그 건물로도 금방 불길이 번지고 있다. 어떻게 해야 할까? 예상치 못한 사태 악화를 앞에 두고 어떻게 평정심을 유지하고 단호한 결단을 내릴 수 있을까? 다음 단계의 결정은 어떤 것이 되어야 할까?

참고 문헌

1장 입장을 바꿔보기

'Fire and Rescue authorities health, safety and welfare framework for the operational environment'(Department for Communities and Local Government, 2013)에서는 소방관들의 안전을 확보하는 데 인적 요인을 고려하는 것의 중요성을 설명한다. https://www.gov.uk/government/publications/health-safety-and-welfare-framework-for-the-operational-environment.

긴급 구조 대원들이 정보를 처리하고 의사 결정을 내리는 데 스트레스가 끼치는 영향에 대해서는 다음 책을 참고. Flin, R., O'Connor, P. and Crichton, M. (2008). *Safety at the Sharp End: A Guide to Non-technical Skills*. Boca Raton: CRC Press.

이에 더해 팀으로 일할 때 스트레스가 어떻게 영향을 끼치는지를 다룬 훌륭한 책도 있다. Cannon-Bowers, J. and Salas, E. (1998). *Making Decisions Under Stress: Implications for Individual and Team Training*. Washington, D.C.: American Psychological Association.

롭 허니 교수와 나는 카디프 대학교 소속 작은 연구팀을 이끌고 있다. 우리는 긴급 구조 대원들이 위험을 고려한 의사 결정을 내리는 과정에 영향을 미치는 요인들에 집중하면서, 이와 연관된 분야에서 연구를 진행하고 있는 박사학위 과정 연구원들과 함께 일하고 있다. 필 버틀러는 행동 표지 체계 개발에 집중해왔고, 바이런 윌킨슨은 전략 조정 그룹 내의 의사 결정 과정을 연구하고 있다. 롭 교수와 나는 외상 후 스트레스 증후군에 대한 저항력을 높이는 방법을 고찰해온 폴라 리엘라의 박사학위 지도팀에 최근 합류했다. 우리는 또 카디프 대학교의 학제 간 연구 단체Human Factors Excellence,

HuFEx의 일원이다. 이 단체는 신경과학, 인지과학, 사회 및 환경 심리학, 발달 및 건강 심리학 분야에서 국제적 명성을 가진 학자들로 이루어져 있다. 더 자세한 내용은 다음 웹사이트 참조. http://www.hufex.co.uk.

2장 난제

이 장에서 자세히 살펴본 시나리오는 리버풀 대학교의 로렌스 앨리슨 교수(조너선 크레고 교수와 협업하고 있다)가 이끄는 연구팀이 머지사이드 소방 구조대와 함께 개발한 것이다.

의사 결정 마비 현상에 관한 더 자세한 내용은 다음 논문에서 찾아볼 수 있다. Alison, L., Power, N., van den Heuvel, C., Humann, M., Palasinksi, M., and Crego, J. (2015). 'Decision Inertia: Deciding Between Least Worst Outcomes in Emergency Responses to Disasters.' *Journal of Occupational and Organizational Psychology*, 88(2), 295–321.

3장 인간에 불과해

폴 에크만은 미세한 표정 변화와 감정 누출에 대한 방대한 연구를 진행해왔다. 더 자세한 정보는 월리스 프리슨과 공저한 다음 책을 참고하라. Ekman, P. and Friesen, Wallace, V. (2015). *Unmasking the Face: A Guide to Recognizing Emotions from Facial Expressions*. Los Altos: Malor Books.

확증 편향에 대해 더 알고 싶은 독자는 다음 리뷰를 참고하라. Nickerson, R. S. (1998). 'Confirmation Bias: A Ubiquitous Phenomenon in Many Guises.' *Review of General Psychology*, 2(2), 175.

심적 모형에 관한 추가적 정보를 원하는 독자는 다음 책을 참고하라. Gentner, D. and Stevens, A. eds (2014). *Mental Models*. New York: Psychology Press.

터널 시야에 관한 더 자세한 내용은 다음 논문에서 찾을 수 있다. Martin, D. (2001). 'Lessons About Justice from the Laboratory of Wrongful Convictions: Tunnel Vision, the Construction of Guilt and Informer Evidence.' *UMKC L. Rev.*, 70, 847.

2005년 7월 7일 있었던 런던 테러 사건에 관한 검시관 보고서는 다음 웹사이트 참조. http://webarchive.nationalarchives.gov.uk/20120216072438/http://7julyinquests.independent.gov.uk/directions_decs/index.htm.

임무 수행에 관한 재량권 허용 범위 및 한계에 대해서는 '사건 총지휘관을 위한 국가적 운영 지침National Operational Guidance for Incident Command'에 잘 정리되어 있고, 다음 웹사이트에서 찾을 수 있다. https://www.ukfrs.com/foundation-knowledge/foundation-incident-command?bundle=section&id=17001.

2005년 하트퍼드셔, 스티브니지의 해로우 코트에서 난 화재로 두 명의 소방관이 순직하고, 그들이 구조하려던 민간인도 사망하는 비극이 일어났다. 사건에 대한 더 자세한 내용은 다음 주소 참조. www.hertsdirect.org/infobase/docs/pdfstore/harctreport.pdf.

2007년 이스트서식스의 말리 농장에서는 대량으로 보관되어 있던 폭죽이 폭발하면서 두 사람이 목숨을 잃었다. 다음 보고서는 그 사건에 대한 중요한 정보를 담고 있다. http://www.esfrs.org/news/2011/july/20110726MarlieFarmSignificantFindingsReport.shtml.

2010년 햄프셔의 셜리 타워에서 발생한 화재를 진압하던 소방관 두 명이 순직했다. 인명을 앗아간 그 화재 사건에 대한 다음 보고서에는 더 자세한 내용이 들어 있다. www.hantsfire.gov.uk/shirleytowers.pdf.

2010년 영국 보건안전청The Health and Safety Executive은 소방 구조대가 위험하고 급속하게 상황이 전개되며 정확한, 혹은 완전한 정보가 부족한 상태에서 의사 결정을 내려야 한다는 점을 지적하고, 소방관들을 적절한 훈련으로 준비시킬 것을 의무화했다. 이 조항에서는 소방관이 내린 의사 결정의 질은 그들이 받은 훈련이 얼마나 효과적이었는지와 큰 연관이 있다는 사실을 명백히 하고 있다. 이에 관한 더 자세한 내용은 2010년에 출간된 보건안전청의 다음 책자에 잘 나와 있다. *Striking the balance between operational and health and safety duties in the Fire and Rescue Service*. http://www.hse.gov.uk/services/fire/duties.pdf.

다음 책에는 뉴런과 시냅스로 이루어진 우리 두뇌가 어떻게 우리의 정체성, 인성, 기억을 표현하고 순간순간 일어나는 우리의 반응을 결정하는지에 관한 흥미로운 설명이 실려 있다. LeDoux, J. (2003). *The Synaptic Self: How Our Brains Become Who We Are*. New York: Penguin.

조건반사적 학습에 관한 더 자세한 내용은 다음 책에서 찾을 수 있다. Dickinson, A. (1980). *Contemporary animal learning theory*. Cambridge: Cambridge University Press.

도구적 학습은 조작적 행동operant behaviour이라고도 한다. B. F 스키너는 1935년 발표한 다음 논문으로 도구적 학습 연구의 시조로 간주된다. Skinner, B. F. (1935). 'The Generic Nature of the Concepts of Stimulus and Response.' *The Journal of General Psychology*, 12, 40 – 65.

다음 논문에는 신경생물학적 관점에서 조건반사적-도구적 전이에 관한 자세하고 훌륭한 문헌 분석이 포함되어 있다. Holmes, N. M., Marchand, A. R., and Coutureau, E. (2010). 'Pavlovian to Instrumental Transfer: A Neurobehavioural Perspective.' *Neuroscience and Behavioural Reviews*, 34,

1277 – 1295.

4장 퍼즐

'비즈니스 스프링클러 연합Business Sprinkler Alliance' 보고서에서는 창고 화재에 따른 경제적 손실과 기타 후유증을 다루고 있다. 창고 화재로 인해 영국에서는 연간 2억 3020만 파운드의 경제적 손실과 1000건에 가까운 실업이 발생하고 있다. 'The financial and economic impact of warehouse fires' 보고서에 대한 자세한 정보는 다음 주소를 참조. http://www.business-sprinkler-alliance.org/wp-content/uploads/2014/01/Cebr-BSA-report.pdf.

상황 인식력의 이론적 측면에 대한 더 자세한 정보는 다음 논문 참고. Endsley, M. R. (1995). 'Toward a Theory of Situation Awareness in Dynamic Systems.' *Human Factors*, 37, 32 – 64.

팻 크로스커리Pat Croskerry 박사는 캐나다 핼리팩스의 델라우지 대학교에서 응급의학과 교수로 재직하고 있다. 그는 의학 박사학위뿐 아니라 실험심리학 박사학위도 보유하고 있다. 그의 연구는 주로 임상적 의사 결정에 관한 것으로, 특히 오진을 주제로 한다. 의료 환경의 관점에서 비판적 사고를 적용하는 법과 흔히 범하는 실수 등을 조명하는 다음 동영상을 추천한다. https://www.riskybusiness.events/page.php?id=7.

사건 총지휘관의 상황 인식에 관한 더 자세한 정보는 '사건 총지휘관을 위한 국가적 운영 지침' 참조. 다음 웹사이트에도 자세한 정보가 나와 있다. https://www.ukfrs.com/foundation-knowledge/foundation-incident-command?bundle=section&id=16988&parent=16977.

5장 자신의 직감을 믿어라

의사 결정 과정에서 직관이 하는 역할에 대한 연구는 심리학의 '자연주의 의사 결정론' 분야에서 연구되어왔다. 이 분야의 창시자 중 한 명은 개리 클라인 박사다. 그의 저서에는 일상생활에서의 직관적 의사 결정과 그 역할에 대한 개괄적인 내용이 담겨 있다. Klein, G. (2003). *Intuition at Work*. New York: Doubleday.

사람들이 이성적이고 분석적인 의사 결정을 한다는 생각은 많은 의사 결정 규범 모형에 반영되어 있다. 이 문제에 대한 개괄적인 내용은 다음 책에 자세히 나와 있다. Dewey, J. (1933). *How We Think: A Restatement of the Relation of Reflective Thinking to the Educative Process*. Boston: D. C. Heath.

이 장에서 지휘관들이 내리는 대부분의 결정은 직관적이라는 사실을 증명한 내 연구가 언급된다. 자세한 내용은 다음 논문을 참조. Cohen-Hatton, S. R., Butler, P. C., and Honey, R. C. (2015). 'An Investigation of Operational Decision Making in Situ: Incident Command in the UK Fire and Rescue Service.' *Human Factors*, 57(5), 793–804.

의사 결정의 신경학적 기초를 탐구한 자료는 엄청나게 많다. 편견과 이성적(혹은 분석적) 의사 결정의 신경학적 기초에 관련된 내용은 다음 논문을 보라. De Martino, B., Kumaran, D., Seymour, B., and Dolan, R. J. (2006). 'Frames, Biases, and Rational Decision-making in the Human Brain.' *Science*, 313(5787), 684–687. 의사 결정에 영향을 주는 요인들과 관계된 신경생물학적 구조에 대한 더 깊이 있는 설명은 다음을 보라. Doya, K. (2008). 'Modulators of Decision Making.' *Nature Neuroscience*, 11(4), 410.

'사건 총지휘관을 위한 국가적 운영 지침'을 작성하는 데 필요한 증거를 제공한 연구는 다음 웹사이트에서 찾을 수 있다. https://www.ukfrs.com/guidance/incident-command. 이와 함께 다른 기초 문헌은 다음 웹사이트를 참조. https://www.ukfrs.com/foundation-knowledge/foundation-incident-command.

'소방대장 협회The Chief Fire Officer Association'(현 '영국 소방대장 위원회 National Fire Chiefs Council')에서는 지휘관들의 현재 상황에 대한 연구와 그 적용법, 그리고 미래에 생길 수 있는 문제점들을 개괄적으로 다룬 보고서를 발표했다. 이 보고서는 다음 웹사이트에서 찾아볼 수 있다. https://www.nationalfirechiefs.org.uk/write/MediaUploads/NFCC%20Guidance%20publications/Operations/CFOA_Incident_Command_future.pdf.

나는 2015년의 홀본 화재 사례를 언급했다. 이 화재 사건에 대한 더 많은 자료는 다음 기사에서 볼 수 있다. www.bbc.co.uk/news/uk-england-london-32173689.

소방 구조대가 사용하는 전국적 행동 강령은 '영국 소방 구조대 임무 수행 지침National Operational Guidance'이다. 이 문서에는 '결정 제어 프로세스Decision Control Process'를 사용하도록 명시되어 있다. 더 자세한 내용은 다음 웹사이트 참조. https://www.ukfrs.com/guidance/search/command-decision-making.

'긴급 구조 기관 간 협업 원칙The Joint Emergency Services Interoperability Principles'은 긴급을 요하는 사건, 특히 규모가 크고 복잡한 사건에 출동해서 일하는 기관들이 협업하는 방식을 개선하기 위해 고안되었다. 결정 제어 프로세스의 사용을 포함한 협업의 기본 원칙들은 다음 웹사이트에서 찾아볼 수 있다. https://www.jesip.org.uk/uploads/media/pdf/Joint%20Doctrine/JESIP_Joint_Doctrine_Document.pdf.

6장 그림자로 평가받기

이 장에서 나는 그룹 역학과 그 역학이 상황 전개와 사람들에게 끼치는 강력한 영향력에 대해 논의했다. 이 문제에 관해 지난 100여 년에 걸쳐 심리학계에서 논의된 이론과 발전 상황은 다음 저널을 보라. Forsyth, D. R. ed. (2000). *Group Dynamics: Theory, Research, and Practice*, 4(1).

'개정된 NEO 인성 검사Revised NEO Personality Inventory'에 관한 더 자세한 내용은 다음 웹사이트를 참조. https://www.hogrefe.co.uk/shop/neo-personality-inventory-revised-uk-edition.html. 이에 대한 학술적인 논의는 다음을 참고하라. https://pdfs.semanticscholar.org/c2d3/dabde2e40e2985ddc7f211975aed820307e3.pdf.

하버드 대학교 비즈니스 스쿨의 에이미 에드먼슨 교수는 팀으로 일하는 환경에서의 심리적 안전과 신뢰에 대해 연구한다. 이에 대해서는 다음 논문을 참고하라. Edmondson, A. (2004). 'Psychological Safety, Trust and Learning: A Group-level Lens.' In Kramer, R., and Cook, K. eds, *Trust and Distrust in Organizations: Dilemmas and Approaches*. New York: Russell Sage Foundation, 239-272. 또한 그녀는 팀 내에서의 심리적 안전과 거리낌 없는 의견 개진의 중요성에 대해서 멋진 테드 토크 강연을 했다. www.youtube.com/watch?v=LhoLuui9gX8.

이 장에서 나는 '승무원 자원 관리crew resource management'에 대해서 이야기했다. 이 접근법의 창시자 중 한 명인 존 라우버의 인터뷰는 인적 요인에 집중하는 새로운 접근법의 필요성을 느끼게 한 몇몇 항공 사고들에 관해 이야기한다. www.vanityfair.com/news/business/2014/10/air-france-flight-447-crash.

선천 대 후천 논쟁에 대한 더 자세한 정보와 연구를 통해 밝혀진 사항들에 대해서는 다음 책을 참고하라. Plomin, R. (1994). *Genetics and Experience: The Interplay Between Nature and Nurture*. Thousand Oaks: Sage Publications,

Inc.

7장 정신적 준비

테러 사건이 터졌을 때 긴급 구조 기관의 임무 수행 원칙은 대외비가 많기 때문에 일반인들이 손에 넣을 수 있는 자료는 많지 않다. 그러나 커스레이크 보고서Kirslake report는 2016년 맨체스터 아레나Manchester Arena 폭발 사건에 대한 긴급 구조 기관의 대응을 면밀히 검토한 내용을 담고 있다. 이 보고서의 24페이지에서 29페이지에는 콜드 존, 웜 존, 핫 존에 대한 자세한 설명과 함께 각 구역 분류에 따르는 제한 사항들이 나와 있다. https://www.kerslakearenareview.co.uk/media/1022/kerslake_arena_review_printed_final.pdf.

이 장에서 언급된 테러 사건들에 대한 더 자세한 정보를 보려면 다음 웹사이트들을 참고하라. https://www.bbc.com/news/av/world-south-asia-14662732/2008-mumbai-attacks (2008년 뭄바이 테러 사건), https://www.theguardian.com/world/2010/jan/07/egypt-gunmen-kill-coptic-christmas (2010년 이집트 나그함마디 성당 테러 사건), https://www.theguardian.com/australia-news/2014/dec/20/sydney-siege-timeline-how-a-day-and-night-of-terror-unfolded-at-the-lindt-cafe (2014년 시드니의 한 카페에서 16시간 동안 테러리스트와 대치했던 사건), https://www.bbc.co.uk/news/world-africa-33304897 (2015년 튀니지 해변 총격 사건), https://www.bbc.co.uk/news/world-europe-30708237 (2015년 샤를리 에브도 사무실 테러 사건), https://www.bbc.co.uk/news/world-europe-34827497 (2015년 파리 바타클랑 극장 테러 사건), 그리고 https://www.bbc.co.uk/news/live/world-us-canada-33181651 (2015년 찰스턴 교회 총격 사건).

나는 늘 상황 인식 내용의 공유가 매우 중요하다고 강조한다. 다음 논문에는 긴급 대응을 요하는 사건 현장에서 일하는 사람들의 협업이 얼마나 중요한지를 설명하는 유용한 내용이 포함되어 있다. House, A., Power, N., and Alison, L. (2014). 'A Systematic Review of the Potential Hurdles of Interoperability to the Emergency Services in Major Incidents: Recommendations for Solutions and Alternatives.' *Cognition, Technology & Work*, 16(3), 319–335. 이 문제는 다음 논문에서도 언급하고 있다. Salas E., and Cannon-Bowers, J. A. (2001). 'The Science of Training: A Decade of Progress.' *Annual Review of Psychology*, 52, 471–499.

내 테드 토크 링크는 여기에 있다. https://www.youtube.com/watch?v=-2TsVBLcEmE. 말이 막혀 머뭇거리는 순간들이 의도적인 침묵으로 보이는지는 독자들이 직접 판단하시기를!

'소방대장 협회'(현 '영국 소방대장 위원회')에서 발표한 보고서 'Future of Incident Command'에는 현장 경험의 양이 점점 줄어드는 현상으로 인해 미래에 생길 수 있는 문제점에 대한 자세한 설명과 함께 소방 구조대가 고려할 만한 권장 사항이 포함되어 있다. 이 보고서는 다음 웹사이트에서 찾아볼 수 있다. https://www.nationalfirechiefs.org.uk/write/MediaUploads/NFCC%20Guidance%20publications/Operations/CFOA_Incident_Command_future.pdf.

나는 '전국 의사 결정 실험National Decision Trials'에서 우리가 한 일에 대해서 간략하게 설명했다. 이 연구의 결과는 다음 논문에 실려 있다. Cohen-Hatton, S. R., and Honey, R. C. (2015). 'Goal-oriented Training Affects Decision-making Processes in Virtual and Simulated Fire and Rescue Environments.' *Journal of Experimental Psychology: Applied*, 21(4), 395.

하이드라 시스템Hydra System과 그와 연계해서 조너선 크레고가 설립한 하이드라 재단Hydra Foundation에 관한 정보는 다음 웹사이트를 참고. http://

www.hydrafoundation.org/.

이 장에는 '통합 대응 훈련Exercise Unified Response'을 전개하는 동안 행해졌던 평가에 관한 언급이 나온다. 평가 보고서 전체를 보려면 다음 웹사이트를 참고하라. https://www.london-fire.gov.uk/media/3008/lfb-evaluation-eur-report.pdf. 이 연구의 결과는 다음 문헌들에서 볼 수 있다. Wilkinson, B., Cohen-Hatton, S. R., and Honey, R. C. (2019). 'Decision-making in multi-agency groups at simulated major incident emergencies: In situ analysis of adherence to UK doctrine,' *Journal of Contingencies and Crisis Management*: https://doi.org/10.1111/1468-5973.12260. 그리고 Wilkinson, B., Cohen-Hatton, S. R., and Honey, R. C. (2019). 'Variation in Exploration and Exploitation in Group Decision Making: Evidence from Immersive Simulations of Major Incidents' [심사 중].

'긴급 구조 기관 간 협업 원칙'에는 다수의 기관이 협업하는 환경에서 결정 제어 프로세스를 사용하도록 명시되어 있다. 결정 제어 프로세스 사용을 포함한 정책에 관해서는 다음 웹사이트를 보라. https://www.jesip.org.uk/uploads/media/pdf/Joint%20Doctrine/JESIP_Joint_Doctrine_Document.pdf.

8장 인간됨의 대가

나는 여기서 전체 인구의 외상 후 스트레스 장애 발병률에 대해서 언급했다. 더 많은 정보는 2014년의 'Mental Health and Wellbeing in England Adult Psychiatric Morbidity Survey' 보고서에서 찾을 수 있다. 다음 웹사이트를 보라. http://webarchive.nationalarchives.gov.uk/20180328140249/http://digital.nhs.uk/media/35660/APMS-2014-Full-Report/pdf/Mental_health_and_wellbeing_in_England_full_report.

이 장에서 언급된 정신 건강 자선단체 마인드의 '블루 라이트 리서치 프로그램Blue Light Research Program'의 연구 결과는 다음 웹사이트를 참고하라. https://www.mind.org.uk/media/4614222/blue-light-programme-research-summary.pdf.

긴급 구조 대원들의 외상 후 스트레스 장애에 대한 자세한 내용은 다음 웹사이트를 보라. https://www.mind.org.uk/news-campaigns/campaigns/bluelight/ptsd-and-trauma/.

마인드가 시작한 '블루 라이트 챔피언 프로그램Blue Light Champions Programme'에 대한 언급을 보고 더 자세한 내용을 알고 싶은 독자는 다음을 보라. https://www.mind.org.uk/media/2416377/blp-role-description.pdf.

9장 두뇌와 행동

앨리슨 흄이 사망한 사건과 사후 조사에서 나온 지적에 대한 더 자세한 내용은 Her Majesty's Fire Service Inspectorate에서 2012년에 출간한 다음 보고서를 참조하라. 'A Report to Scottish Ministers: The 2008 Galston Mine Incident,' Edinburgh: APS Group Scotland.

나는 타인과 의사소통을 할 때 우리의 두뇌가 어떻게 작동하는지를 연구한 신경과학자 우리 하슨Uri Hasson의 연구에 대해 언급했다. 이 분야에 관한 하슨 박사의 연구 내용을 개괄적으로 보려면 그의 테드 토크 'This is Your Brain on Communication'을 참고하라. www.ted.com/talks/uri_hasson_this_is_your_brain_on_communication.

나는 이 장에서 이스트서식스의 말리 농장에서 대량 보관 중이던 폭죽이 폭발하면서 두 명의 목숨을 앗아간 사건을 언급했다(3장에도 나온다). 다음 보고서에는 사건 조사의 주요 결론들이 들어 있다. http://www.esfrs.org/news/2011/july/20110726MarlieFarmSignificantFindingsReport.shtml.

2010년 햄프셔의 셜리 타워에서 난 화재로(3장에서도 언급되었다) 소방관 두 명이 목숨을 잃었다. 화재 사망 사고 조사 보고서에는 이 사고를 둘러싼 더 자세한 내용이 들어 있다. www.hantsfire.gov.uk/shirleytowers.pdf.

이 장에서는 우리가 소방 구조대를 위해 개발한 행동 표지 체계에 관한 언급이 나온다. 관련 연구는 다음 논문을 보라. Butler, P. C., Honey, R. C., and Cohen-Hatton, S. R. (2019). 'Development of a Behavioural Marker System for Incident Command in the UK Fire and Rescue Service: THINCS.' *Cognition, Technology & Work*: https://doi.org/10.1007/s10111-019-00539-6.

10장 다 끝난 뒤에 깨닫는 것들

어린이들의 두뇌에 허위 기억을 심는 것이 가능하다는 것을 밝힌 엘리자베스 로프터스의 연구는 다음 논문을 참고하라. Ceci, S. J., Loftus, E. F., Leichtman, M. D., and Bruck, M. (1994). 'The Possible Role of Source Misattributions in the Creation of False Beliefs Among Preschoolers.' *International Journal of Clinical and Experimental Hypnosis*, 42(4), 304–320. 단순한 광고(이 연구에서는 디즈니랜드 방문과 관련된 광고)를 사용해서 허위 기억을 심는 것에 관한 로프터스 연구 전문은 다음을 참고하라. Braun, K. A., Ellis, R., and Loftus, E. F. (2002). 'Make My Memory: How Advertising Can Change Our Memories of the Past.' *Psychology & Marketing*, 19(1), 1–23.

엘리자베스 로프터스가 수행한 연구의 개괄적 내용을 알고 싶은 독자는 그녀의 테드 토크 'How reliable is your memory?'를 보라. www.ted.com/talks/elizabeth_loftus_the_fiction_of_memory/discussion?en.

'1만 볼트 보고 회의 시스템10,000 volts debriefing system'에 관한 자세한 정

보는 다음 웹사이트를 참고하라. http://www.hydrafoundation.org/hydra-methodology/10-000-volt-debriefing.

이 장에서 또다른 사망 사고를 방지하기 위해 검시관들은 '규칙 28조에 따른 보고서Regulation 28 reports'를 제출할 수 있다는 언급이 나온다. 소방 구조대에 제출된 규칙 28조 보고서의 예는 다음 웹사이트에서 찾을 수 있다. 이 보고서는 소방관 스티븐 헌트의 순직 사고 후에 나온 것이다. 그는 2013년 맨체스터에서 발생한 화재 사건에서 목숨을 잃었는데, 보고서에는 소방 구조대에 대한 일련의 권고 사항들이 포함되어 있다. www.judiciary.uk/wp-content/uploads/2016/09/Hunt-2016-0216.pdf.

옮긴이 김희정
서울대학교 영문학과와 한국외국어대학교 통번역대학원을 졸업했다. 현재 가족과 함께 영국에서 살면서 전문 번역가로 활동하고 있다. 옮긴 책으로 『배움의 발견』, 『장하준의 경제학 강의』, 『어떻게 죽을 것인가』, 『인간의 품격』, 『채식의 배신』, 『그들이 말하지 않는 23가지』, 『견인 도시 연대기』(전4권), 『코드북』, 『우주에 남은 마지막 책』, 『진화의 배신』, 『랩 걸』, 『잠깐 애덤 스미스 씨, 저녁은 누가 차려줬어요?』 등이 있다.

소방관의 선택

1판 1쇄 2020년 5월 25일
1판 5쇄 2023년 10월 10일

지은이 사브리나 코헨-해턴
옮긴이 김희정
펴낸이 김정순
편집 장준오 허영수
마케팅 이보민 양혜림

펴낸곳 (주)북하우스 퍼블리셔스
출판등록 1997년 9월 23일 제406-2003-055호
주소 04043 서울시 마포구 양화로 12길 16-9(서교동 북앤빌딩)

전자우편 editor@bookhouse.co.kr
홈페이지 www.bookhouse.co.kr
전화번호 02-3144-3123
팩스 02-3144-3121

ISBN 979-11-6405-054-3 03180